知の公共性と図書館

公共的知識と個人的無知の対比

パトリック・ウィルソン

著

齋藤泰則

訳

丸善出版

PUBLIC KNOWLEDGE, PRIVATE IGNORANCE:
Toward A Library and Information Policy
(Contributions in Librarianship and Information Science, Number 10)

by

Patrick Wilson

Copyright © 1977 by Patrick Wilson
All rights reserved.
This translation of *Public Knowledge, Private Ignorance: Toward A Library and Information Policy, First Edition* is published by arrangement with Bloomsbury Publishing Inc.
Japanese translation rights arranged with Bloomsbury Publishing Inc
through Japan UNI Agency, Inc., Tokyo

日本語版への序

　本書の内容を構成する主要な要素は，「公共的知識（公共の知）」「個人的無知（個人の無知）」それに「図書館」である。公共的知識は，公共性を有する知識として，公衆に利用される知識である。知識が公衆に共有されるためには，その知識を記録するメディアと，そのメディアの収集・組織化・蓄積をとおして知識を社会に流通させる社会的装置が必要である。前者の記録メディアが図書や雑誌等の出版物であり，後者の社会的装置が図書館である。特に科学研究や文化活動の所産として生産される知識は，学術誌や専門誌に掲載された論文・記事に記録されることで社会にはじめて登場し，公共的知識として共有可能なものとなる。これらの学術論文が集積されると，それらをふまえて専門図書が生産され，専門図書が集積されると，それらに記録された知識をふまえて専門事典，さらには，あらゆる分野を網羅した百科事典というレファレンス資料が刊行されることになる。本書の1章では，この百科事典に関する考察が含まれている。以上の出版物と図書館の存在は，知識の社会的共有のための前提条件である。知識が社会的に共有され，文字通り，公共的知識となるには，知識を求める多くの人間に利用される必要がある。公共的知識は，その知識を持たない人間がその知識を獲得してはじめて，公共性を有する知識として機能するのである。

　本書で扱われているもう一つの重要な要素が「個人的無知」である。これは，ある対象について知識をもたない個々の人間の知識状態を指すものである。この個人的無知を解消するために，図書や雑誌記事等に記録されている知識を利用し，無知が解消されることで，公共的知識の社会的共有が成立する。図書館は，この無知を解消するために必要な知識へのアクセスを提供する社会的装置である。図書館が十全に機能することにより，知識へのアクセスが可能となり，知識の社会的共有が可能となるのである。

　以上の，公共的知識，個人的無知，図書館の相互関係は右図のような推移的関係として表すことができる。公共的知識が記録された文献が図書館に集積され，図書館は集積された文献へのアクセスツールを作成し，このアクセスツールを

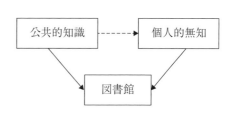

使って利用者は図書館から必要な知識が記録された文献を入手し，自己の無知（個人的無知）の状態を解消する。こうして，公共的知識は図書館を介して利用者に提供されることになる。

「公共的知識」「個人的無知」「図書館」の基本的な関係は以上のとおりであるが，パトリック・ウィルソン（Patrick Wilson）は各要素について深く掘り下げ，様々な論点をあげながら，知の公共性を成立させるうえで図書館がもつ役割とその限界について鋭い議論を展開している。興味深い論点は多々あるが，ここでは特に個人的無知を解消し，知の公共性を実現するうえで図書館が果たす役割とその限界に関するウィルソンの論点を中心に解説する。

ウィルソンが公共的知識との関連で注目したのが「百科事典」である。百科事典はあらゆる分野の知識を網羅したレファレンス資料であり，利用に供されることにより，知識の社会的共有を可能にするメディアである。1章では，公共的知識を完全に記述した完全な百科事典の可能性について考察を加え，完全な百科事典は不可能であると結論付けている。この完全な百科事典の編纂が不可能であることは，公共的知識の組織化の問題に深く関わっていることが示されている。

公共的知識については，その組織化と提供という図書館サービスに関する側面と，利用という側面の両面に着目する必要がある。後者の利用の側面について，3章において「完全な図書館」の議論で検討が加えられている。ここで完全な図書館とは，各主題について世界に存在するすべての文献が集積された図書館である。しかし，ウィルソンは，特定主題に関するすべての文献が利用可能な状態を実現した図書館が存在したとしても，利用者が抱える要因により，完全な図書館の機能は破綻すると論じている。ある対象について無知の状態の解消を試みる利用者にとって，解釈可能な言語，理解可能な概念，内容の分析と評価という三つの要因により，知識として利用できない文献の存在は避けられないとの結論が示されている。

知識の組織化の側面については，主題による知識の組織化のもつ問題点が指摘されている。図書館資料は主題に基づいて組織化されるが，意思決定問題を抱え，無知の状態にある利用者にとって，主題による組織化は問題の解決を支援しないとしたうえで，利用者にとって必要なのは知識の機能的組織化であると論じている。この機能的組織化の詳細は明らかにされていないが，主題による組織化という図書館における資料組織の限界を指摘したものとして重要である。

公共的知識は個人的無知の解消のために利用される。この個人的無知は，個人がある対象について知らないという状態を意味するが，この無知が公共的知識の利用を促し，図書館利用という情報探索行動を引き起こす源泉になる。2章において，「損失をもたらす無知」という概念を導入し，「無害な無知」と区別している。この「損失

をもたらす無知」とは不利益をもたらす無知であるが，この概念を「関心（懸念）」と「興味」との違いと結び付け，興味深い議論が展開されている。情報探索の成否が問題となるのは関心（懸念）から生じた「損失をもたらす無知」の解消の場合としている。

　個人的無知と情報探索との関係性で注目されるのが，ブラウジングのもつ効果と重要性である。ある対象について知らないという状態には，その知らないことが明確に意識されている状態と，知らないことにすら気づいてない無意識の状態がある。ウィルソンは，この無意識の状態にある利用者にとって，直接書架にアクセスし，ブラウジングできる資料利用環境の重要性について言及している。

　3章では，図書館のレファレンスサービスの限界についても論じられている。その限界は主に二つの要因から生じるものとしている。一つは，図書館員は情報の質について判断しない（判断できない）という基本的な立場に依拠している点があげられている。もう一つの要因は，利用者による知識の獲得と知識利用との区別から生じるものである。レファレンスサービスが提供する回答が情報であれ文献であれ，利用者はその内容を理解し知識を獲得することで無知の状態を解消する。それに対して，知識利用とは，利用者自ら知識を獲得するのではなく，問題の解決に必要な知識を有している専門家の知識を利用することを指している。ウィルソンは，この知識利用を支援するサービスの重要性に着目し，専門家による助言を提供する相談サービス導入の意義を論じている。このサービスに関連して，情報ドクターという無知を診断し治療し意思決定問題の解決を支援する専門職の可能性についても言及している。

　以上，取り上げた論点以外にも重要な議論が多々あるが，それらの議論に一貫しているのは意思決定問題における知識の功利的利用と効用に焦点があてられている点であるが，本書の最後に知識の功利的利用と効用とは異なる知識への視点が示されている。それは，公共的知識自体のもつ文化的価値であり，芸術作品としての位置づけであることを付言しておきたい。

2024 年 11 月

齋　藤　泰　則

目　次

序　章 ……………………………………………………………… 1

1章　公共的知識（公共の知） …………………………………… 3

　　1.1　公共的知識と文献調査 ……………………………… 3
　　1.2　知識の専門家 ………………………………………… 14
　　1.3　特定の問い …………………………………………… 23
　　1.4　レファレンス資料 …………………………………… 26

2章　個人的無知 …………………………………………………… 46

　　2.1　個人の情報システム ………………………………… 46
　　2.2　関心（懸念）と興味 ………………………………… 53
　　2.3　知識の社会的組織化 ………………………………… 58
　　2.4　情報収集の限界 ……………………………………… 66
　　2.5　知識と意思決定 ……………………………………… 70
　　2.6　損失をもたらす無知 ………………………………… 75
　　2.7　どの程度であれば十分なのか？ …………………… 82
　　2.8　適　応 ………………………………………………… 87
　　2.9　個人の情報システムの限界 ………………………… 94

3章　図書館 ………………………………………………………… 110

　　3.1　図書館の利用 ………………………………………… 110
　　3.2　完全な図書館へのアクセス ………………………… 114
　　3.3　情報源としての図書館員 …………………………… 128
　　3.4　図書館サービスの理念 ……………………………… 138
　　3.5　図書館と公共的知識 ………………………………… 153

訳者あとがき ……………………………………………………… 173
索　引 ……………………………………………………………… 174

v

凡　例

1　本 書 は，Patrick Wilson. *Public Knowledge, Private Ignorance: Toward A Library and Information Policy*. Greenwood Press, 1977, 156p の全訳である。

2　原書にはないが，章のもとの節見出しには番号を付した（例：1章1節は1.1とした）。

3　原書にはないが，適宜，節のもとに項見出しを設けた。なお，項見出しに番号は付していない。

4　原文のイタリック体には傍点を付した。英文の誌名・書名は，そのままイタリック体を使用した。ただし，当該図書の翻訳書がある場合には翻訳書名には『　』を付した。

5　原文の"　"は，「　」とした。ただし，"　"が引用文である場合には，そのまま"　"とした。

6　原文の'　'は，そのまま'　'とした。

7　訳注は，章末の原注の後に記載した。

8　[　]は訳者による補記である。

序 章
Preface

　図書館は知識の利用に関して何をしなければならないのか。私たちの生活が，探究の成果を活用し，情報に基づいた行動となるために，図書館がなし得る役割とは何か。この問いこそが本書で取り上げる主要な問いである。

　本書の意図は実践的なものである。すなわち，この国（米国）の図書館の将来目標について，合理的なものとそうではないものを，より良く理解できるようにすることである。本書で設定される課題は特定の提案を示すことでも，評価することでもない。むしろ，特定の提案と方針をより良く理解し，より現実に即して評価するために，背景となるものを提供することである。図書館のシステム開発に関するいかなる方針も，次の方法に関する理解に基づくべきである。

　その方法とは，既知の事柄が，図書館の主要な所蔵資料を中心にしながらも，図書館に所蔵されていない資料も含めて，資料の中で示されている方法であり，資料から抽出できる方法である。1章は，左記の方法の理解に役立つことを意図している。いかなる方針も，個人の情報収集行動の理解に基づくべきである。そのためには，図書館やそれ以外の情報源の実際の利用に関する統計以上のものが必要である。すなわち，行動を説明し予測する理論が必要となる。

　2章では，個人の行動を記述するための枠組みと，行動の変容について説明し予測するための手段の提供を意図した理論を提示する。ただし，その理論はすべて知的な人間の行為に関する一般的な理解からかけ離れることのない用語を使った理論である。最後に，いかなる方針も，図書館の利用と図書館サービスとは何であり，どのようなものになりえるのか，についての理解を基礎としたものでなければならない。

　こうした本書の主題の重要な側面について，それまでの章を考慮しながら，3章で論じられる。その議論を完全で決定的なものとする意図はない。

　たとえば，図書館システムに関する技術や，財政，管理の問題には注意を向けない。また，価値や便益の測定の問題のように，方針の提案に関する評価にとって中心となる改善の問題については，ほんのわずかながら注意を向けている。

　本書は，論じられている主題のいずれに関しても最終的な意見を提示するものではない。本書は，より広い読者のなかで進められている継続的な探究や議論に寄与するものである。本書は，方針の提案を正式に作成し，将来の図書館システムや図書館

サービスの計画に直接関係する人たちのみに寄与するものではない。図書館に真摯に関わる人なら誰でも，次のような問題の理解に関心を向けなければならない。すなわち，知識がいかに文献の中で表現されているのかということ，さらに，人びとはいかにして情報収集活動を実行するのかということ，および，図書館はいかにして知識が有用であるところに知識が届くように支援し，また支援できるのかということである。

　こうした問題への理解に関心を向けなければならない理由は次のとおりである。すなわち，それらの問題が，幾層にもわたって設定されている社会の取決めの中で，図書館の役割は何かということを専ら理解するために追究すべき問題となるからである。また，図書館の役割が将来どのようなものとなりえるか，また，どのようなものとなるべきなのかについて，独力で判断するために追究すべき問題ともなるからである。

パトリック・ウィルソン（Patrick Wilson）

1章　公共的知識（公共の知）
Public Knowledge

1.1　公共的知識と文献調査

　学者や科学者は，世界についての公共的知識の集合に寄与する試みに関わっている。学者や科学者は，世界について単に個人的に理解する内容を増やすために研究しているわけではなく，探究する専門分野の同僚の研究者の理解を単に増大させるために研究しているわけでもない。学者や研究者の研究が完了するのは，その成果が公にされ，今現在と将来において，その成果を理解し，活用することができる人なら誰にでも，利用できるようになったときである。学術的，科学的探究は，公的な目標をもった公的な事業であり，公共的知識のストックに対して付加し改善を施す事業である[1]。学者や科学者は知識ストックに寄与する唯一の人たちでは決してない。探検家やレポーター，政府高官や企業の被雇用者，法律家や医師，料理や暗号解読の愛好者など，要するに探究や観察の成果や集積されたデータ，回想録を発表する人ならだれでも，公共的知識のストックを増大させるのである。世界について見出されたことや，世界における実践の方法について見出されたことがすべて，公にされるわけではない。その多くは何も語られないまま忘れ去られ，その一部は秘匿され，多くの自叙伝は決して書かれることはない。また，多くの知識は明確に述べることができず，暗黙なものとなる。実践という形で表現されるが，言葉による指示の形式に変えることはできない。しかし，知識の多くは，永続的に公表された記録という形式で公共のものとなり，そうした記録で図書館は満たされるのである。

公共的知識と個人的知識

　公共的知識のストックは，世界において個々に独立した人物によって知られていることの単なる総和ではない。公共的知識のストックは，それ以上でもあり，それ以下でもある[訳注1]。それ以下というのは，個人が知っていることの多くは，公にされた知識ではなく，今後も公にされる知識とはならない，という理由からである。それ以上というのは，単に，知られていることの多くが誰にも知られていないかもしれない，という理由からである。100年前に行われた発見で，公表された探究の記録の中に保

持されている発見は，たとえ今，生きている人たちの誰も，その発見が保存された記録物を吟味していなくても，世界について知られていることの一部であるかもしれない。"法律に見出されるものと同様の異常な虚構として，一旦，出版されたものは，それがロシア語であったとしても，通常，'知られているもの'として語られる，ということである。その出版物を図書館の中で再発見することは，実験室での最初の発見よりも難しく，不確実な過程であることが，しばしば忘れられている"[2]。ある事柄が誰にも知られていないにもかかわらず，その事柄が知られている，というのは奇妙である。しかし，それを奇妙なものにしているのは，図書館における再発見が難しいということではない。その点では，「文献」の中にのみ存在している知識は，発見ができず，アクセスできない個人が所有している知識と大差ない。奇妙にさせているのは，むしろ記録されるものが知識ではなく，知識を表現したものに過ぎない，ということである。もし，私が自分自身に向けてメッセージを書き，忘れるおそれのある事実を記録し，そのうえで，そのメッセージを実際に忘れるのであれば，私は，自分のメモを参照することで，知識は再発見できる。しかし，その紙片は私が忘れたということを知らない。その紙片はメッセージを伝えはするが，知識の伝達者ではない。知識があるところには，知る人がいなければならない。紙片は何も知らないのである。これまで述べたことは，誰も所有しない知識について語ることは虚構であることを示すものである。しかし，その虚構はきわめて有用な虚構である。同じ現象が，記録形態の中にある実質的な，あるいは潜在的な知識について語るときにもあてはまる。しかし，このように言い換えても，難しさが避けられることはなく，何も変えはしない。いずれの事例でも，公共的知識には，誰にも知られていない多くのことが含まれているのである。

　公共的知識のストックが個人によって知られていることの総和と一致しないのであれば，ある特定の時代に生きている一人の個人，あるいは，二人以上の個人が保持している信念の総和には，なおさら，ほとんど一致することはない。また，特定の時代までに蓄積された文献の集積の中で語られている事柄の総和と一致することもほとんどない。私たちの頭は，野蛮な憶測や偏見で満ち溢れ，無意味で誤った時代遅れの意見で満ち溢れている。英国の科学者であるJ.D.バナール（J.D. Bernal）が1939年の著作の中で提示している見解によれば，おそらく科学文献の4分の3はまったく出版に値しない[3]。米国国立標準局（United States National Bureau of Standards）[訳注2] の局長は，自分の経験から，物理的データ一般について出版された文献の大部分は実際にどのような価値があるのかという疑問をもつに至った，と記している[4]。文献に記述されている物事のほんの一部が公共的知識の集まりに属している。公共的知識をより複雑な事態にするものとして，知識の集まりに属している事柄の中には，いずれの文

献にも明確に記述されてはおらず，文献の中で含意されているだけか，暗黙にも述べられている事柄があげられる。出版された記録物と公共的知識の集まりとの関係はこのように複雑であり，間接的である。それは，ちょうど，個人の信念と知識の集まりとの関係と同様である。

世界に関する個人の見方と公共的知識

　誰もが，世界について構築された個人的な見方というものを多かれ少なかれもっている。その見方とは，世界内には何があるのか，また，世界はどのように機能しているのか，に関する見方である。それは，しばしば，世界に関するイメージや心の地図（mental map）として言及される。そうしたイメージや心の地図は，静的な描写や地図というよりも，小規模な作業モデルとして考えたほうがよいものである。なぜならば，それらには，物事が時間の経過とともにいかに動き，いかに機能し，いかに変化するかを表現したものでもあるからである。誰もが個々にもっている世界に関する見方は，他の誰の見方とも異なるのであり，人びとが実際にもっている見方は，可能な見方のほんの一部に過ぎないのである。小説家は，想像的な人びとが保持する世界に関する想像的な見方を描くのである。また，私たちは誰であっても，自分が望むのであれば，世界に関する想像的な見方を，好きなだけ詳細に，また，（私たちが共有する見方と合致するように）「合理的にも」，（私たちが共有する見方と大きく異なるように）「不合理にも」，記述することができる。私たちは，世界像を構築するにあたり，限定し，制約し，領域を設定することができるが，公共的知識は制約のもとでつくり上げた特定のイメージとして捉えるのが最も良い。世界像の構築は，公にされてきたもの，すなわち，個々人の公共のメッセージにのみ基づいている。世界像とは，公的メッセージを基礎に構築可能な最良のイメージであり，人びとが公に述べてきたことを基礎に，ある特定の時点において到達可能な世界に関する最良の見方なのである。世界像は，その構築の時点で社会的に確立されている世界の見方に関する選択肢を取捨選択して構築されなければならず，世界像の構築は，そうした選択肢から取捨選択された原則や手続きに従って行われなければならない。それゆえ，公共的知識とは，公刊された記録物の批判と評価に対する最良の手続きによる判断のもとで，ある特定の時点で私たちが構築する最良の世界に関する見方なのである。こうして，いまや，ある事柄が知られる可能性があるものの，誰にもその事柄が知られていない，という変則性は解消される。その変則性の解消が意味するのは単に次のことにすぎない。すなわち，述べられた事柄が知られているということが，現時点で利用可能な最良の世界に関する見方を表している，ということである。

公共的知識の概念と知識の概念

公共的知識に関する以上の説明は、知識の概念に関する説明を意味するものではない。逆説的にいえば、公共的知識と見なされるものの多くは、少なくとも、知識の概念に関してよく知られた標準的な分析に基づけば、知識とはまったく見なされない、ということである。標準的な分析によれば、知識とは少なくとも真なる信念でなければならない。すなわち、知識とは真であることを含意しており、信念なきところに、知識はないのである。しかし、私たちは、ある事柄が誰にも知られておらず、それゆえ誰にも信じられていない場合でも、その事柄は公共的知識となることを認めている。間違いなく、公共的知識の一部となるものが、結果として真でなくなることがありえるだけでなく、ある時点において、真ではないと強く疑われる場合さえもある。科学者が知り得たことを私が見出したいとき、たとえば、私がブラックホールについて知りたいとき、たとえ、その物語が後にまったく異なる物語に取って変えられることを強く疑うとしても、現在、利用可能な最良の物語、すなわち公共的知識を私は求めるであろう。後から見れば、古い物語は、決して真実ではないとしても、その時点で私たちがもっていた最良の物語であるといえるであろう。それゆえ、公共的知識は真理を含意することはなく、その結果、公共的知識は知識ではない、ということになる。

以上、必要な指摘を行ったうえで、これ以降は、公共的知識は知識ではないという点については無視し、公共的知識という概念に固執するものの、知識という用語を時に非公式に使用するが、標準的な分析は忘れることにする。懐疑論者は（現実にあまりにも重きを置くばかり）、私たちがいかなる知識も所有していることを否定するであろう。だが、公共的知識の検査官は、懐疑論者は正しいにもかかわらず、世界について現在利用可能な最良の物語を発見する仕事に、懐疑論者は取り組み続けなければならないと、述べるであろう。本章で関心のあるのはまさにその仕事であって、利用可能な最良の物語が実際に真なる物語かどうかという問題には関心はない。

世界に関して利用可能な最良の見方は、個々人の見方と同様に、あらゆる細部において、完全で、正確であり、明確である必要はない。探検された一部の土地だけを示した地図と同様、空白な領域もあれば、粗く描かれた領域もある。漠然としていて限定さていない見方だけが利用できる領域もあれば、確立された一つの見方よりもむしろ、等しく説得力のある見方の選択肢の範囲が報告されている領域もある。不確かな推測から確実な推測まで、信頼性の濃淡が報告される必要がある。公共的知識のさまざまな要素と結び付いた不確実性の程度は描写の本質的な部分であり、世界に関する現在利用できる最良の見方が広範囲にわたる不確実性の程度を示すことになろう。この点において、公共的知識の概念は、改めて、知識という概念に関する少なくとも一

つの解釈とは異なっている。私たちが確信していることと，私たちが確実ではないと疑っていることや確実ではないと信じているものとを区別することは，しばしば有効である。知識とは前者のために取っておかれる用語であろう。しかしながら，ここでは，公共的知識をそうした用語とは捉えない。すなわち，確実性という概念は公共的知識の理論において支配的な役割を有してはいない。公共的知識は真理を含意しないのと同様，確実性を含意しない。事実，私たちは，何らの確実性がなくても，うまくやっていくことができる。ある探究領域の調査を報告する人は，「何も確実ではない」と述べることから始めるが，そこで報告を終える必要はないのである。

公共的知識と出版・記録

公共的知識は構築されなければならない。私たちは，構築の過程で，現段階で知っていることを再検討する必要がある。しかし，まず，私たちは，知識を公にするという問題に戻るべきである。知識を公にすることは，公にされたものを人びとが気づくことに成功したことを含意してはいない。誰も図書を購入しないかもしれないし，雑誌記事を読まないかもしれない。しかし，出版とは，世界にメッセージを送る最初の一歩となるものである。読まれないものは，現代の人びとに影響を与えることはなく，誰の心も変えることはない。今，読まれないものでも，公共的知識に寄与するものを含んでいるかもしれず，今後，発見されることで公共的知識として寄与するかもしれないのである。研究成果を公表する科学者は，おそらく同僚に影響を与え，知識に寄与したいと思っている。その成果が読まれないならば，同僚への影響という最初の目的は達成されないが，知識への寄与という第二の目的は達成されるかもしれないのである[5]。

何事かを公にする方法は，図書の出版や記事の発表以外にも，数多くある。科学的知見は，公開の大会において口頭で報告されることで，公にされてきた。私たちはこれまで友人に話してきており，これから尋ねてくる人にも話す用意があるとすれば，それは何事かを公にすることである。それゆえ，出版されたものは，公にされたもののごく一部にすぎない。科学研究や学術研究は，私たちの公共的知識の蓄えの多くの根源であり，文献の出版を通じて，多かれ少なかれ，完全な形で表現されるにせよ，知られていることはすべて，科学的，学術的研究の成果であると本気で主張することはできない。つまり，科学と公共的知識は同じではないのである[6]。通常の社会生活に関する事実，地理や自然史に関する事実，人間の営みや技術に関する事実など，数えきれない事実は，おそらく記録されないにもかかわらず，公的に利用可能なものである。出版された文献にのみ基づいた世界の見方は，世界について知られている，あまりにも多くのことを除外することになろう。

こうした反論[訳注3]には回答が用意されている。すなわち，すべての公共的知識の体系的調査には，次のように記録という膨大な準備的作業が必要となる，ということである。その作業とは，公にされたものでありながら，記述されていないものを記述するという作業，広く知られていることを記録する作業，さらには，問い合わせたすべての人に，回答として準備していることを引き出す作業[訳注4]である。個人のもつ多くの私的な知識が，この作業に付随して公になるだろう。それゆえ，公私の境界はしばしば完全に偶然に引かれることになり，その結果，私的であったことが，機会があれば，公になることがあろう。それゆえ，いまだ記録されていないものでも，記録可能なことなら何でも，公共的知識の構築のための原材料となる可能性がある。

実践的知識と記録

　しかし，以上の回答には別の問題が生じる。というのは，知られている多くのことが，記録されても把握することはできないからである。私たちのもつ技術については，説明書という形式でその詳細を完全に記述できないと広く考えられている。技術を使用する方法について多くのことが知られているが，その仕様方法について述べることはできない事例が多数ある。実践的知識について私たちにできることは，ただ示すことであり，実演するだけである。説明書に従えば，使用できる能力を完全に獲得できるような説明書を用意することはできない。複雑なスキルは，説明書に従って学習されるのではなく，批評と指導を受けながら実践することで学習されるのである。実践により，あるいは実践しようと試みることにより，私たちは学習するのであり，明確な説明書に従えば学習できるわけではない。それゆえ，実践的知識については，たとえ言葉による表現が可能であったとしても，言葉を使ったいかなる表現も不十分なものとなるに違いない。

知識と理解

　単に説明書を読み，それに従っても，実践的知識を獲得できないことがしばしばである。もし，このことが真実であるならば，単に説明を読み，それに従おうとすることで，理論的知識を獲得できないことがしばしばある，ということも同様に真実である。私は，読んだものの意味を単に把握できないのであれば，読むことによって何の知識も得ていないことになる。他者が知っていることを表現した文章を暗記して，他者のもつ知識を学習することがあるかもしれない。その場合，その文章の意味を理解するまでは，その文章が表現していることを私が知っているとは言えない。理解できないことを，知っているとは言えないのである。私は，読んだものを理解しているということを，読んだものに基づいて，次のような多様な事柄を実行できる能力をとお

8

して示すことになる。すなわち，推論し，言い換え，応用や事例を認識し，新しいやり方で計算し，新たな状況の範囲内で的確に行動することである。知識は，同じやり方で検証される。すなわち，文章をオウムのように復唱するのではなく，上述のような多様な事柄を実行できる能力を示すことによって，知識は検証されるのである。知識の獲得は，単に新しい言明や物語の理解能力の獲得以上のものであり，知識の検証は理解の検証よりも広範囲に渡るものでなければならない。しかし，重要なことは，前者（知識の検証）は後者（理解の検証）を含んでいる，ということである。ただし，その違いは，ここでの議論には関係しない。知識をもっている，ということは，理解することと同じであり，言語，非言語を問わず多様な行為を実行できる能力を示すことで明らかにされる。私たちは，検証されているものを使って，その検証の結果を明らかにすることができる。たとえば，ある人が理解能力をもっているとの仮定から，その人が理解していると結論付けるためには，どのような証拠が必要になるだろうか？　人が獲得する理解とは，その人が展開する能力であり，いかなる知識であれ，人が獲得する知識とは，少なくとも，その人が獲得する能力である。

　理論的知識と実践的知識の獲得はどちらも能力の開発である。公共的知識のすべての事例において，その知識が実践的なものであれ理論的なものであれ，私たちにとって利用できる知識は，記述された知識であり，明記された知識にすぎない。すなわち，その記述や明記とは，一組の説明であり，言明であり，実演である。公共的知識のすべての事例において，知識の獲得は，ただ記述された知識を所有するだけではなく，能力の開発に関係するものである。知識に関する特定の記述を調べたとしても，その知識に対応する能力の開発が導かれるという保証は何もない。人は能力の開発に必要な才能を欠いているかもしれない。また，記述された知識は特定の個人にとって，ただ単に効果的な記述ではないかもしれない。実践的知識は，その伝達可能性という点において，理論的知識とは質的に異なる。知識の伝達可能性とは，記述された知識に基づいて，その知識が他者によって獲得される容易さを意味する。そこで，知られていることの多くが，いかなる記述様式を使っても把握できない，という事態が考えられる。この伝達可能性の力が意味するものは，知られていることの多くが語りえない，ということではなく，他者に語ろうとするいかなる試みも，他者に知識をもたらさない，ということである。しかし，ある人に対しては知識をもたらさない試みが別の人には知識をもたらすかもしれない。私は，説明書に従っても薄いパイの皮をつくれないが，他の人はつくれるかもしれない。私はあなたの理論を把握できず，あなたの主張についていけないかもしれないが，別の人は把握し，ついていけるかもしれない。知識にはいくら記述しても把握しえない知識というものがある，という主張の内容は何かといえば，それは次のことである。すなわち，私たちは，常にうまく実

1章　公共的知識（公共の知）　9

行できる完全なる仕様書となるようなアルゴリズムを提供できないということであり，間違えようがないほど簡明な説明を常に提供できるわけではない，ということである。だからといって，そのような知識は公共的知識にはならない，ということではない。単に，そうした知識を公共のものにしたからといって，他者がそのような知識を常に獲得できるわけではない，ということである。しかし，そういう意味では，公共的知識は，うまく伝達される必要はない。知識を公共のものにすることで，誰もがその知識に気づくことが保証されるわけではではない，ということは既に指摘されてきている。ここでは，さらに知識を公共のものにするうえで付け加えるべきことは，誰もが知識の獲得のために身に付ける必要がある能力を理解し，その能力を現に身に付けていることが保証されるわけではない，ということである。もし，誰にとっても明確な形，知識を公共のものにすることが必要ということであれば，公共的知識は，最も限定された知性の持ち主にとって利用可能なものに制限されることになろう。しかし，公共的知識の記述が，他者が公共的知識を共有できるための伝達手段として，常にうまく機能するわけではない。そうだとするならば，伝達の不完全さの程度によって，公共的知識を線引きする理由はない。それゆえ，記述可能なものは何であれ，公共的知識の候補となり，すべての知識は公共のストックにあると考えられるのである。

知識状態の概説と文献調査

　公共的知識のストックは，公刊された記録のストックの増加に伴い，絶えず変化する。新たに公刊された文献のすべてが知識のストックを変えるわけではない。文献は，新たにわずかな知識を単に追加する方法ではなく，他の方法を使って知識のストックを変えるであろう。知識の総体における変化の程度を発見するには，絶えず探究の成果を検討し，私たちが世界について知っていると言えることを新たに説明し，新たに表現しなければならない[7]。私たちは，繰り返し，知識の状態を，あるいは，さまざまな技術の状態（この場合の知識とは理論的よりはむしろ実践的であり）を調査しなければならない。これは，単なる調査以上のものであり，良し悪しを区別するようなものであって，構成的な作業である。その作業がどのようなものかを見ていこう。その作業は，少なくとも，私たちの知識を増加させるものではなく，単に，現在の状況を語ることである。ゆえに，それは，オリジナルな概説ではなく，図書館での調査，すなわち文献調査といわれるものである。そうした作業の最初の部分は，関連文献の所在を突き止め，収集することである。すなわち，書誌的業務であり，常に容易で簡単な業務というわけでは決してない。次の作業は，見つけられた文献を分析し，評価することである。この作業は二つの課題からなり，一つは，文献で述べられ

10

ていることが，その文献の中で説得力をもって支持されているかどうかを見極めること，すなわち，文献自体の内部に関する批評である。もう一つは，文献で述べられていることが，他の文献が報告していることと矛盾していないかどうかを見極めること，また，その文献が他の文献とどのような関係にあるのかを見極めること，すなわち，外部からの批評である。内部と外部という両面からの批評の結果は，まったく価値がないものとして完全に拒絶することから，何の条件も付けず，すべて受理するという範囲に渡る。

　しかしながら，個々の文献に関する内部と外部の批評の結果は，作業の始まりに過ぎない。というのは，次のような問いが浮上するからである。それは，こうした文献の評価に基づいて，私たちは何が指摘できるのか，ということである。私たちが指摘できることは，ある特定の文献の中で指摘されていることであってはならない。次のような調査を想像してみるとよい。すなわち，その調査では，調査対象となる各文献は，専ら他のすべての事実が無関係の単一の事実を確立することに寄与するものだとしよう。よって，それらの文献に関する最終的な要約は，単に個々に行われた調査により十分に明らかにされた個々の事実の繰り返しとなるだろう。しかし，これは一般的な事例ではないがゆえに，次のようなことを想定するとよい。その想定とは，科学と学術の過程は，論理的にも実際的にも互いに独立して研究している研究者が個々に蓄積した個別の事実を砂山のように集積することに似ている，という想定である。こうした捉え方は決して合理的でなく，まったく信じがたいものではある。

文献の概説に見られる特徴

　特定の概説が，概説の対象となった文献の著者が示そうとしていることと同じである必要はない。すなわち，実施された研究とそこで提示された証拠に基づいて，正当化可能な結論であり，許容できる結論が，著者が主張しているものよりも弱いこともあれば，強いこともあるだろう。研究者の専門家集団が一体となって行った研究の蓄積が示すものは，研究者が個々に捉えているものや，主張しているものと同じでないかもしれない。このことが明らかであることは，共通の特徴を有している事例や標本を個別に概説することを考えればよいであろう。すなわち，研究者集団全体が許容できる一般化は，個々に独立して行われる探究によって許容されないこともあり，また，そうした個々の探究をとおして得られる一般化ではないかもしれない。

　しかし，同種の事例から直接行われる一般化は，ただ一つの可能性であり，最も面白くないものである。数多くの独立した探究から生まれる物語，すなわち，別個に実施され，あまり重要でない探究によって偶然にも確証される理論や，信用されないような理論など，これらはすべて，独立した探究の累積効果であるかもしれないのであ

る。否定的な結論は建設的なものとなる可能性がある。その場合，多くの探究は，ある一定の範囲で弱点と欠点を示すことになり，非常に多くの点で相互に矛盾したものとなり，結果として何も示されてないという結論になるに違いない。また，真理が混在することあるかもしれない。すなわち，文献は複数の矛盾した理論を支持することになり，それらの理論はどれも，確証もされなければ，拒絶されることもないがゆえに，すべての理論は，現時点で可能性のあるものとして，当該分野において一定の場を占めることになる。

　一連の研究成果の評価過程おいては，知識の増加に特徴的なことがある。それは，個々の探究が知識を増やすことを意図して行われていない場合でも，知識を増加させるのは，批評の対象となった文献の中で示されている結論ではなく，［評者が］その文献の中で妥当と判断した部分によって支持されている結論ということである[8]。分析と総合の過程により，まさに次のような意味において，新たな知識の生産が可能となるのである。すなわち，特定の文献の集積に基づいて，何が知られているかを記述する試みは，結果として，文献調査の対象となったいずれの文献においても明確には主張されていない事象を明らかにするかもしれない，ということである。そのような文献調査から得られる結果は，文献調査の対象となった文献の中で述べられていることと一致することは決してないであろう。それゆえ，文献調査は，文献の集まりから取り出した真となる文を単なる集積することではない。それゆえ，文献調査対象となった文献の内容とはどの点をとっても異なるものが，文献調査によって提示されるかもしれないのである。

創作としての文献レビュー

　これらの特徴から，文献の概説者による公共的知識に関わる作業は，歴史家の作業に似ている。いずれも文献を使って作業し，いずれも文献に基づいて，私たちが知りたいことを述べることに関わっている（もちろん，歴史家は，他の情報源ももっている）。いずれにおいても，情報源となる文献から切り取るだけではない。いずれも，個々の文献の外部と内部の批評は，情報源となる文献のどれにも述べられていない物語を筋の通った形で生み出すための準備作業である。歴史家が生み出す物語は，たとえ批評の過程を経たとしても，情報源となる個別の文献をつなぎ合わせることで自動的に出来上がるわけではないことは明らかである。歴史家は，情報源に基づいて自分の物語を構築しなければならない。それは創作という行為である。

　知識状態に関するレビュー作成者は同じような立場にいる。レビュー作成者にとっても，物語は評価対象の文献から自動的に出来上がるわけではない。レビュー作成は，創作であり，創造となるのは当然である。歴史家の創作は情報源に基づいて正当

化可能でなければならないが，レビュー作成者の創作も同様である。創作は情報源の制御を受ける。しかし，レビュー作成者が情報源からの抜粋を記述する作業に限定されることがないのは，歴史家がその作業に限定されることがないのと同じである。多かれ少なかれ，創造的で，構成的であり，野心的な歴史があるように，知識の批判的レビューについても，同様に，多かれ少なかれ，想像的で，構成的であり，野心的なものがある。知識のレビューや研究の進歩という名のもとに発表されているものの多くは，そのほとんどが，何ら批判的なものでなく，個々の探究の報告に関する批評の単なる寄せ集めであって，やっつけ仕事であることは，事実である。しかし，優れたレビューは，このようなものではない。もし，知識に関する批判的レビューを，人びとが発見したと考えるものに関するありきたりの報告以上の能力をもつとは考えないのであれば，私たちは知識をレビューする過程をまったく理解していないことになろう。

　歴史家の作業との比較から，ある分野の達成に関する文献の概説から，文献の概説者ごとに異なる結果に至るのも当然であることがわかる。新たな結果が文献の概説の中で出てくるのを認めるのであれば，これまで述べてきことは明らかに真実である。すなわち，過去の著作の分析から機械的に新たな結果が出てくることがないとするならば，新たな結果は，文献の概説者の想像力と発明能力に依存することになる。ただし，それらの力は，文献の概説者自身の批判的な判断だけでなく，基本的な情報源によって制御されることは確かである。たとえ，新たな物事の発見や発明という問題はともかく，古い事柄の評価のみを考慮するとしても，ほぼ同じ能力と分別を備えた文献の概説者であれば，同じ結果に至ると考える理由はあるだろうか？　そのような理由はありえない。すなわち，文献の概説の過程は機械的でなく，明確な規則によって一定の内容に定まることはなく，文献の概説の結果が単一の結果に至ることはないのである。

文献の概説における差異

　同一の領域において文献の概説者が異なれば，わずかであれ，大幅であれ，異なる結果を概説者は作成するであろう。すなわち，ある人が確立されたと述べていることが，別の人は試行的な仮説にすぎない，と言うだろう。また，ある人が示唆的なものとして注目することが，別の人にとっては，何ら注目に値しないものかもしれない。知識に関する文献の概説を，その知識が関係する行動や方針に照らして進めようとすればするほど，文献の概説者が異なれば，概説者が作成する概説は異なる内容となる確率は，ますます高まるのである[9]。文献の概説者が，対象分野において論争がなく，明確に立証された結果を列挙することに限定できる場合には，同分野において概説内

1 章　公共的知識（公共の知）　　13

容が異なり，異なる概説内容が両立不可能なものとなる可能性は実際にはあまりない。

しかし，文献の概説者が，論争的でない事柄について，単なる要約以上のものを作成しようとするならば，また，実践的な問題に関して，できるだけ多くのことを，研究者集団の成果から抽出しようとするならば，それぞれの文献の概説に明確な違いが生じる可能性がある。その場合，私たちは，文献に記されている，助言内容が対立していても，推奨内容が矛盾していようとも，それらについては語らない。こうした文献の概説の取組みはよく見られることではあるが，私たちの関心事ではない。関心のある対立は，知識状態をめぐって生じる対立である。その対立とは，文献の概説を作成するという目的にとって，私たちが見出したといえることは何か，あるいは，見出されたこととして扱うべきものは何か，これらをめぐる対立である。まさに注意深い文献の概説者は，疑う余地なく立証されたことを超える概説の作成は拒否するであろうが，文献の概説者の行動と方針を導くものは何もない。なぜなら，必要とされることは，立証されていることではなく，いまだ最終的に立証されていないことだからである。

文献の概説者は，最終的に立証されることを待ってから，概説を作成することはできない。私たちは，どんなに確信がもてなくても，もっている最良の情報に基づいて進まなければならない。そして，文献の概説者は，もっている最良の情報は何であるかを述べようとするとき，きわめて異なる結論に到達する可能性があり，そうなる頻度が高いのである。このことは，何をすべきかに関する案内を得たい人にとって，よく見られる問いを投げかけることになる。それは，ある主題について，対立するさまざまな物語が与えられた場合，私は，その主題について知られていることを，どのように知ることができるのか，という問いである。たとえ，私に単一の物語だけが与えられているとしても，その物語が信頼できるかどうかを，どのようにして知ることができるのだろうか？　私たちは，こうした問いに満足するような解答は得られない，という結果になるであろう。なぜなら，満足するような解答はないからである。しかし，私たちは，確かな方法に従うことができる。簡単な方法であっても，それに従うためには，探究の社会的組織化の議論に取りかかる必要がある。

1.2　知識の専門家

公共的知識の基本原理

知識の育成は多くのさまざまな専門職集団が担うべき社会的責任である。かつて，素人に委ねられたことが，組織化され社会的分業に統合されるようになった。次のよ

うな事例は，常識はこれまでに基本となっている社会的な取り決めを反映している。そのような事例とは，気象や統計について知りたければ，気象学者や統計学者に問い合わせるべきである，と私たちに教えるような事例である。気象学者や統計学者が知っていることについて，知っているような他者がいるかもしれない。しかし，特定の主題について，どのような他者がどのくらい知っているかが確信できないならば，問題を解決するために，「専門家」に訴えることになろう。統計学者や気象学者は，専門職上の分類であり，その分類は，彼らが知識発見のために行っている研究の分野を示している。彼らは「知識に関する職業人」なのある。そして，公共的知識についての基本原理とは，専門家の職務は知識の分野を育成すること，専門家は研究分野が生産したものを語る役割を有していることである[10]。専門家はより多くの知識を見出さなければならないだけでなく，これまでに見出されたことを語らなければならない。しかし，専門家は，いやしくも，その分野が知識を生み出しているかどうかを語る立場にはいない。その問いはあまりにも重要であるため，専門家に委ねることはできないのである。その分野が知識を生産している分野なのか，それとも知識を生産しない分野なのかどうかは，社会が認知し，回答する問いなのである。

専門家集団と承認請求

　医療や法律のような専門職の特徴の一つは，一定の技術を行使する独占的な権利を請求することであり，専門職としての社会的認知はその権利の承認に関係している。同様の承認請求は知識生産集団によって行われる。知識生産集団の場合には，新たな事柄を発見する最適な技術を決定する手続きと，何が発見されたかを決定する最適な手続きを有しており，これらへの承認が請求される。後者の手続きが，前者の技術よりも基本的なものとなる。なぜなら，専門家集団に属さない部外者や他の技術を使用する者は，その専門家集団が関わる専門領域において何も発見できないからである。専門家集団の外部の者が発見したものに関して，最終決定権を有するのは，その専門家集団である。ゆえに，その専門家集団は，自身の集団が保有してない技術が成果を生み出す可能性について主張する必要はない。

　社会科学の研究対象は，すべてではないにしても，その多くが，私たちが慣れ親しんでいる日常生活の事柄である。上述したことは，この社会科学にあてはまることは明らかである。日常生活の場では，驚きが頻繁に生じることはなく，専門知識による観察ではなく常識による観察の結果を確証し，あるいは拒否することが主な課題となる。しかしながら，新たな事柄を発見するための優れた技術を保有していることへの承認請求や，専門知識によらない探究によって，おおまかにせよ獲得が可能なものについて，より正確で確実な決定のために優れた技術を保有していることへの承認請求

1章　公共的知識（公共の知）　　15

は重要である。なぜなら，もし専門家集団が実際に新たな事柄を発見する方法をもっていることが承認されないとするならば，専門家集団はせいぜい検閲者の集団にすぎず，［知識生産に］貢献するような集団ではないことになるからである。技術と手続きという二つの承認請求は多くの専門家集団に対して認められる。科学者でない者の多くは，科学者がどのように研究するのかについて，最も概略的な考えを有しているだけである。しかし，科学者でない者は，概して，いかなる手続きであれ，その手続きによって知識が生産されることを承認する用意がある。また，専門家集団に属さない者が科学者という専門家集団が対象とする領域の中で何らかの発見をしたとしよう。その発見に対して専門家集団に属さない者が承認請求をする場合には，その発見が真実かどうかを決定するのは，専門家集団である，ということを承認する用意が，科学者でない者の側にはある[11]。専門家を公共的知識に貢献するものであることを立証するのは，まさにこうした承認なのである。

専門職と学術分野

　専門職と学術分野を区別することはしばし都合がよい。この区別は大学においては慣習となっている。しかし，それらを区別することは，確立された学術分野の専門職としての特徴を覆い隠すことになりがちである[12]。専門職集団のメンバーは，おそらくは，その専門的な知識に基づいて，助言や行動のいずれか，あるいはその両方をサービスとして提供している。学術分野のメンバーも，サービスを，すなわち，教育，相談，助言というサービスを提供している。学術分野のメンバーは，多かれ少なかれ，研究を遂行するが，専門職のメンバーは，新たな知識を発見する試みを妨げられることはなく，多くの専門職は何とかして知識発見を試みている。経済学者や物理学者は政府に助言し，医学者は研究を遂行し，医者やエンジニアは新たな技術を発見する。エヴェレット・ヒューエス（Everett Hughes）が私たちに思い出させたように，彼らはすべて公言する（profess）者である。彼らは，ある事象の特性について，他の誰よりもよく知っていると公言するのである[13]。さまざまな活動の組合せは，集団ごとに異なり，また集団内で異なる。すなわち，新たな事柄の発見がより重要である集団もあれば，一般的な知識を特定のケースでなすべきことの判断に応用することが重要な集団もある。しかし，確立された専門職と確立された学術分野は，専門知識の領域に排他的な支配権への承認を得るという同じやり方によって，自らの地位を確立してきたのである。専門職と学術分野のいずれも，自らの領域での活動にとって最良であると主張する技術や方法を有しており，自らの領域において何が優れた成果であるかを決定する権利を主張する。比較的少数の人たちが専ら研究に，すなわち，新たな知識を発見するための体系的な試みに従事している。大学教員には，少なくとも，

研究者であると同時に教師であることが期待されており、大学教員の多くは主に教師である[14]。私たちは、専ら完全に知識の生産に従事する職とそれ以外の職との間に明確な線引きをすることを期待してはいけない。なお、「それ以外の職」とは知識生産にまったく関与しない職を想定せよ。学者気取りだけが、次のような見方を説明するであろう。その見方とは、学術分野と専門職としての地位を固めた職が唯一の職業であり、そこでは、はじめに十分な量の知識が獲得され、実行の基礎として利用されるのである。人類は専門職が確立するはるか前から知識を蓄積してきており、現在では専門職が確立されてはいるが、専門職は新たな知識の発見に関して独占権を有してはいない。しかし、それでもなお、比較的少数の職業が、知識の育成に卓越した貢献をしており、社会的にもそのように認知されていることは事実である。

社会による専門家集団の承認と認知

社会が専門家集団に研究領域の開発に対して権限（authority）[訳注5]と責任を承認するのは、専門家集団には研究すべき対象があり、専門家集団はその研究ための有効な手段を有している、との信念を社会がもっていることを意味している。たとえば、私たちが超感覚的知覚を信じていないのであれば、そうした現象の研究者には、その領域の支配権に関する請求を認めないであろう。なぜなら、その領域には何もないからである。私たちは研究対象の存在を認めるが、その研究領域の支配権を請求する専門家集団が研究のための効果的な手段を実際に有している、と私たちが確信できないのであれば、支配権の請求を認めないであろう。たとえば、未来が研究対象であるとき、未来を予測するための新たな技術の有効性が認められなくても、私たちは、その研究を認めることできる。同様に、かつて独占的な支配権を社会が承認したが、後に取り消すことがあるかもしれない。これまで、知識生産の分野として、また、実際に研究対象が存在し研究方法も実際に備えているとして、受け入れられた分野が、研究対象あるいはその方法のいずれか、またはそのいずれについても、不信感が増大するならば、［専門家集団による支配権の請求は］最終的に却下されることがあるかもしれない。ある専門家集団が確立され、その専門家集団が、知り得たことについて細部にわたって語るだけの典拠性（authority）をこれまで有していたとしても、今なお研究成果の細部に関して、社会はその専門家集団に典拠性を認め続けるわけではない。ある分野による知の発見全体を拒否することも可能である。これまで確立されていた専門家集団を今や確立されたものではない、とすることがありえるのである。

知の専門家集団が公共的知識に寄与するかどうかは、社会がその専門家集団に承認を与え、その承認を与え続けるかどうかに依存するという議論は不合理であるとして、社会が知の発見全体を拒否するということは、間違いなく化学のようにしっかり

と確立された知の専門家集団のメンバーに著しい衝撃を与えることになろう。しかし，超感覚的知覚の学徒や未来の預言者は，化学者と同様の自信をもっているであろう。ある者が公共的知識の寄与者となるためには，専門家集団がその者が寄与している，と考えているだけでは十分ではない。専門家集団以外の私たちも，その者は寄与していると考えることが必要なのである[15]。

　ある職業集団が知識生産の専門職として社会的に認知されるという出来事は，突然に起こるのではなく，また，明確に認知可能な出来事である必要はない。そのような出来事とは地位獲得を示すものであって，たとえば，大学における学部や教育機関の新設，政府による研究資金の提供，政府に対する正式な助言者として任命されること，があげられる[16]。社会的な認知は徐々に獲得され，徐々に失われるのであって，いかなる時点においても，多くの職業集団は，不安な状況の中に置かれており，設立から廃止の間のいずれかの位置にいるのである。職業集団の地位が不確定であれば，それに応じて，その集団の最新の見方が公共的知識を形成しているのかどうか，という問いも不確定なものとなる。確立された専門家集団のもつ最新の見方を参照すれば，公共的知識の調査者は，単に，「・・・ということが知られている」「私たちは，・・・ということを知っている」と言えるだけである。一方，その地位が疑わしい専門家集団の最新の見方を参照すれば，「・・・と考えられる」「ある専門家集団が・・・と主張している」と言えるだけである。専門家集団の社会的認知は，個人の信念を公共的知識に変換する過程なのである。

知識の概説

　ある分野の知識を概説する行為は，その分野の職業集団の支配権の領野に参入する行為である。すなわち，概説は職業集団の仕事である。なぜなら，その仕事は，新たな事柄を見出すだけでなく，その集団が責任をもつ領域においてこれまで見出されていないことを語ることだからである。知識の概説者は，研究対象の主題における専門家でなければならず，その準備をしていなければならない。このことは，知識の概説者が，研究成果を生み出す専門家集団のメンバーでなければならいことを意味する[17]。文芸評論家に分子生物や古典的考古学の研究成果をレビューするように求めることはないであろう。このことは，ある専門家集団の部外者がその専門家集団の研究成果を要約することを禁止することを述べたものでない。研究成果の判定は誰でも行うことができる。猫は女王を眺めることはできるが，見ているものを好きになることはできない。しかし，概説の正確さを，最終的に指摘するのは専門家集団であると仮定するならば，その専門家集団は，概説という行為に必要となる最も初歩的な資格と考えているものを欠いている人による概説については，真剣に受けとめることすらし

ないであろう。判定の対象となる分野において，概説作成の能力のない人が研究成果の判定能力をもっていると認められるようなことはないであろう。

　専門分野外の者は，次のような見方に賛意を示すであろう。その見方とは，「認知された専門家」あるいは「専門分野において典拠性を有する者として確定されている人物」による概説に対して，ニーズが生じたときはいつでも，専門分野外の者の好みよって，その専門家の集団に専門職としての地位を付与するというものである。概説という行為は専門集団以外の誰でも試みてよいものであり，専門家集団が驚くべき優れた仕事として認知するようなことを素人が行うこともありえるであろう。しかし，専門家集団は，素人による概説に対しては，反論できない最終的な結論を下す権利を主張するであろう。

　知識分野の概説者が概説の対象となる分野の専門家集団のメンバーでもあるという要件はきわめて適切な道理である。なぜなら，専門分野の新規参入者に対して通例の指導（大学院での研究，博士論文など）を受けることなく，当該分野に関する必須の理解をいかにして獲得できるのであろうか？　それは**可能**ではあるが，標準的な指導に相当するだけの自己教育を通して可能となる。たとえば，知識に寄与する分野として社会的に確立されていない探究分野，たとえば，秘儀的神学を考えてみよう。確立されていない神学が，合理的なものと不合理なものの区別，妥当なものとそうでないものの区別，確信させる議論や主張とそうでない議論や主張の区別について，おそらく他の誰にも共有されていない方法を有していると想像することは容易である。

　その分野の最新の研究成果に関する最良な見方が真実性を有することを専門分野外の者が否定するときであっても，その分野において受け入れられている手続きによって，最新の研究成果に関する最良な見方は何か？　という問いへの回答はあるかもしれない。しかし，専門分野外の者は，専門分野内の者が研究成果の中で語られていることを理解できる程度や，さらには専門分野内の者が資料に基づいて操作する程度と比べるならば，最新の研究成果に関する最良の見方への問いに回答することはできないであろう。専門分野外の者は，不信感を抱きつつ，そうした問いに答えることができるかもしれない。しかし，専門家集団が取り組む（擬似）科学の最新の状態に関して信頼できる報告者と見なされるためには，神学者と同等の活動をしなければならない。擬似科学の状況と知識の「真の」分野との違いを問題にすることは，次のような問いの観点から適合性を欠いている。その問いとは，その分野における知識の状態を判断する能力を有しているのは誰なのか？　という問いである。

専門分野の知識状態を概説する能力

　有能な概説者はまずもって，有能な実務家でなければならないという一般的なルー

ルには重要な例外がある。探究のあらゆる分野で使用する探究方法と探究のツールには，その分野に特有なものだけでなく，他の分野と共通のものもある。最低に見積もっても，社会的に確立されているあらゆる探究の分野は，合理的な議論という共通のツールを使用すると主張するに違いない。すなわち，一般的に妥当な規則にしたがって，前提から結論を引き出すということである。「共通の論理」に続いて，数学は最も普遍的に使用されるツールである。専門分野外の者からの妥当な批判が可能となるのは，明らかに，こうしたよく知られているツールへの参照によってのみである。そして，見出したことを語る責務を負う専門家集団の主張は，守るべき例外や典拠性の制限の程度に関わる束縛を受けることになる。専門分野外の者は，ある分野における共通のツールの使用に誤りがあると知ることができるかもしれない。専門家集団が有する不明瞭な前提や基準のすべてを理解していないとしても，専門家集団が使用している論理が貧弱であり，その計算に誤りがあることは明白となるであろう。ある専門家集団が，研究において，他の専門家集団も共有する探究のツールを使用する限り，その研究成果は，そうしたツールを修得している専門分野外の者（他の専門家集団）によって評価可能である。しかし，そうした修得については，ある専門家集団の内部で証明されるものであり，概説者が有能な実務家でなければならいという規則は，なおも有効である。すなわち，専門分野外の者は修得しているツールに依存する程度に応じて，専門家集団の研究成果を概説することができる。異なる職業集団がある種の社会的コントロールを専門分野外の者から受けるのは，研究に伴う手続き，関心および主題における異なる分野間で共通している部分であり，そのコントロールは共有する探究のツールの使用によって行われることになるだろう[18]。

　以上の説明から，職業における専門家の地位を前提としたうえで，特定の個人を，たとえその個人が専門家集団のメンバーでなくても，知識の概説者として専門家と同様の典拠性を有する人として認めることがある，という説明は排除されない。研究者集団の卓越性を認めつつも，特に才能のある人物が，多くの専門家以上にある主題についてよく知っているということを許容することができる。しかし，すべての専門分野外の者が専門家よりもよく知っていると考えたとすれば，専門家はある知識分野の管理者としての地位をまったくもっていないことになるだろう。ある特定分野において，専門分野外の者のほうが，専門家集団内の多くの者よりも，多くの知識をもっていると考えるだけの独自の理由を，私たちはもっていない場合を想定しよう。その場合，その分野において知られていることを語ることができる人を探す際に，該当する専門家集団のメンバーでない人のほうを，私が選好するのは明らかに合理的でないということもまた事実である。組織という用語のもつ重要な意味において，知識は職業集団の観点から組織化される。すなわち，知識の配分と知識についての知識の配分

は，職業上の専門領域の組織化に密接に対応する。私たちは，能力のない専門家の存在を認めるのと同じ程度で，多くの専門領域を修得している才能のある素人や博識家を容易に認めることができる。しかし，能力のない集団全体を疑問に思い，つねに専門家集団内の者の見方よりも，専門分野外の者の見方を選好するのであれば，少なくとも，ここでの考察においては，当該分野はいまだ確立していないことになる。なぜなら，能力のない専門家集団の人たちが，現行のやり方を続ける限り，信頼できる成果を提供できるとは信じられないからである。その場合，新たな発見に関してだけでなく，過去の努力が生み出したものについても，信じられないことになる。専門家は，その専門家が属する分野が発見したことを語る特別の地位にいる，と考えるのは偶然ではない。分野の確立という事実から，専門家は特別の地位にいるということが帰結されるのである。

専門分野の承認要求の評価と規則

　専門家は専門分野において発見したことを判定する特別の地位にいると述べたからといって，専門家がいかにして判定を下すのかを述べることにはならない。私たちは，専門家がいかにして成果を出しているかを知らなくても，また，専門家は自分たちが発見したことをどのように決定し発見しているかを知らなくても，自分たちが知識を生産している集団であるとの専門家の主張を認めている。各専門家集団は，発見へのさまざまな承認要求を評価し批評するために明確で完全な規則をもっており，その規則は，その専門家集団のすべてのメンバーによって制定されており，受容されていると考えられる。そこで，そうした規則によって，公刊された著作物から暗黙のうちに，あるいは明示的に選び出された言明を集積したものが，公共的知識への集団の寄与ということになろう。そうした言明の集積はある時点で受け入れたものであり，その分野において獲得された知識に関する概説の正確さについては，客観的に検証されることになろう[19]。

　しかし，（数学はそれに近いものをもっているが）科学や探究に関する体系的な分野は，そうした規則をもってはいない[20]。極端な例として，批評と評価のための規則への参照をすべて放棄するならば，専門領域のメンバー［たとえば物理学者］が発見したものは，ある特定の共同体［たとえば心理学者の共同体］がその専門領域のメンバー［たとえば物理学者］が発見したと考えるものに単に依存するだけである。私たちは，こうした極端な例にみられる考え方については既に暗黙のうちに拒絶してきている。ここでいう共同体は知識における専門家集団の全体である。その場合，公共的知識とは，それぞれの共同体において広く同意されるものを集めたものとなる[21]。しかし，物理学者が発見したといえるものは，植物学者や心理学者が，物理学者によっ

1章　公共的知識（公共の知）　21

て発見されたと考えているものに依存すると想定するのは，まったく信じがたい。すなわち，新たな知識を発見することと，これまでどのような知識が獲得されたかを決定すること，このいずれにも責任を有する人たちが，批評に関して共有されている基準を無視して，そうした発見と決定を行うならば，そうした人たちに社会が与えた典拠性は撤回されることになろう。

　そのうえで，各専門家集団が，共有されている評価の基準に基づいて，たとえその基準が不完全で明示的ではない形で定式化されていたとしても，何が自分たちの研究成果なのかを決定すると仮定しよう。しかし，各専門家集団が，自分たちが見出したことを，自分たちが決定すると実際にいえるのであれば，どのようにして，決定するのかについては，まだ，わからないままである。概説の著者の中には，科学的な集団における名声と典拠性の不公平な配分を示しながら，最も影響力のある集団のメンバーが（正式にではないが）その集団による発見を決定すると主張する者がいる。すなわち，「その分野において典拠性を有する最も重要な人たち」の見方が，現行の最新の状態を決定するとの主張である[22]。もし，そうであるならば，私たちは，以上のような「典拠性を有する人たち」のことを，国会や議会を構成するものとして考えることができるであろう。公共的知識への集団の寄与は，議会が決めることに必ずしも依存するのではなく，議会が選択を強いられていると判断しているものに依存するのである。しかし，私たちは，直接民主主義を容易に想像することができる。すなわち，そこでは，各集団は等しく投票権をもっている集団のメンバーに選挙権を与えるのである。この文脈において，投票に言及することは奇妙に聞こえることは確かだが，科学者や学者からなる正式な組織は，あらゆる種類の言明について承認を与え，是認し，典拠性を付与するのである。なぜ，そうした組織は公共的知識の概説に承認を与えるべきでないのか，そして，投票によって承認を与えるべきでないのか？[23]代議制（「典拠性を有する人たち」が他者を代表するものといえるのであればだが），直接民主制のいずれにおいても，同じ問いが生じるであろう。すなわち，専門家集団の研究成果を記述したものが正しいものとして受け入れることに，どのくらいの人数が同意しなければならないのか？　ということである。全員合意はあまりにも強すぎる要件のように思われる。頑迷に納得しない一人のメンバーが集団の決定を反故にすることは考えにくい。単純な多数決はあまりにも弱すぎる要件である。研究者集団の50％ プラス1名が，ある見方を支持し，残りの研究者が別の見方を支持しているならば，その集団は不当にも割れており，合意を欠いていると考えられるであろう（合意についていうならば，単に次のような問いが生じる。すなわち，どの程度の同意があれば合意が形成されているのか？　という問いである）。おそらく，最良の提案は以下の通りである。すなわち，一般的に共有される評価の基準と，ある事柄が投票に

付された場合に得られる決定を代表するものとして，全員一致に近いものが，集団による研究成果に関する記述を正しいものとして承認するうえで必要とされる，ということである。

　しかし，上記の説明は，専門家集団内で対立があるとき，たとえば，知識に関して競合する概説があり，集団のメンバーが相反する派閥に分かれるようなときの公共的知識の状態について，語ったものではない。また，上記の説明は，提示された概説の中で，特定の概説が最も良いものであることを私たちに保証する方法を示したものでもない。

知識に関する異なる概説と公共的知識

　知識に関する異なる概説者の間に明白な対立が生じている場合，その対立が解消されない限り，公共的知識の状態は，対立のある領域においては単に不確定であるといわねばならない。対立がなく，実際に知識がどのような状態であるかに関する異なる説明の間に何の競合もないときであっても，私たちには，受け入れた概説が最良の概説であるかはわからない。関係する専門家集団のメンバーは，与えられた選択肢のなかで判断することしかできない。すなわち，彼らは特定の概説が最良の成果であるといえるための基礎をもたないのである。では，彼らは，どのようにして特定の概説が最良の成果であることがわかるのであろうか。彼らが特定の概説をより良いものにしようとする取組みに努め，それに失敗したとするならば，概説者の成果をより良いものにするのは容易ではない，ということが示されるだけである。それゆえ，私たちは，知られていることを知っていると決して確認できないのである。それは，いま信じていることが将来においても信じられると確信できないということを意味するのではなく，私たちは世界に関して現在有している公的な見方に確信がもてない，というまったく異常なことを意味しているのである。私たちが知っていることを語る試みというものは，世界に関する最新の見方で最良のものについて，信頼性のある表明を提示する試みである。しかし，私たちは，特定の表明の試みと直接比較して，理想的で現時点における最良の見方に到達することはできず，その表明が信頼できるものと確信することができないのである。

1.3　特定の問い

特定の問いへの回答と公共的知識

　私たちは，集められた文献に基づいて，知っていると主張できることを決定するために，集められた文献をレビューするという問題を考察してきた。ここでは，別の課

題に移ることにしよう。その課題とは，ある特定の問いに対する現時点における最良の回答を発見する試みである。たとえば，光の速度について現時点での最良の測定値は何か，あるいは精神分裂症の病因について，現時点で最良の見方はどのようなものか，という問いがあげられる。これらは，公共的知識についての問いに相当し，それらは，次のような形式をとる。すなわち，特定の事柄に関して，公共的知識はどのような状態なのか？　という形式の問いである。　この形式の問いに回答するという課題については，適切に批判する資格を有する者が，当該の事柄に関する公共的知識の状態であると結論付けているものを単に発見することではない。また，公共的知識の状態がどのようであるかを独力で知る場合には，その課題について次のことが求められるのは明らかである。すなわち，集められた文献が概ね示しているものを知るために，集められた文献を概説する課題に必要となる手続きと同様のものが必要とされるということである。より一般的な課題に取り組むことができる人であれば，ある特定の問いに関して，公共的知識は何かを見出すという，より限定された課題にも取り組むことができるだろう。より重要なことは，限定された課題に取り組む人は，より一般的な課題に取り組むことができる，ということである。このことについては，何らかの説明が必要である。

　概説対象の文献の中で，提示された問いに対する回答を構成する明確な記述があると想定することで，問題を単純化しよう。その記述とは，たとえば，光の速度に関する現時点での最良の測定値や，精神分裂症に関する病因についての明確な記述である。ある特定の事柄に関する公共的知識の状態の決定が，単にある問いに対する明確な回答の発見であり，もし複数の記述がある場合には最新の記述の発見であるとするならば，私たちが問題にしている課題について論じることは難しいであろう。それらの記述内容がほとんど理解できなくても，あるいは，まったく理解できなくても，それらの記述を発見することはできるだろう。しかし，提示された問いへの回答という課題については，内容の理解と切り離すことはできない。文献の中で見出された記述は，当該分野において，その記述以外の公共的知識の全体と完全に矛盾しているかもしれない。すなわち，その記述が関係する文脈で提示されている証拠によって，その記述内容が支持されていないかもしれない。

　しかし，その文脈がその記述の主張内容に対して優れた支持であると保証することは，まさに，いかなる基準であれ研究成果に対して適切な基準であれば，その基準を適用することによってその専門集団内において批評することなのである。また，当該分野において，その記述以外の公共的知識の全体と無矛盾であることを保証するためには，少なくとも，その記述が何であるかを決定できる必要があるだろう。こうした課題には，既に記述したように，一般的な能力［記述内容の理解能力］が必要とされ

るのである。

　もし，文献の集まりの中で見出されたある記述が公共的知識を表現していないとするならば，文献の集まりの中で，まだどこにも見出されない記述が公共的知識を表現している，ということになるだろう。特定の問いへの回答が集められた文献のいずれにも見出されないが，その集められた文献から構築可能な世界に関する最良のイメージの一部が，特定への問いの回答となるかもしれない。回答は創作によってのみ「見出される」のである。回答は，これまでに作成された公共的知識に関するいかなる概説の中にも含まれていないにもかかわらず，公共的知識の一部になるかもしれない。なぜなら，いかなる概説であっても，概説は概説者が提示されると考える問いに対してのみ回答するものであり，集められた文献からその回答が抽出可能なすべての問いを予測することは困難なためである。

概説する能力と資格

　過去に作成された概説が，いまなお知られていることについて信頼できる記述かどうか？　という問いについてはどうであろうか。今なお妥当である過去の概説についての主張は，結局のところ，今，文献調査を実施するならば，その後に出された刊行物に照らして，必要な修正が見られず，修正を必要とする証拠も研究成果もない，という主張となる。

　新たに概説する能力がない人が，過去の概説が信頼できるかどうかの判断を下すことなどできないのは，明らかであるように思われる。このことは，専門的な要求は同僚によって判断される必要があることを意味する。すなわち，この種の作業自体を実行できる人だけが，特定の研究成果がいまだに優れたものであるかどうか，また，過去においては優れたものであったが今では修正が必要かどうか，をそれぞれ語ることができるのである。このことは，ある概説が過去あるいは現在において正確であるかを判断できるのは，まさにその概説を作成できる人に限られる，ということを意味するものではない。創作は誰もが等しく得意とするわけではないが，総合が創作に関わる限り，人は生産できなかったものに関する判断能力を主張するかもしれない。しかし，概説者の作業のうち分析的な部分を実行できる能力を欠いた批評家は，そのような作業に大きな注意を払うとは主張できない。ある分野の概説者は一般にその分野の実務家でなければない。そうだとすれば，その分野の範囲に属する特定の質問に回答することを引き受ける者や，概説が過去や現在について正確に記述されていることを評価するのを引き受ける者も，その分野の実務家でなければならない。

　世界のある側面について知られていることを語る作業や，公共的知識について特定の些細な質問に回答する作業，さらには，新たな概説が正確であり，あるいは，過去

1章　公共的知識（公共の知）　25

の概説がいまなお正確であると語る作業には，すべて同じ資格が求められる。その資格とは，特定の知識領域について信頼できる，特定分野の実務家がもつ資格である。その分野外の者はつねに自分自身の判断を主張する自由があり，その分野内の者に同意しない自由がある。もし，外部の者が内部の者に全く同意しないのであれば，内部の者は，知識の生産者として認められた地位を失うかもしれない。しかし，ある集団が社会的に付与された典拠性を保持している限り，その典拠性を認知する人たちは，自分たちが受け入れている他の判断が影響力をもつことはない。ただし，他の判断が，より強固に確立された典拠性を有する代表的な集団が下す判断でない場合である。

1.4 レファレンス資料

百科事典と公共的知識

百科事典とは何かと，ジャック・バルザン（Jacques Barzun）は問うているが，百科事典とは公共的知識の公的宝庫なのか？[24]　私たちは，公共的知識に関する完全な記述をもつことができるのであれば，その完全な記述は究極的な百科事典であり，究極的なレファレンス資料（reference works）となるだろう。一人で究極的な百科事典を記述することはできず，一つの図書が公共的知識の完全な記述を含むことはできない。これは明らかであるが，百科事典がどれほど大きなものになるかは明白であろうか？　もし，百科事典が，その一部にこれまで刊行されたすべてのものを含むと考えるのであれば，その大きさは正しく見積もることができる（古代の著者のテキストを含む中世の百科事典は正しい方向を向いていた）。電話帳や特に有用でどこにでもある種類のレファレンス資料だけを考えてみよう。それらのレファレンス資料は，二つの異なる基礎により，すべて含めなければならいだろう。第一の基礎は，それらのレファレンス資料のすべては多かれ少なかれ公共的知識を代表するものである，というものである。その公共的知識とは，電話帳の刊行の時点で，加入者はそれぞれ特定の番号がもつ電話を所有している，という知識である。第二の基礎は，電話帳の刊行の時点で電話番号が間違いであったとしても，電話帳とは，加入者がそれぞれ電話番号をもっていることを示したものである，ということは公共的知識である。

出版とは出来事であり，出来事を記述する一つの方法（もちろん，唯一の方法ではない）は出版されたテキストを完全に引用することである。あらゆる出版物が公共的知識に寄与するわけではないと以前に述べたならば，私たちは，いまや，その言明を訂正しなければならない。著作物の中で主張されていることは誤りであり，無意味であり，それゆえ，明らかに当該主題については知に寄与していないかもしれない。し

かし，少なくとも，あれこれのことが語られているということを私たちは知っているのである。文献は，その著者が望むような種類の公共的知識に寄与しないかもしれないが，一定の寄与すらできない，ということではない，すなわち，語りの歴史に寄与できない，ということはないのである。そこで，完全な百科事典は，完全な図書館のコンテンツを含むことになるため，私たちの図書館のすべてにとって代わるものとなろう。

完全な百科事典と公共的知識の不完全性

　完全な図書館のコンテンツは，完全な百科事典の内容の一部に過ぎない。完全な図書館のコンテンツ以外の百科事典の部分は，構築された成果であり，それは，文献調査に基づいて，完全な図書館にあるテキストに依拠して獲得できる世界に関する最良の見方を最も完全に記述したものとなろう。多くの理由から，完全なる百科事典を記述することはできないことは明らかであろう。その理由の第一は，編纂者集団が，どんなに優れた創意工夫の能力をもっていたとしても，すでに刊行された記録物の分析と総合の可能性を駆使しないだろう，ということである。第二の理由は，たとえ編纂者集団が自分たちの創意工夫の能力を駆使したとしても，記録物を網羅したとは確信できないであろう，ということである。完全さを追い求める力を保持するには，疲労困憊の編纂者を新たな編纂者に交代させる必要がある。第三の理由は，記録物のストックは，分析と総合の作業が進行中の間，増え続けることである。すなわち，ストックへの新たな記録物の追加により，これまで行われてきたすべての業務の再検討の可能性が生じることになろう。その可能性は，新たな寄稿のある領域においてのみならず，影響を与えることが考えられる，すべての隣接領域や関係が希薄な領域において生じることになろう。第四の理由は，そして第三の理由を一般化したものだが，公共的知識に関する真に百科事典的な記述は，「各章の編者」による個々の寄稿の単純な寄せ集めではない，ということである。百科事典の記述は，担当箇所に関して，他のすべての箇所と関係付けて行われる分析と総合の成果であり，他のすべての箇所と照らしながら各担当箇所の相互調整と修正の成果でなければならないであろう。もし，こうしたことが実行されないならば，百科事典の全体は，多数の矛盾が生じるという最悪の事態となるであろう。あるいは，よくても，ある箇所が他の箇所を参考にすることにより，強調され際立つ機会が失われることになろう。それでは，世界に関して獲得できる最良の描像とはならず，結果として，公共的知識に関する正確な記述とはならないであろう。必要となる総合をあやうくしかねない人物が誰なのかは明らかでない。探究を社会的に組織化することにより，探究のさまざまな専門分野について学識を有する人たちが用意されることになる。しかし，ある分野の主張について，

1章　公共的知識（公共の知）　27

他のすべての分野の主張を考慮しながら，調整することに特に長けている人たちが用意されることはない。これは，個々の専門領域が独立して作業する，ということを意味するものではない。個々の専門領域は，互いに他の領域から考えを自由に取り入れるが，それ以上に，お互いについて批判する。しかし，お互いに考えを取り入れることはご都合主義的なことであり，批判は断続的であり，部分的なものである。ある分野の研究の記録が完全に使い尽くされるようなことはないため，ある分野の知識が，他のすべての分野の知識に対してもつ意味を引き出す作業もまた，完遂されることはないであろう。その作業は，たとえ個々の分野において利用可能な知識のストックが，実際にはそれほど急速に変更されないとしても，完遂されることはなさそうである。

　しかし，最終的には，いかなる時点においても，到達される結論に関しては，書記形態で結論を記述する作業が決して終わることがないのは，知力や忍耐を欠いているからではなく，結論を記述するという事実のもつ特性による。なぜなら，記述される知識は，私たちがさまざまな事柄を実行できる能力という形をとって存在するからである。その能力とは，新たな問題を解決し，新たな問いに回答し，議論のつながりを構成・評価し，新しい主張の妥当性あるいは非妥当性を見抜き，新しい問題に応用する能力である。そうした能力を完全に記述するには，問題，問い，議論のすべてについて，その詳細をあますことなく示す必要がある。しかし，その詳細を完全に示すことは明らかに不可能である。もし，公共的知識を十全に記述した百科事典を構成することを考えたならば，いまや，私たちはその作業が不可能であることがわかるのである。

2 種類の公共的知識の不完全性

　公共的知識に関する完全な記述は不可能であるが，私たちが知っていることを語ろうとする試みを中止しなければならない特定の段階があるわけではない。しかしながら，前述までの議論の観点から，2種類の不確実性により，必ずや，私たちの成功を評価する試みについて，私たちは悩ましく思うことになる。第一の不確実性は，いかなる概説であれ，概説全体の一部であれ，ある特定の時点において獲得できる最良の概説であるとの保証がない，ことである。第二の不確実性は，異なる分野の探究の社会的状態が確定しえない可能性があることである。すなわち，探究の分野が実際に公共的知識に寄与し，それゆえ，卓越した百科事典における記述に値するのか，という問いに関しては社会的合意がない，ということである。公共的知識は，公共的知識に寄与する分野として確立されている社会的過程に依存している。卓越した百科事典の編集者は，そうした依存性から生じる選択の問題から逃れることができない。また，

百科事典とは，所与の結果であり，論争のない結果の単純な記述よりはむしろ，構成作業の成果であるという百科事典の特性から逃れることはできない。［百科事典の記述対象の］選択に関する編集者の問題は，［記述の候補となる対象の］評価に関する判定者の問題といえる。適切な分野が含められ，適切でない分野が排除されたのか？概説は実際に獲得可能な最良のものなのか？　再び古来の逆説が登場する。それは，私たちは，知っている，ということを知っている，ということを確信できるわけではない，ということである^{訳注6}。

百科事典の記述と知識の獲得

　非専門家や素人は知識の概説を評価する立場にないこと，卓越した百科事典は知の専門家によって承認された公共的知識の公的な貯蔵庫であること，そして，卓越した百科事典が知識を誰もが利用できるようにする手段であるということを，これまで論じてきた。しかし，そのことは何を意味するのだろうか。私たちの誰もが，百科事典で記述されたすべての知識をもつことができるようになることを意味するのだろうか。そのようなことを意味しないのは明らかである。先述したように，記述された知識をもつことは，知識をもつことでは決してない。知識を獲得することは，理解できるようになることであり，百科事典で述べられていることを理解している人たちだけが，百科事典で記述されている知識を獲得しているといえるのである。しかし，理解は一般にすでに知っていることに依存する。すなわち，事前に一定の学習をしている人によって即座にかつ容易に把握されるものが，それ相当の学習をしていない人たちにとっては，ゆっくりと苦労して把握される対象となり，あるいは，まったく把握されないものともなるのである。卓越した百科事典は，学識ある者にとっては，ほとんど記憶の助けであり，しばしば語られることになる外部の記憶である。学識のない者にとって，百科事典はそのようなものではない[25]。知識に関する利用可能性とアクセス可能性との対比は，これからの私たちの議論において，きわめて重要な関心事となろう。

公共的知識の不完全性とレファレンス資料

　公共的知識の記述に避けられない不完全さがあっても，それが，実際上，大いに不便となるようなことはない。私たちは実際に知識の要約に取りかかるとき，完全性を求めることはない。私たちは，想像上の百科事典に避けられない不完全さについて，実際上の問題を指摘するためでなく，公共的知識の特性とその特性を明らかにする過程について解明するために，長々と述べてきたのである。知られている事柄を収集し，レファレンス資料として組織化したいと思っている私たちにとって，知られてい

1章　公共的知識（公共の知）　29

る事柄の多くは，ほとんど関心がないものである。科学的，学術的研究の報告には含められる多くの不合理な事柄の詳細については，百科事典の記述からはつねに除かれる。その結果，これらの報告を体系的な概説に圧縮する時点で，百科事典には，ある文章や数字以外に何も記載されないかもしれず，これから関心がもたれそうな事柄だけが保持されることになる。

　レファレンス資料において初めて述べる価値のある事柄が，レファレンス資料の中で永久に繰り返される価値の事柄である必要はない。レファレンス資料を作成する要諦は，膨大な文献をきわめて少数の文献に代替し，繰り返す価値のあるものの中で最も価値のあるものを含めることである（このことは，もちろん，電話帳にはあてはまらない）。そして，繰り返すものを決定する場合の価値の基準は，発見する価値のあるものを決定する場合の基準と同じである。価値は，実践的なものであれ，理論的なものであれ，有用性に依存しており，詳細さや本質的な関心に依存している。これらの検証のうちの少なくとも一つに合格しないものは，「文献」の中に置き去りにされるのである。

　レファレンス資料は，公共的知識に関して相対的に短い部分的な説明を行うことを意図している。それゆえ，レファレンス資料はあらゆる目的にとって，出典となる文献総体に代替することはできない。もし，公共的知識に関する記述にあたり，出典の候補となる文献群の中で，公共的知識の記述の出典として選ばれない文献や，レファレンス資料に取り込まれない文献があるならば，それらの文献は公共的知識の記録を完全なものにするために，保持されなければならない。文献調査は，それらの文献を抽出するために必要であり，レファレンス資料における不完全性に対して払うべき代償である。

レファレンス資料の識別

　私たちは，すでに存在する百科事典や専門分野の事典，辞書，ディレクトリ，ハンドブック，地名事典，論文集，教科書，批判的レビュー，および体系的な歴史書を収録した目録を，完全な百科事典の断片を表現したものとして作成することができる[26]。ある出版物がレファレンス資料であるか否かを識別する方法に満足ゆくものはない。形態というものは，単一の識別する唯一の特徴としては役に立たないであろう。もし，「レファレンス資料」というものが，リストや表形式という形態をとるものとするならば，レファレンス資料以外の資料は，連続的な説明という形式をとった著作である。また，生産されたものは意図しない価値をもつかもしれないため，著者の目的は識別する唯一の特徴として役には立たないであろう。

　また，使用される情報源は識別の特徴としては役に立たないであろう。たとえば，

30

無機化学の体系的なハンドブックは，膨大な文献調査に基づいているかもしれない。電話帳は優れたレファレンス資料ではあるが，一定の作業を定型的に行って収集されたデータを表現しており，綿密な学術研究の成果ではない。私たちの目的からすれば，レファレンス資料は，想像上の完全な百科事典の一部門として，あるいは百科事典から選ばれたものとして取り扱うことができるようなものである。すなわち，レファレンス資料とは，探究のある領域において知られていることを慎重に概説したものとして，あるいは，事実の集合の中のすべての事実か最も重要な事実のすべてを体系的に提示したものとして，取り扱ったものである。

レファレンス資料の正確性の維持

　私たちがいかなる時点においても所有しているレファレンス資料という装置は，意図的な不完全さはあるにせよ，その時点における公共的知識に関して，統一された記述ではなく，信頼性があって有用な記述では決してない。百科事典，教科書，ハンドブック，ガイドブック，指導マニュアル，論文集，批判的レビュー，辞書，名簿，年鑑などからなる巨大な集積は，空間と時間を超えて広く分布する何千もの個人と集団による個別の独立した営みを表したものである。レファレンス資料は，作成された時点により，公共的知識の記述として，その価値は異なってくる[27]。レファレンス資料によって異なるとはいえ，知の記述に関するレファレンス資料の正確さは，その程度にかかわらず，作成の時点から時間の経過とともに失われる。レファレンス資料は，互いに独立して作成されるため，個々のレファレンス資料の多様性に対して一貫したやり方で知識の部門を完全にカバーすることはできない。論集は作成されてはいるが，入門的な教科書の用意がない分野がある。その一方で，古い百科事典は用意されているが，その分野の進歩に関する定期的なレビューは作成されていない分野もある。有用な資料を含んでいるレファレンス資料であっても，利用者の関心に対応することなく作成されているかもしれない。その結果，レファレンス資料が有用な資料を含んでいたとしても，その有用な資料は大いなる労力をかけなければ発見できない[訳注7]。このように，公共的知識の記述を構成する際には不完全性が生じるが，その不完全性がどの程度容易に克服できるかはさまざまである。

　知識の要約が時間の経過とともに正確性を欠くことは，次のような条件を設けるのであれば，避けることができる。その条件とは，要約を一つの文献として発表する代わりに，その要約を継続的に改訂するためにファイルや資料として維持するというものである。電話帳の裏側では，電話会社はファイルを維持し，絶えず改訂しており，その結果，電話番号の問合せができるのである。学者は論文を発表するだけでなく，継続的な研究に基づくとともに，自分の論文が関わる全分野にわたって他の学者の研

究のレビューに基づき，追加と修正したファイルを維持している。こうして学者は，自分の分野に関する最新の記述を維持しているのである。そして，その最新の記述は，それを求める他の学者が実際に利用可能なものであれば，公共的知識の一部となる。

情報分析センター

そのような学者に相当する機関が情報分析センターであり，専門情報センターであるが，それらの機関の重要性については，有名なワインバーグ・レポート（Weinberg report）である *Science, Government and Information*［『科学，政府と情報』］において強調されており，次のように述べられている。

> 私たちにとって，大規模な中央の知の貯蔵庫によって支援されている専門情報センターは，技術情報の伝達のための最も有力な手段になるのは当然であろう。これらのセンターは，情報の伝達と検索だけでなく，新たな情報を創り出している。センターは科学の解釈者をスタッフとして擁しているに違いなく，その科学の解釈者自身が科学に寄与している。情報センターは，当センターを技術系の図書館というよりもむしろ技術系の研究所としている[28]。

> ワインバーグ・レポートで記述されている，そのようなセンターの業務は，ある意味で，主として公共的知識の記述を維持することにあるのは明らかであり，付随的に伝統的な印刷媒体のレファレンス資料の生産にもあたっているのである。

> 専門情報センターは，ある特殊な分野——たとえば，核分光学や化合物の熱物性学におけるあらゆる出版物の認知をその業務としている。また，専門情報センターは，データを交合し，再調査し，定期的に刊行される編纂物や批判的レビュー，専門主題書誌やその他のツールを会員に提供している[28]。

しかし，そのようなセンターの業務は，ある一つのレファレンス資料の刊行や，レファレンス資料のセットの刊行をもって終わるものではない。センターは，当該分野における知識に関する最新の正確な記述を維持する責任を果たし続けるのである。今後ますます，そして現在でもある程度，そのようにして維持された最新のファイルは遠距離からも直接利用可能であり，コンピュータと電気通信は，公共的知識の利用可能な条件を変えることになろう。レファレンス資料が刊行された時点で古くなること

は避けがたい問題である[訳注8]。この問題を克服するためには，継続的に分析と総合を行うことであり，分析と総合による最新の成果へのアクセス条件を変えていく必要がある。

分析・総合と公共的知識

　分析と総合の継続的な取組みは，物理科学や科学技術の分野に固有のものではなく，それらの分野に限定されないと指摘しておくことは重要である。聖書考古学やチベット仏教の歴史について知られていることは，それらの分野に関する調査研究を記録した文献とは複合的な関係にある。聖書考古学やチベット仏教の歴史に見られるそうした関係が，化学の分野で知られていることと化学文献との関係よりも希薄であると，なぜ，考えるべきなのであろうか？　知られていることが出版されているものと複合的な関係をもつ場合にはつねに，公共的知識に関する包括的で信頼できる記述を維持する継続的な作業を目指す機会が存在する。正確な記述に到達するために分析と総合が必要であることは，その緊急性に違いはあっても，変わりないのである。分析と総合に思考と想像力を傾注することで新たな発見をする可能性は，どのような場合にも真実である。

　専門情報センターが人文学や社会科学の関心を配慮して設立されていないのであれば，その理由は，知られていることを発見し報告する知的要件が異なるからではない。人文学や社会科学の個々の学者は一人からなる情報センターとして，知識の特定の分野の管理者や保有者として振る舞うことが期待されているからなのである。公的に利用可能なデータを分析し総合する取組みは，［物理科学や数理科学であろうと，人文学や社会科学であろうと］変わらないのである。

　ファイルやデータバンクの維持は，現在関心を向けているような情報センターが取り組む作業ではない。コンピュータの利用や鉛筆と紙片の使用など，ファイルを維持する技術的手段は，情報センターとは何の関係もない[29]。評価されていないデータのビット列からなるコンピュータファイルは，データバンクを構成するといわれるかもしれないが，そうしたファイルは情報センターではない。批判的な分析と総合こそが不可欠な構成要素なのである。

「世界の頭脳」としての組織とレファレンス資料

　個人と代理機関（agencies）からなる組織は，それぞれが，ある特殊な領域における公共的知識の状態に関する信頼できる記述の維持を担っており，それらの個人と代理機関は全体として，知識の全分野をカバーしている。これらの個人と代理機関は，H.G. ウェルズ（H.G. Wells）が「世界の頭脳」として，"ダイジェストと会議を永続

1 章　公共的知識（公共の知）　　33

的に組織化する一方で，出版と配布も行うという，二面性をもつ組織"として，鮮やかに記述した組織となるものであろう[30]（米国国立標準参照データシステムは，前述したような組織の一面を表している[31]）。ウェルズは，その組織の業務を「標準的な百科事典」をはじめとするレファレンス資料の刊行について体系的な計画を含むものと考えている。そのレファレンス資料には，教科書，専門分野の事典，辞典が含まれている。要するに，「世界の頭脳」として記述された組織の業務は，さまざまなニーズに対して計画された装置として，レファレンス資料を体系的に提供することとなる。しかし，こうした業務に必須となる重要な条件は，"精神のための心的クリアリグ・ハウス，すなわち，知識とアイデアが受容され，蓄積され，要約され，圧縮され，明確にされ，比較されている貯蔵所"，としての機能である。この機能はまさに知識の概説者のもつ機能である[32]。包括的な代理機関のネットワークがまとまって公共的知識に関する信頼できる記述を体系的に維持することに携わる時点でのみ，知識の総体が完全に実体化されるであろう。すなわち，その時点に至るまでは，知識の総体はほとんど理念的なものであって，レファレンス資料という利用可能な装置の中で，ただ不完全に描かれるだけである。

　しかし，代理機関の包括的なネットワークに公共的知識について信頼できる記述を体系的に維持させることは，きわめて重要ではあるものの，望まれるものの一つに過ぎない。公共的知識は，単に熟慮と感嘆の対象ではなく，利用のために存在するのである。レファレンス資料の作成の目的は，知識を容易に発見できるようにすることにより，知識を利用できるようにすることである。しかし，ニーズと関心は多様であるため，公共的知識の組織化について単一の枠組みでは十分とはいえない。

公共的知識の組織化とその第一段階

　知識を一つの集合体に，あるいは，まとまりとして組織化するさまざまな方法について検討しよう。三つのタイプの組織化が特に重要である。それは，主題，分野，機能をそれぞれ基礎とする組織化である[33]。関心のある主題，たとえば，北極地域や産業社会における余暇時間の利用について知られていることを調査することを引き受けたとしよう。そこで，自然地理学や社会学のような確立された分野や知識生産集団のメンバーの研究成果を調査することに着手したとしよう。ある一定の課題を引き受けている人間にとって有用となり，知られていること，たとえば，北極を探検するという課題に機能的に関連して知られている事柄の収集を試みることになろう。同じわずかな知識であっても，すべて三つの調査が行われることになるが，その三つの調査の対象となる文脈はそれぞれ異なるであろう。余暇時間の利用について知られている事柄の中には，社会学者の寄稿［論文等］から得られるものや，北極を探検した人に関

心のあるものもあろう。しかし，社会学者は余暇時間という主題に限定することはなく，同様に探検というものも，余暇時間に関するすべての知識を必要としているわけではない。公共的知識に関する十全な記述を組織化するうえで最初の作業は，知られていることを単に見極めることであるが，それは最初の作業にすぎない。

公共的知識の組織化の第二段階

第二の作業は，特定の状況に参入する人たちが，知識の集まりの中から有用なものを容易に見つけ出すことができるような方法で，知識を再組織化することである。フローレンスに向かっている旅行者の世代は，旅行に必要な知識を教えてくれるベデカー社（Baedecker）の旅行案内書に頼ることができるだろう。利用のために知識を再組織化する一般的な作業は，たとえ簡略化すぎたとしても，ベデカー社の旅行案内書が採用しているように，最も人目を引くやり方で記述することである[34]。その一般的な作業とは，次のような質問への回答を見出すのを可能にすることである。その質問とは，私が今置かれている状況の中で，何を知る必要があるのか？　というものである。

公共的知識に関する最新の記述を維持することは，新たな知識の発見に携わる集団の仕事であるが，その集団には，その発見に関する潜在的な利用者の関心を十分に評価することを期待できないが，それ以上に期待できないのは，その関心に備えることである。もし，そうした集団が公共的知識に関する記述の組織化の最初の段階を担う責任を有しているのであれば，その集団には，利用のための機能面からの再組織化という第二段階の取組みを続けることを期待できず，その集団を信頼することはできない。もし，最初の段階を壮大な百科事典の独立した章の全体をつくることと考えるならば，第二段階は，個々の章の間の相互参照という装置を組み込むという作業をはるかに超えたものである。その段階の作業は，北極探検に関する章の読者を，社会学の章の中の余暇の項目への「をも見よ（see also）」参照による指示という，適切な案内に向けたわずかな前進でしかない。

さらなる前進は，（必要であれば）その章を書き直し，非専門家にとって理解できるようにすることであるが，これもまた，わずかな前進にすぎない。さらなる前進は，（利用者の観点から不適合であり，過度に精緻である場合には）不適合な部分と過度に精緻な部分を取り除くことであるが，専門家にとってはきわめて骨の折れる作業である。その理由は，専門家にとって，詳細さと精緻さがまさに自分たちの誇りとなるからである。しかし，不適合な部分と過度に精緻な部分を取り除くことは，同時に適合する部分と効用のある部分を認識し，創り出すことでもある。適合する部分を認識することは，ある課題とある知識との間の関係を見出することであり，また構築

1章　公共的知識（公共の知）　35

することである。過度に精緻な部分を認識することは，知識の応用可能性の限界を認識することである。[不適合部分と過度な精緻部分に関する] こうした選定には，適合性の認知と将来の応用可能性の予測を必要とする。これは容易にできるかもしれない。というのは，新しい情報については，その適合性を認識し，応用可能性を予測することは，既に身近にあるコンピュータ装置が使えるからである。また，その選定は，発明という行為でもあるかもしれない。すなわち，新しい理論，新たな技術，情報を使った変更と運用に関する新たな方法を提示されるかもしれないのである。

ついで，その選定は，新たな知識の発見，すなわち，知識と行為を関係付ける方法に関する知識の発見となるかもしれない。そのような発見は，その達成に利用可能な情報が探索されるような課題に集中して没頭し，理解することなしに，ありえそうにない。実際的な目的から知識を利用したいと考えている人たちのニーズを生み出すことを目的に知識を再組織化する者は，探究の分野がむしろ生み出してきたものを単に見極めたい，と考えている [その分野の] 概説者とはまったく異なる方向を志向しているに違いない。機能面からの再組織化は，単に知識の記述について型通りの処理するものではない。その再組織化には，少なくとも上述の選定と，適合性の認知と応用可能性の限界への認知が必要としており，知識の再組織化は，これまでの知識を利用する新たな方法の発見につながるのである。

再組織化の作業は以上の段階で完了することはない。すなわち，将来の利用者に，利用できるものを提供するだけでなく，知識の利用についても指導しなければならない。再組織化にあたる者は，知識が盲目的に利用されないように，また，まったく利用されないことがないように，次の事柄を詳細に説明しなければならない。すなわち，知識について，いつ，どこで，どのような条件のもとで，どの程度の注意を払い，いかなる制限を伴って，どのように，利用すべきかについて詳細に説明する必要がある。こうした説明はしばしば満たすことができないほどの強い要件である。私たちは，適合性や応用可能性については，その利用について正確な指導を提供できないことを確信している。しかし，情報の提供を求める人間にとって，多少なりとも適合してはいるが，その利用手段が十分に作成されていない大量の情報が提供されることほど，価値がないものはなく，欲求不満となるものはない。疑わしい適合性は，知識に関する機能面からの再組織化にとって，十分な基礎ではない。利用に対する特別な案内の提供は，その案内が準備できないことが多いとはえ，適切な目標である。

再組織化の業務には，もう一つの避けがたい不完全な業務があることは容易に知ることができる。その業務とは，行動が必要となる状況に関する要求をめぐって知られていることを再組織化するものであるが，状況に関する要求については，大雑把に予測できるだけである。フローレンスに向かう旅行者に共通するニーズは，ベデカー社

の旅行案内書の中で予想されている。すなわち，同じような旅行に関わる似たような人たちは，同様の状況に直面し，同じような情報を必要とするであろう。しかし，フローレンスの旅行者であっても，偶然に起こることをすべて予想できると信じることは難しい。もし，私たちが知識に関する完全な再組織化を想定しようとするならば，知識の利用に関するあらゆる具体的な機会を予想すること以外に何がありえるであろうか？　再組織化された百科事典があるとすれば，その書名は『あらゆる可能な状況を満たすために知る必要があるすべてのこと』（*Everything One Needs to Know to Meet Every Possible Situation*）となるであろう。そのような書名の設定は，それに関わる業務が不可能であることを示すものである。知識の利用に関してすべての範囲の機会を予め記述できる人はいない。単に典型的な状況に関して，有用な知識を含めた記述の集合は，その典型的な状況ではない状況における知識の利用にも十分なものではありえないであろう。

　もし，知識の完全な再組織化ができないのであれば，再組織化の作業に対して私たちは，望む限り多くの部分的な寄与を取り入れることである。そして，再組織化の業務には，レファレンス資料の執筆者が独占的に関与する必要はない。その業務は，たとえば，専門職大学院において明らかな関心事である[35]。専門的な知識を必要とする専門職に参入する人は，有能となるために知る必要がある事柄が何かが示されることを期待している。あらゆる准専門職と専門職のカリキュラムはこの問いに回答を意図したものである。カリキュラムの中に何を含めるかを決めることは，これから専門職となろうとする者が自己を見出そうとする状況において，将来の専門職にとって最も有用となるものを決めることである。こうしたカリキュラムの決定は，知識の再組織化に関する一般的な業務の特定の事例にすぎない。専門職集団は，実際に有効な知識の集まりを自律的に自分自身で開発するが，専門職大学院の教授団には，とりわけ，利用できる知見を同定することを意図しながら，知識の状態に関して継続的に論評することへの関与が期待されている。しかし，専門職のカリキュラムは，特別に作成された教育用図書と同様の限界がある。カリキュラムは典型的な状況のために作成されるだけである。専門職大学院とそのカリキュラムは，おそらく，知識の再組織化のため主要な社会的機関であるが，それらでさえ，特定の状況における既存の知識の最適な応用のための十分な手段ではない。他の社会的機関が存在し，間違いなくより多くの機関が創設され，それらの機関が理念的に求められる特殊な再組織化を達成するのを支援することであろう。特定の問題状況を考慮して，利用可能な知識を概説することを試みる「シンクタンク」，専門職のコンサルタント，独立した調査機関，および立法上の方針分析集団はすべて，特定の事例において，公共的知識をできるだけ効果的に伝達させるニーズに社会的に対応するものとして，ある程度理解されるべきもの

であり，社会的に創設されたものである[36]。

　しかしながら，公共的知識のわずかな部分だけが，より多くの知識を求めるための基礎となることを除いて，発見可能な知として利用の対象となる。知識における専門家という職業は，知識の探究自体を目的にしているであろう。そうした専門家が見出すものは，それ自体のみが興味の対象であって，世界における行動への応用に関心が向けられたものではない。私たちの行動の指針となるような公共的知識のストックについて研究すると，利用については，ほとんど見出せるものがないであろう。知識の大規模なストックは，行動の指針をほとんど提供していないのである[37]。しかし，公共的知識は，私たちにとって利用可能な知識の一部にすぎない。公共的知識は，私たちにとって，明確な知識に関する共通のストックであるが，私たちは，多くの知識は公共のものでない（これまで公共のものとされていない）ことを知っており，私たちは，多くの知識が明確にしえないのではないかと思っている。公共的知識の中で見落とされているものは，人びとが語っていないものだけでなく，語りえないものであり，人びとが，自分が知っていることを知らないということ[訳注9]である。私たちは，自分がもっている明確な知識を最もよく利用したいと思っており，知識を調査し利用のために再組織化することは，目標［の実現］にとって必要である。しかし，公共的知識は，私たちが向かう必要があるところまで，私たちを連れて行ってはくれない。公共的知識の組織化は，知性が私たちの生活に影響を及ぼすようにする作業の一部にすぎない。そうした作業のもう一つの部分は，自分たちが知っている以上のことを，あるいは，自分たちが語ることができること以上のことを知っている人びとからなる社会を組織することである。知識の組織化は文献の組織化以上のことであり，複数の文献を評価し，統合した内容の組織化を超えるものである。知識の組織化とは知識をもつ人間の組織化でもある。

1　このことは，学者や科学者にあてはまるが，技術者にはあてはまらない。
　Derek J. De Solla Price, "The Scientific Foundation of Science Policy," Nature 206（17 Apr. 1965），p.236 に以下の記述がある。
　　　読みたいと考えている人たちは技術者であるが，文献は技術者のために書かれてはいない。技術者は応用できる有用な知識を探さなくてはならないと思っているのである。しかし，技術者は，読みたいと思っているにもかかわらず，出版したいとは思っていない。技術者は人工物とプロセスを生み出したいと考えているのである。これは，逆説的な対立であって，この対立が情報の危機に大いなるノイズをもたらしてきたのである。

科学者にとっての出版の重要性に関しては，次の文献を見よ。Ziman, John. *Public Knowledge: An Essay Concerning the Social Dimension of Science.* Cambridge University Press, 1968, 6 章と諸所に見られる。

2　"Address by the Right Hon. Lord Rayleigh," *Report of the Fifty-Fourth Meeting of the British Association for the Advancement of Science; Held at Montreal in August and September 1884* (London: John Murray, 1885), p.20.

3　J.D. Bernal. The Social Function of Science (London: Routledge, 19139), p.118.

4　Lewis M. Branscomb, "Is the Literature Worth Reviewing?" *Scientific Research*, 27 May 1968, p.50.

次の文献を見よ。Philip M. Boffey. "Scientific Data: 50 Pet. Unusable?" *Chronicle of Higher Education*, 24 Feb. 1975, p1, 6.

国立標準化局の局長である彼の後継者による同様のコメントが記述されている次の文献をも見よ。Gertrude London. "The Publication Inflation," *American Documentation* 19 (Apr. 1968), p.137-141.

5　これは，引用が重要であるという主張に抵抗する強い理由の一つである。すなわち，その主張とは，ある科学的著作がその後の出版物の中で参照された頻度は，科学的著作の価値を測定する十分な測度である，というものである。価値の測度として，特に引用数を強く擁護するものして，次の文献を見よ。Cole, Jonathan R. and Stephen Cole. *Social Stratification in Science.* University of Chicago Press, 1973.

6　科学は公共的知識であり，そして，公共的知識は科学であるというのは，まさしく，ザイマン（Ziman）の著作の *Public Knowledge* の中での議論そのものである。

7　Ziman, John. "Information, Communication, Knowledge," *Nature* 224 (25 Oct. 1969), p.323 に以下の記述がある。

特定の研究の成果を出版することは，知識の総体を創造するためには十分である，という信念は馬鹿げているが，一般に保持されている信念である。レビュー作成者の仕事は，主たる論評を加工，分類し，主要なパターンを描くことである。・・・もはや，ある主題の専門家でない者が，文献の中で報告されている無数の成果に関する信頼性という概念を抱いているのは，レビュー作成という公的な再評価によってのみである。

8　*Science, Government, and Information: A Report of the President's Science Advisory Committee* (Washington, D.C.: Government Printing Office, 1963), p.33; Herman M. Weisman. *Information Systems, Services, and Centers* (New York: Becker and Hayes, 1972), p.138-139, 143.

9　次の文献と比較せよ。Allan Mazur. "Dispute Between Experts," *Minerva* 11 (Apr. 1973), p.243-262.

10　フリッツ・マッハルプ（Fritz Machlup）の著作 *The Production and Distribution of Knowledge in the United States.* Princeton University Press, 1962［『知識産業』高橋達男，木田宏共監訳，産業能率短期大学出版部，1969］で述べているように，「知識にかかわる職業」と「知識産業」とを混同すべきではない。マッハルプは同書 p.45 で次のように指摘している。

フード産業で雇用されている化学工学者，靴産業のデザイナー，化学産業における

1 章　公共的知識（公共の知）　39

会計士や弁護士は皆，彼らの職業（occupation）の定義に従えば，知識の生産にかかわっているが，彼らが働く産業（industry）の定義に従えば，知識の生産には関与していない。他方，学校施設の守衛，研究所の女性清掃人，テレビ局の機械工は皆，産業の定義に従えば知識の生産にかかわっており，職業の定義に従えば，かかわってはいないことになる。

知識生産のカテゴリーの中に含める職業（および産業）の数については私よりも，マッハルプのほうが多い。

11 科学者は探究に関する特別な方法をもっているということは，哲学者のファイヤアーベント（Feyerabend）によって，次の文献の中で，おとぎ話として記述されている。
"'Science,' The Myth and Its Role in Society," *Inquiry* 18 (Summer 1975), p.167-181.

12 Norman Storer and Taclcott Parson. "The Disciplines as a Differentiating Force," in Edward B. Montgomery, ed. *The Foundations of Access to Knowledge: A Symposium* (Syracuse: Syracuse University, 1968), p.101-121; Talcott Parsons and Gerald M. Plat. *The American University* (Cambridge: Harvard University Press, 1973), ch.3; Joseph Ben-David. "The Profession of Science and its Powers," *Minerva* 10 (July 1972), p.362-383.

13 Everett C. Hughes. "Professions," Daedalus, Fall 1963, p.656; 次の彼の文献と比較せよ。*Men and Their Work* (Glencoe: Free Press, 1958). 特に，6章の "License and Mandate".

14 多くはほとんど，あるいは，まったく研究を行っていない。少なくとも，出版物というかたちの成果はほとんどない。
Ladd, Everett C., Jr. and Seymour Martin Lipset. "How Professors Spend their Time," *Chronicle of Higher Education*, 14, October 1975, p.2 で，次のように記述されている。

多くの大学教授は自分のことを，「学者」や「知識人」とは考えてはおらず，「教師」や「専門職」と考えており，そのように振る舞っている。学部教授団のメンバーは，驚くべき数の印刷物を生産している。［しかし］こうした印刷物は，比較的少数のペンから放出されている。

15 ベン・ディヴィド（Ben-David），"The Profession of Science and Its Powers," p.381 で次のように述べている。

科学共同体が自ら規定した取り決めでは，科学の資金の総支出に関する決定について指針となるものを示すことができない。・・・そのような決定は，科学共同体が自ら規定する仕組みが定める範囲とその仕組みの能力をはるかに超えている。・・・それゆえ，科学共同体が科学についての社会的決定を独占する試みは，最終的には，宗教的な感性や宗教上の信念を制御する偉大な宗僧職の試みと同様，自滅的なものとなる。

ベン・ディヴィドは確かに正しいが，私たちはさらにその先を行くことができる。科学は，研究支援にどのくらいの資金が費やされるべきか，といったような，科学についての社会的決定を制御できないだけではない。科学を構成するもの，すなわち，いかなる種類の探究がその探究の実際の対象について信頼できる成果をもたらしていると認知されるのか，ということに関する社会的決定を，科学は制御できないのである。しかし，こうした科学の制御不能性は，どのような専門家集団が新たに認知されるかはすでに認知されている専門家集団の判断に大きく依存する，ということを否定するものではない。

16 Boulding, Kenneth E. *The Impact of the Social Science*. Rutgers Univ. Press, 1966, p.38 に次の記述がある。

　　分岐点となる日時を探しているならば，大統領経済諮問委員会と米国議会の合同経済委員会を創設させた完全雇用法が通過した 1946 年という年に飛び付くことになろう。このことは，経済学を専門職として正式に承認したことを表しており，ホワイトハウス内と議会内においても，経済学が「聖職」として確立されてことを表すものである。

17 *Science, Government, and Information*, p.33 に次の記述がある。

　　データを区別して選択することは，*International Critical Tables* の作成において実施されているように，高階の科学的探究を必要とするものであり，それ自体，必須の科学的活動である。

New York Review of Books, 26, June 1975, p.15 に掲載された Owsei Temkin. Galenism に対するジャン・スタロビンスキ（Jean Starobinski）のレビューの中に次の記述がある。

　　これらの四つの講義から，・・・主題を完全に支配し，それゆえ，現在の知識状態において，どのような情報が不足しているかを語り，どの点において，さらなる探究が必要なのか，どの部分が仮説のままであるのか，について最もよく語ることができる人たちのもつ特権は，単純であり，控えめなものであることがわかる。

18 次の文献を見よ。Michael Polanyi. "The Republic of Science: Its Political and Economic Theory," *Minerva* 1（Autumn 1962）: p.54-73, repr. In Edward Shils ed., *Criteria for Scientific Development: Public Policy and National Goals, A Selection of Articles from Minerva*（Cambridge: MIT Press, 1968）.

19 これは，フェリックス・カウフマン（Felix Kaufman）の次の著作で示されている見方である。

Methodology of the Social Sciences（London: Oxford University Press, 1944）.

20 トーマス・クーン（Thomas Kuhn）の当然ながらよく知られている文献をはじめとする次の文献を見よ。*The Structure of Scientific Revolution*, 2nd ed., enlarged（Chicago: University of Chicago Press, 1970）; and Margaret Masterman. "The Nature of a Paradigm," in Imre Lakatos and Alan Musgrave, ed., *Criticism and the Growth of Knowledge*（Cambridge: Cambridge University Press, 1970）, p.59-89.（全巻クーンの著作に関するものである）

21 ザイマン（Ziman）による彼の著作 *Public Knowledge* の中で示されている公共的知識としての科学の説明では，これを必要としているように思われる。

22 ステヘン・トゥールミン（Stephen Toulmin）は，*Human Understanding*（Princeton University Press, 1972）, vol.1, p.264 において，次のように指摘している。

　　「しかじかのことが知られている」，あるいは「生化学が私たちにしかじかのことを教えてくれる」と私たちが言うとき，誰もが知っているということを意味しないし，あらゆる生化学者がしかじかであるということを教えてれることを意味しない。むしろ，通常は，「典拠性のある見方」を含意しているのである。その典拠性のある見方とは，領域における意味であり，すなわち最良の承認された経験によって支持されている見方であり，また，専門職における意味であり，すなわち，その主題において典拠性を有する影響力のある人物が支持する見方でもある。

1 章　公共的知識（公共の知）　41

コール（Cole）とコール（Cole）は，*Social Stratification in Science*, p.78-79 において，次のように指摘している。

科学的進歩は，大家の中の人物に知的な典拠性を授けることで，合意を維持することに一部依存している。合意が得られない場合には，科学者は何百もの異なる方向に向かい，科学は累積的特性を失うことになろう。ある特定分野の大家は，どの観念が受け入れられ，いずれの観念が受け入れないかを決定する。典拠性という原則を放棄するならば，貧しく不適合な成果を廃棄するための合理的な基礎がなくなることになる。

コールらは，きわめて不均衡に分配された影響力を，何が信じられ，何が信じられないかを決定する典拠性と混同している。そのような典拠性なしに，貧しく不適合な成果を廃棄するための合理的な基礎がない，と聞かされるのは驚くべきことである。

23 ファイヤアーベント（Feyerabend）は，"'Science,' The Myth and Its Role in Society", p.169-170 において，次のように論じている。

科学者は，投票は自身がかかわっている主題において役割を演じていることを認めていない。しかし，科学というゲームにおいて，成功している動きをより詳細に分析すると，民主的な手続き（無記名投票-議論-投票）の適用する自由が，広い範囲で認められているものの，その自由は，権力による政治と宣伝によって実際には閉じられていることがわかる。

24 Jacque Barzun. "Notes on the Making of a World Encyclopedia," *American Behavioral Scientist* 6 (Sep. 1962), p.8.

25 ジョージ・サートン（George Sarton）が次の文献の中で示している実際の知識と潜在的な知識に関する議論と比較せよ。*The Study of the History of Science* (New York: Dover, c1936), p.31-32. （彼の著作である *The Study of the History of Mathematics* と合本されている）

26 ハンドブックがあり，次にマニュアル（*Handbuercher*）がある。後者に関しては，次の文献を見よ。K.-Chr. Buschbeck, W. Lippert, and E. Uehlein. "Das systematische Handbuch in der naturwissenschaftlichen," *Naturwissenschaften* 55 (1968): p.379-384.

27 次の文献を見よ。Harvey Einbinder. *The Myth of the Britannica* (New York: Grove Press, 1964)。次の文献をも見よ。Samuel McCracken. "The Scandal of 'Britannica 3,'" *Commentary*, February 1976, p.63-68。

私は，すべてのレファレンス担当図書館員（および学校教育の専門職）が，レファレンス質問への回答の情報源として利用する公式の統計資料の正確さについて学ぶために，次の文献を読むことを願う。Oskar Morgenstern. *On the Accuracy of Economic Observation*, 2nd ed. (Princeton: Princeton University Press, 1963)。

28 *Science, Government, and Information*, p.32-33。次の文献をも見よ。Information Systems, Services, and Centers.

情報分析センターに関してのみならず，本節の主題の全体に関するものとしては，次の文献をも見よ。National Academy of Sciences—National Academy of Engineering, Committee on Scientific and Technical Communication. *Scientific and Technical Communication: A Pressing National Problem and Recommendations for Its Solution*, National Academy of

Science Publication 1707（Washington, D.C., 1969, ch.6, "Consolidation and Reprocessing —Services for the User."

29 David Garvin. "The Information Analysis Center and the Library," *Special Libraries* 62（Jan. 1971）: p.17-23.

30 H.G. Wells.『世界の頭脳：人間回復をめざす教育構想』［The World Brain］浜野輝訳，思索社，1987，（原著のページは，p.70-71）

31 たとえば，次の文献を見よ。Critical Evaluation of Data in the Physical Sciences: A Status Report on the National Standard Reference Data System, June 1970. *National Bureau of Standards Technical Notes 553*（Washington, D.C., 1970）.

32 Wells,『世界の頭脳』，（原著のページは，p.69）

33 実務家を対象にサービスを提供するシステムには，学問指向，分野指向，および問題指向（これらは，レファレンス資料の組織化に関する三つの基礎に合理的に対応している三つの志向である）のシステムがあるが，これらのシステム間の違いについては，次の文献で論じられている。

William Paisley. "Improving a Field-Based 'Eric-Like' Information System," *Journal of the American Society for Information Science* 22（Nov.-Dec. 1971）: p.399-408.

34 Herbert Warren Wind. "The House of Baedeker," *New Yorker*, 22 Sept. 1975, p.42-93.

35 National Science Board, Special Commission on the Social Sciences. *Knowledge into Action: Improving the Nation's Use of the Social Sciences*（Washington, D.C.: National Science Foundation, 1969）, p.xiii には次の記述がある。

専門職制は主たる制度の一つであるが，その制度を通じて，社会科学の知識は日々の知識への翻訳が可能となる。・・・専門職大学院は特定の専門職に関連した社会科学の知識をカリキュラムの中にもっと多く含めるべきである。

36 Paul Dickson. *Think Tanks*（New York: Atheneum, 1971）, p.28 には次の記述がある。

シンクタンクの主要な機能は，ここで使用されている用語として，伝統的で基礎的な研究でも，応用研究でも，あるいは研究開発でもなく，・・・広い関心領域において，知識と権力との橋渡し，科学/技術と政策立案との間の橋渡しとして振る舞うことである。シンクタンクの機能は，新しい知識の創造よりも，新しい知識と発見のエージェントにより近いものである。

37 Yehezkel Dror. *Design for Policy Science*（New York: American Elsevier, 1971）, p.7 に以下の記述がある。

・・・明確に方針に関連する知識の観点から，行動科学の成果を明確にすることは難しい。・・・政策に関連するわずかな文献を同定するだけで，行動科学の図書を一点一点，調べることができる。

また，注35に示した文献の中で引用されている報告書に関して，ドロール（Dror）は，*Design for Policy Science* の p.7 において，次のように言及している。

委員会は，社会の問題や行為に対して行動科学のもつ重要性に関する難しい証明を明らかに試みている。しかしながら，その報告書は，それまで納得していない人を納得させるようなものではまったくない。納得させられないのは，現実の反映であって，委員会の側の努力が足りないというわけではない。

1章　公共的知識（公共の知）　43

行動科学についての同様の指摘は次の文献にも見られる。Henry M. Hart, Jr. and John T. MvNaughton. "Evidence and Inference in the Law," in *Evidence and Inference*, ed. By Daniel Lerner (Glencoe: Free Press, 1959), p.67.

訳注1　公共的知識と個人的知識との関係は，図 1.1 のように捉えることができる。左図が「個人的知識は公共的知識以下」という捉え方を，右図が「個人的知識は公共的知識以上」という捉え方を，それぞれ示したものである。

　　個人的知識とは，学校で学んだこと，図書を読んで知ったことなどに限るならば，左図のように，個人的知識は公共的知識の一部といえる。

　　それに対して，個人的知識の範囲を，その個人自身に関することや，その個人を取り巻く小さな世界にある事象に関して知り得たことにまで広げるならば，右図のように，個人の知の多くは，その個人だけが知っていること，あるいは，その個人を取り巻く小さな世界でのみで共有されるような知識であろう。たとえば，「家の庭には春に見事な花を咲かせる椿の木がある」という知識や，「自分が通った小学校は日光市立清滝小学校である」という知識は，いずれも個人的知識であり，広く社会に公表されることはなく，公共的知識となることはないであろう。

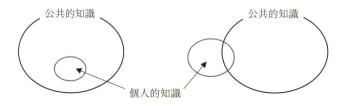

図 1.1　公共的知識と個人的知識との関係

訳注2　現在の国立標準技術局（National Institute of Standards and Technology, NIST）である。1901-1988 年までの名称は国立標準局であった。
訳注3　この反論とは，「何事かを公にする方法は，図書の出版や記事の発表以外にも，数多くある」というものである。この反論に対して，以下では，個人の知にとどまるものでも，記録されることで公共的知識となる議論が展開され，記録されること，すなわち，出版され，あるいは記録されなければ，公共的知識とはならない，という回答が示されている。
訳注4　この作業には，利用者から今後，提示されるレファレンス質問に対して提供される回答の記録作業が含まれる。
訳注5　"authority" については，知ることや知識にかかわる場合には，「権威」ではなく，「典拠性」という意味で解釈することが妥当である。この「典拠性」とは，その専門家集団が信頼できる知識を生産する役割や機能を発揮することを意味する。ただしここで "authority" は，専門家集団が典拠性をもつことが認められ，その承認に基づいて知識を生産する権限をその専門家集団に与えるという意味していることから，「権限」という訳語を与えている。
訳注6　「人間は，自分が知っていることを知っている」は，知識の論理を扱う認識論理の S5

体系において公理とされている。すなわち，認識論理では，「知っている」ことを表す演算子を K とし，「p について知っているならば，命題 p を知っているということを知っている」は，$Kp \rightarrow KKp$ という論理式で表現される。

　これは，人間は，自身が有している（記憶している）知識を認識していることを意味している。しかし，人間は，自分が知っていること（命題）を必ずしもすべて認識しているわけではない。また，次のような推論規則に基づいて，演繹される命題についても認識している，といえるのかどうかという問題もある。すなわち，「p ならば q」（$p \rightarrow q$）という知識をもっているとき，p という知識を得た場合，「p ならば q」という既有知識から，q という知識をもっていると考えてよいのか，という問題である。

訳注 7　レファレンス資料に含める資料の選択が利用者の関心を考慮していない場合，たとえその資料が有用であっても，利用者がその資料を発見することは容易ではない，ということである。その理由は，資料の探索は，関心を反映して定式化される要求に基づいて行われるため，関心のない資料への要求がそもそも生成されることがなく，結果として，探索できないからである。

訳注 8　印刷媒体のレファレンス資料は，刊行された時点ですでにその内容が古くなるという宿命をもつ。すなわち，書誌であれば，刊行後に刊行された文献は収録できず，事典類であれば，ある事項に関する解説内容が，刊行後の最新の学問の成果は取り入れられない，ということである。厳密にいえば，レファレンス資料の編集作業には通常，数年を要するため，その内容は，刊行時点の数年前の成果を踏まえたものとなることから，刊行時において，すでにその内容は古いものとなる。

　それに対して，オンライン系の電子媒体のレファレンス資料の場合，随時更新が可能であることから，最新の成果を取り入れた内容を維持することができる。書誌であれば最新の文献を順次収録し，事典類であれば最新の学問の成果を取り入れた解説に修正し，あるいは最新の項目を新設することが可能となる。

訳注 9　「自分が知っていることを知らないことがある」とは，ある人が命題 p について知っているということを，その人自身（a）が知らない，という知識状態を意味している。これを認識論理で定式化すれば，次のようになる。

$$\neg K_a K_a p$$

2章　個人的無知
Private Ignorance

2.1　個人の情報システム

　世界に関して人が有している内的イメージやモデルは，百科事典やその他のレファレンス資料の中に記述されている知識のうちのごくわずかな断片を組み入れているだけである。こうした百科事典やその他のレファレンス資料は，公共的知識が明確に述べられているものであり，個人の内的モデルと世界に関する公的な記述との間には，その内容はもちろん，基本的な構造においてさえ，ほとんど類似点はないであろう[1]。世界に関する十分に正確でありながらも貧弱なイメージをもっている人もいれば，存在するものに関して精巧で実に途方もない概念をもっている人もいる。しかし，人びとの世界に関する内的表象がどのように互いに異なるのか，また公共的知識とどのように異なるかを考察することは，私たちの関心事ではない。私たちの関心事は，成人期の人がもつ世界に関するイメージを変える情報源にある。より特定化するならば，私たちは，通常の公教育を受けてきた成人のもつ世界に関するイメージにおける変化の情報源に関心がある。成人期に達するまでに，世界に関する人の捉え方に関する一般的な特徴が定まる。すなわち，基礎的な構造が定着し，その詳細が十分に埋まるのである[2]。世界に関するイメージは，時に転換と呼ばれる種類の大きな変化が突然生じるとはいえ，大抵は比較的小さなかたちで生涯を通じて変化し続ける。変化の中には，その人の心的な移行と置換の結果として，特に外的な事象が生じることなく，自律的なものと考えられるものがあるだろう。しかし，その変化の多くは，私たちが観察するものや他者から聞くものからの学習によるものである。そこには，興味の変化が生じているということである。

世界に関する内的モデル

　誰もが，世界に関する内的なモデルを更新し続けるために，何らかの習慣や定型化された手続をもっている。誰もがもっている内的モデルは，時間の経過とともに変化するだけでなく，その変化をもたらす情報への接し方には習慣化されたパターンが存在する。個人的な観察やコミュケーションはそうした習慣化されたパターンの主要な

構成要素である。私たちは自分を取り巻く状況を一定の手順で監視し，天候，冷蔵庫にある食料，自動車の具合など，重要な事柄の現状を追跡しているのである。私たちは，常に話しかける友人や親戚，仕事の同僚，知人をもっており，それらの人たちとニュースや見方について交換している。私たちには，新聞やテレビ，ラジオ，雑誌，それに図書という公共のコミュニケーション手段を読んだり見たりする習慣がある。それら活動は任意なものでなく，パターン化されたものである。こうした定期的な活動の頻度は，日々の天候の確認や，ニュース記事を掲載する雑誌を毎週読むこと，クリスマスに遠く離れた親戚を毎年訪問すること，さらには5年ごとの定期健診に至るまで，さまざまである。これらの活動はすべて一定の間隔をおいて行われるわけではなく，常態化した習慣が確たる習慣である必要はない。それらの活動のうちには，すべてではないが，情報を収集することに主にあてられる活動がある。異なるコミュニケーション・メディアは異なる目的に役立ち，どのようなコミュニケーション・メディアであっても単一の目的に役立つ必要はない。私たちは，世界で起きていることを知るためにテレビを視聴することがあるが，娯楽や楽しみ，刺激を求めてテレビ視聴することがほとんどである。私たちは，情報を受け取ったり提供するために，仕事の同僚に語りかけるが，単に親交を求めたり，時間を過ごすために語りかけることもある。ここでは，私たちは情報の収集のみに関心がある。そうした活動の過程で定期的に情報を収集することは明らかである。活動の中には，情報収集という目標から行われる活動もあれば，それ以外の目標のために行われるものもある。私は主に親交を求めて友人を訪れる場合であっても，友人はさまざまな主題に関する情報源となりえるであろう[3]。情報の収集に主にあてられた活動は，成果と費用の影響を受けることになる。十分な成果をもたらさない情報源は放棄され，別の情報源が取り上げられるであろう。情報探索行動は目的志向であり，適応的である。情報は入念な探究によって獲得されるという側面がある。探索された情報源において量的にも質的にも十分な情報が見つからない場合に，私たちは他の情報源を探すことになろう。他の目的で行う定型化された活動に付随するかたちでたまたま，あるいは，まったく偶然に，特に探しているわけではない情報源の中から，情報が見つかることもある。しかし，たとえ私たちが学ぶ多くのものが偶然に学んだもの，ということが真実であるとしても，次の点は明らかである。すなわち，個人による情報収集活動のパターンについては，次の二つの側面から記述が可能であることは明白である。一つは情報探索が主たる動機となる場合であり，もう一つは，情報探索が偶発的な場合である。いずれの場合にせよ，情報収集活動は，その個人がもっている世界に関する詳細な見方の重要な部分の変化の主な要因となろう。こうしたパターン化された活動に取り込まれる情報源は，私たちがモニターシステムと呼ぶものを構成している。

モニターシステムとリザーブシステム

　モニターシステムを組成する情報源には，個人による観察と個人的なコミュニケーションの２種類ある。それゆえ，モニターシステムを構成する項目リストも二つに分かれるであろう（項目リスト化の作業はさまざまなやり方で行われるが）項目リストの各項目は三つの要素からなる。その三つの要素とは，情報源，主題，および，特定の主題に関して情報源が調べられる頻度を示す指標である。項目リストのうち観察にかかわる要素の中で，情報源は私たちが眺める場に他ならない。コミュニケーションという構成要素においては，情報源は単に私たちが語りかける人たちであり，私たちが利用するコミュニケーション・メディアである。ある単一の情報源が項目リストの中で，主題と頻度との関連で数度に渡って登場するかもしれない。新聞は国際的なニュースについては毎日参照され，社会的ニュースについては週単位で参照され，主題についてはほぼ毎日参照されるものもあれば，たまに参照されるものもある。同じ主題に関して異なる情報源が参照されるかもしれない。私たちは，多くの異なる情報源から地域の政治的ニュースを得るであろう。明らかに，情報源，主題，および頻度を単にリストするだけでは，特定の情報源／主題／頻度の組合せが生じる理由を理解するために必要な多くのことが示されないままとなることは明らかである。しかしながら，同様に明らかなことは，私たちの行動には十分な規則性があり，大抵の人にとって，その規則性は長い項目リストを構成することになる，ということである。

　モニターシステムに属する情報源のすべてが，頻繁に活用されるわけではない。しかし，まったく活用されないような特定の情報源の集合があるが，それらの情報源は，顕在的ではなく潜在的な情報供給の重要な部分を構成するかもしれないのである[訳注1]。モニターシステムの項目リストは多数の要素が含まれているが，その中で，頻度は「ニーズがある場合」の頻度として設定されている。この項目リストは，行動の観察から構成することはできない。なぜなら，ニーズという事象が生じないかもしれないからである。ゆえに，項目リストは，観察ではなく問いかけに基づいて構成することが可能となる。人は，特定の人間[訳注2]に相談したり，レファレンス資料を参照することは稀である。それにもかかわらず，ある主題に関して確立された情報源として，特定の人間やレファレンス資料が，その人の生涯において登場するかもしれない。特定の人間に相談することもなく，レファレンス資料を参照することが決してない場合でも，特定の人間やレファレンス資料は，ニーズに対して相談・参照のために利用可能であることが知られている限り，当該主題に関して確立された情報源として，登場することになろう。それゆえ，特定の人間やレファレンス資料という情報源は，定期的に利用されることはないが，あるいは決して利用されることがない場合でも，リザーブシステム（予備的システム）の構成要素となる。こうして，リザーブシ

ステムがモニターシステムに追加されることになる[4]。

アドバイザリーシステム

　モニターとリザーブのシステムに類似しているものが，アドバイザリーシステムである。誰もが，意思決定の際には，他者から助言を得るにあたって，多かれ少なかれ念入りに計画を立てている[5]。ひどく望みを絶たれた人たちや孤立している人たちを除き，私たちには，単に情報のためにではなく，相談のために，必要な時に頼ることができる人たちがいる。それらの人たちは，病気や金銭的な問題，法的なトラブル，さほど脅威とはならない多くの事柄，これらを抱えた場合，相談のために利用できる人たちである。また，ケーキを保存する方法から心の平穏を得るための方法まで，あらゆることに関する助言を得る拠り所として利用される人たちでもある。情報源の場合と同様に，助言の出所に関しても，供給源，主題，および頻度という標準的な形式で，その項目を調べることができる（個人的な観察は，明らかにこうしたシステムの一部ではないが，優れた案内となることはしばしばである）。同じ供給源が助言者の内容項目や情報源の内容項目にも登場するかもしれないが，その役割が異なることは明らかである。情報提供者は，私たちに，たとえば将来ありえそうな価格動向について情報提供を通じて株式市場につい教えてくれるが，どのような株を購入すべきかについてまで教えることはできず，進んで情報提供をしようとも思っていない。助言者は株を推薦するであろうし，推薦できる株を説明しているにもかかわらず，私たちは，その説明に耳を傾けるかどうかを思い悩むことはなく，その助言を喜んで受け入れるであろう。助言者とは，情報提供者であると同時に知識の供給源でもあるが，その知識はそれぞれ異なる。助言者は，私が置かれた状況において，なすべき最適なことは何か，という質問に回答することを意図している。その助言者が信頼できる人であるとき，質問への回答は，単なる一定量の情報以上の価値をもつことになる。ある特定の選択と行為の領域においては，私たちに助言できる人物は誰なのかという疑問をもつことは当然である。その疑問が生じるのは，その領域について私たち以上に知っている人は誰もいない場合や，そもそも知識が必要となされていない場合である。しかしながら，そうした場合であっても，推薦に関しては，助言者という外部の情報源を歓迎する。なぜなら，そうした情報源は，私たちが考慮してこなかった選択肢を少なくとも示唆するかもしれないし，私たちの想像力を後押しするうえで有益であるかもしれないからである。

対面による助言と文献による助言

　助言者は，対面という形式や文献という形式をとって登場する。私たちは，人びと

に相談するだけでなく，その人たちの書いた新聞記事や図書といった著作物も調べることができる。しかし，対面で接する助言者は，私たちにとって，その人たちに質問ができるという点で，はかり知れない利点をもっている。また，助言者について注目すべきことは，これまで取り扱ってきた問合せに単に助言を提供しているだけではない。助言者に対面で接する場合，助言者は特定のケースを取り巻く状況に助言を適合させることができるが，文献という形式では，そうした状況に正確に適合させることはできない。文献による助言は，多かれ少なかれ個人に則したものでなく，特定のタイプの状況を志向したものとならざるを得ない。私たちを取り巻く状況がその特定のタイプに合致するかどうかという問題は，まさに私たちが知る必要のあることであるが，その問題は文献という情報源から見出すことができないものである。こうした理由から，私たちが置かれた状況が文献の中で典型的に記述される状況に明確に適合しているかどうかを考慮するならば，法律上の助言や医学的助言を文献から得るべきでない。事例に実際に見出される特徴が文献に言及されていないのであれば，文献による助言は私たちの状況には適用不可能なものとなり，また害悪なものになるかもしれないのである。

　対面による助言はさらに重要な役割を果たすであろう。すなわち，私たちは，ある特定の事例においては，どのように意思決定すべきかについて単に助言を求めるのではなく，助言者に意思決定を委ねることがあるだろう[6]。ある人が助言する分野について，私たちが知っていること以上のことを知らないのであれば，その人を助言者として受け入れることはないであろう。また，その人が優れた判断を行うことができず，その人は私たちを取り巻く事情に対して知っていることをうまく適用できない，と私たちが考えるのであれば，その人を助言者として受け入れないであろう。ある人について，次のように考えられる場合であれば，その人の価値（選好）が私たちのものとは大きく異なっている人であっても，その人を助言者として受け入れるであろう。その場合とは，その人が助言の方法を決める際に，私たちのもつ価値を一時的にせよ採用すると私たちが確信できる場合である。あるいは，その人の助言を，その人の価値観よりも私たちの価値観を反映させるように私たちが調整できると考えられる場合である。助言者がある領域における意思決定に関して私たち以上に知っており，状況や価値の点からなすべき適切なことについて，より優れた判断ができるのであれば，あらかじめその助言者の勧告に基づいて行動する用意があることは，きわめて理にかなっている。その場合，実際に意思決定をその助言者に委ねることになるであろう。私たちは自分を医者の手に委ねるとき，しばしば，そうしているのである。もちろん，他者の能力の認定を間違えることはよくあり，意思決定を委ねることで災難にあうかもしれない。しかし，私たちは，意思決定を委ねないことによって，災難にあ

うこともある。私は，自分に多くの知識をもち，優れた判断を行う人からの助言に反して行動することを決めるかもしれない。そのような決定の際に想起するのは，すべての人は過ちを犯す可能性があること，また，現に提示されているものを無視するほうが適切であることである。しかし，それでも，意思決定の委任は，多くの環境において，最も容易な行為であるだけでなく，最も賢明な行為でもある。

情報と助言の供給源としての人間の優位性

　あらゆる人にとって，情報収集システムにおける情報と助言の主要な供給が人間であるという事実は，驚くべきことではない[7]。ある情報源が純粋に技術的な理由から選ばれるならば，人的な情報源がしばしば選好されるであろう。なぜなら，人間という情報源は，人間以外の情報源にはない利点をもっているからである。あらゆるコミュニケーション・メディアは，他の目的に比べて，ある目的に対してより良く適応している。

　文献という情報源には次のような技術的な利点がある。利点として最も明らかな点だけをあげるならば，携帯性，個人的な個別学習にとっての利用しやすさ，断片的な情報を大量に蓄積し同時に複雑な議論や説明に関する詳細な記述を蓄積できる能力である。文献という情報源は，動きに関する視覚表現や音声に関する表現に適しておらず，また，最新の情報を扱う情報源としては適していなため，文献によって最新の情報に備えるには多くの時間を要する[訳注3]。最大の問題点は，文献という情報源は会話ができない，ということである。私たちは，人と会話することができ，（しばしば）即座に回答を得ることができる。ある人たちが知っていることを，ある問題に関して再組織化するように実際に求めることができ，また，私たちが知るべきことを，その人たちの知識ストックから抽出するように求めることができる。私たちは，その人たちの知識ストックからの選択，組織化，提示の基礎として，あるいは，確定的な助言の基礎として，私たちの問題，懸念，能力を利用するように，その人たちに求めることができる。その人たちは，文献という情報源にはない，柔軟に適応する情報源である。情報提供者や助言者としての人間が私たちに語ることは何であれ，文献上の記録の一部となりえるだろうが，文献は，新たな質問に対応するという要請に基づいて，その文献自体を再組織化することも，書き換えられることもない。ゆえに，私たちが情報源を選択をするとき，文献という情報源よりも人間を選好すべきであることは，当然であり，とりわけ私たちが特定の問題にかかわる情報を求めるとき，そして，その問題が何であるかを知ってはいるがその問題を解決するために何を知るべきかわからないとき，文献という情報源よりも人間を選好すべきなのは当然である。もし，情報提供者や助言者について十分な人数を確保しているならば，情報提供者や助言者が

2章　個人的無知　　51

直接私たちに教えてくれることを文献から見出す必要はないのである。

情報と知識

　私たちは，これまで，情報と知識という用語を，あたかも互換可能であるかのように使用してきた。別の人間が情報源となり，その人の知識ストックに依存していると表現する場合，表現の意味を根本的に変えることなく，上記の表現の中の情報と知識を互換することができるであろう。それらの用語の違いを探究することが，目的に役立つとするならば（役立たないかもしれないが），その違いについて簡単に述べることに価値がある。知識をもつことは，ある一定の種類の能力をもつことである。別の人が私に知識を与えることができないとき，その人にできることは，自身が知っていることを私に語ることだけである。しかし，その人が知っていることを私に語るということは，私に情報を与えるということである。情報とは，知っていることを語ることにより発したメッセージの内容（意味的内容）である。（異なるメッセージによって同じ情報が提供されるならば，異なる言語で述べられたメッセージとそのメッセージの内容を区別する必要がある。別の選択肢として，メッセージと内容を同一視し，同じメッセージが異なる語彙や方法で与えることができる，ということができる。その場合には，「情報」と「メッセージ」は同値となる）。私は，メッセージを理解できず，あるいはメッセージを誤解することがあるかもしれない。その場合，そのメッセージが伝達する知識を獲得できないことになる。あるいは，他の人に誤った情報が提供された場合や，ある人が嘘をついた場合，そこで語られたものは（誤った，あるいは不正確な）情報を伝達しているとはいえる。しかし，私たちは，それが知識を表現しているとは認めないであろう。

　「情報」という用語は，中立的な意味で使用され，また評価を伴った意味で使用される。中立的な意味で使用する場合，理解可能な発話はいずれも，正確であれ不正確であれ，情報を伝えることになる。評価を伴う意味で使用する場合には，情報は誤った情報と対比される。私たちが他者に情報を求めるとき，その情報は評価的な意味での情報である。人がある事柄についてもっている情報は，単にその事柄について，その人が知っていることである。私たちが情報を求めるとき，他者に対してできるだけ最適な方法で，その人がもっている知識の提供を依頼することになる。その方法とは，もっている知識を正確に表現したものを語ってもらうことである。人が知っていることを語る際，情報と知識は論理的に区別される。しかし，他のケースにおいては，その区別は消え失せることになる。私たちが，読むことでなく，また他者の語りに耳を傾けるのでもなく，観察することによって学習するならば，そこにはメッセージも情報（メッセージの意味内容）もない。私たちは確かに情報を獲得しているが，

その情報はいまや知識と同じである。以上の概略は，知識と情報の関係性について単純すぎる説明（その説明は専門家の間で使用されている情報の専門的な概念を完全に無視しているものだが）ではある。しかし，その説明は，情報と知識という用語をあたかも互換可能なものであるかのように使用する一般的な方法を正当化するうえで十分であり，私たちはその方法を支持することになろう。

2.2 関心（懸念）と興味[訳注4]

　これまで，個人の情報システムについて大まかな骨格だけについて論じてきた。ある特定のシステムの内容，すなわち人が獲得しようする情報の多様性は，個人の関心（concerns）や興味（interests）に言及することによってのみ，理解することができる[8]。まず，関心から始めよう。

　私たちは皆，自分自身が世界で起こる事象を制御し，その事象に影響を及ぼすと思っている。実際に，なし得ることがあり，ただ自分自身の努力によってのみ生じさせ，あるいは抑制できることがある。そして，自分自身ではなし得ないことでも，何らかの方向に向けて影響を及ぼすことができる場合がある。こうした制御と影響の領域は，私たちにはまったく影響を及ぼすことができない大きな事象からなる背景に取り囲まれている。私は，わが子の行動に対して影響を与えるかもしれないが，制御することはできない。私には，降る雨の量について，いかなることも行うことはできない。私は，ディナーに食べるものを決めることはできる。また，他の人たちが食べるものに関してわずかながらも影響を与えることがあろう。しかし，特定の種類の食べ物のもつ栄養上の特徴については，いかなる影響もなし得ない。私たちの制御と影響の範囲に関して抱いている考え方が，私たちの関心事の限界を定めるのである。なぜなら，私たちの関心事は，世界の出来事のなかで私たちが制御し影響を及ぼすことができると考える出来事や，影響を及ぼすことを意図する出来事の範囲にあるからである。関心（懸念）とは，影響を行使する準備状態である。それは，単独の行動や他者との共同行動の準備状態であり，望ましい状態をもたらすために，あるいは望ましくない状態を回避するために説得し，恫喝し，声をあげる準備状態である。何らの影響力を及ぼすことができないと考える事象については，私たちは懸念をもたないのである。このことは，当初は悪いことのように聞こえるであろう。なぜなら，私たちは，地震の可能性や物価の急激な高騰など，影響を与えることができないと考える多くの事象について，明らかに心配の対象となり，現に心配するからであって，こうした心配は私たちの関心事（懸念）の一つに違いないからである。しかし，そのようなケースでは，私たちが影響をもたない出来事が，私たちが影響を及ぼすことができる方法

2章　個人的無知　53

で，私たちの心をゆり動かす可能性がある。すなわち，大惨事がやって来るならば，私たちは少なくとも，なすべきことを計画することができる。制御不能な出来事が心配の原因となるのは，私たちが行動をとることによって保持できそうな状況や防げそうな状況に潜在的な影響を与える場合に限られる。

気にかけることとしての関心（懸念）

関心（懸念）は，行動し制御し影響を及ぼす準備状態であり，私たちは生起する事象について気にかける時にのみ，行動の準備をするのである。行動の準備だけでなく，程度の問題にも気にかけることになる。通常は，より多くの程度で気にかければかけるほど，より多く行動の準備をし，生起することを気にかける程度が少ないほど，行動の準備も少なくなる。もし，人生のある領域において生起することに実際に気にかけ，その領域において生起することに私たちが影響を及ぼすことができると考えるのであれば，行動の準備ができていない場合には，説明が求められる。もちろん，説明は示すことができる。私たちは，なし得るすべてのことについて，また，努力を払わなければならないすべてのことについて，それを実行できる時間とエネルギーをもっているわけではない。あるいは，戦略的な配慮から，影響を行使できると考えられる場合であっても，その行使を抑制することがあろう。私たちは，生起していることに注意を向け続ける間に，進んで行動をとろうとする当初の気持ちも失せ，もはや取り組む気持ちも失せ，問題を他者に委ねることもあるだろう。しかし，その場合は，もはや懸念がなくなり，気にかけること自体に疑問をもつことになる。気にかけるという考え方は，行動する準備状態を気にかけることに密接に結びつく。それゆえ，もし，人生のある領域において，ある人が影響力を行使する能力をもっていながら（そして，本人もそう考えていながら），それでも影響力を行使することを抑制するのであれば，その領域で生起することを本当に気にかけてはいない，と私たちは考える。この点において，気にかけるということは，信じることに似ている。すなわち，私たちは，（たとえば，地震が来ることを）信じているとおりに行動しないのであれば，私たちが信じているという言葉を他者が受け入れることは難しい。また，あたかも（たとえば，失業者の福祉について）気にかけているにもかかわらず行動しないのであれば，本当に気にかけているという私たちの言葉を他者が受け入れるのは難しい。影響力を行使する能力と結び付いた気にかけるという思いは関心（懸念）を生み出す。すなわち，その思いが行動する準備状態を生み出す。また，関心（懸念）はかかわりを意味し，物事がある方法ではなく別の方法で生起すべきであるという単なる選好とは異なるものである[9]。

もちろん，私たちは影響の及ぶ範囲について惑わされることがある。私たちは全能

の幻想をもつかもしれず，あるいは，無力ではなくても自身が完全に無力であると思うこともあろう。いずれの種類の誤りも自己充足的なものである。独力で世界を変えることができると考える社会運動家は，実際に，自己評価が低い人たちには引き起こすことができない変化を引き起こすかもしれない。また，無力さを自認している人は，自分の能力を低下させることになろう。変革に影響を及ぼす試みを促すもの，あるいは，その試みを抑制するものは，影響を及ぼす事柄の実態ではなく，自分自身の能力についての思いなのである。

関心（懸念）の共有

　私たちは，多くの関心（懸念）を共有している。すなわち，健康や福祉については皆，気にかけており，親戚や友人の健康や福祉についても気にかけている。また，危機回避に備えており，改善機会を利用する準備もしている[10]。私たちは，世界における私たちの状況が良くなるとわかっているものを保持することに関心があり，また，不満足なものと考える側面を改善することに関心がある。生計を得る方法，すなわち生計が得られる方法に関心がある。多くの人は，経歴や，優れた成果を得ることにかかわる人生設計，社会や職業上の階梯を昇ることに関心がある。私たちの多くは，ある程度，公的な出来事に関心がある。しかし，私たちがもっている影響力，あるいは私たちがもっていると感じている影響力の程度は，大抵の場合小さく，人びとが投票のような公的出来事への参加を見送る理由はその影響力の程度によって説明される。私たちの関心（懸念）のすべてが真摯なものというわけではない。たとえば，ゴルフのゲームの質や，有名でない著者の評判を回復させる取組みには戯れで関心を向けることができる。関心は全体として利己的なものではありえない。私たちは，必然的に世界に関する自分自身の見方の中心にいるが，自分自身は最も真剣な関心（懸念）の対象では必ずしもなく，真剣な関心の対象を自分自身が占有するわけでもない。関心は全体として知的なものである。たとえば，私たちは，演説や著作という形式をとって，学術分野における理論の状況を改善しようと努力する。

　私たちの関心（懸念）が重複する領域は私たちにとって興味のある領域である。アフリカに関して何らの影響も及ぼすことができないが，アフリカにおける政治状況に関する情報の提供が継続されることを望んでいる。天文学上の事柄について何らのことも実行する提案を行うことはないにもかかわらず，天文学における主要な新たな発見を聴くことに興味をもっている。ある領域において興味を表明するのは，主として単にその領域において事情がどのような状態であるかを知りたいということであり，情報の提供を受けたいということである。興味をもつことは，物事がある方向に向かうことを気にかけているわけではなく，何らかの行動に関与する準備状態を含意する

2章　個人的無知　　55

ものでもまったくない。他方，気にかけないことが，行動を排除することを意味するものでもない。私の影響が及ぶ範囲のはるか外側の争いについて，気に入った側を探すことができる。活動と不活動，気にかけることと気にかけないことは，情報の提供を受けることへの関心と両立する。

　興味として始まったものが関心（懸念）になるかもしれない。また，しばらくの間，関心（懸念）の対象となっているものが，やがて興味になることがあるかもしれない。しかも，私たちは同時に関心をもち，興味をもつことがあり，ある問題について行動を起こす準備をし，同じ領域における他の問題に関して生じることについても関心をもって注目するのである。関心（懸念）や興味がいずれも必然的に人に情報の探索を促すわけではない。死後の私の魂の運命についてきわめて関心（懸念）があるかもしれない。私は，生きている間，すでにもっているもの以上に情報を得る必要があるとは考えないこともある。また，興味は，ある主題について積極的に見出そうとする試みや，よく知られた標準的な情報源を能動的に探す試みから生じるのではなく，ある主題に関するニュースを受け取る中で，ゆっくりとその姿を現すものである。その種の興味は受動的と呼ぶことができる。さらなる情報の収集につながらない関心（懸念）は閉じたものと呼ぶことができる。私たちがある人の興味と関心（懸念）のみを知っており，その興味と関心（懸念）が受動的というよりも能動的であり，閉じたものではなく開いたものであることを知らないのであれば，私たちはその人の情報探索行動を予測することはできない。こうした知識をもってしても，私たちは，情報がどこで，いつ，どのような頻度で探されるのかについては，まだ知らないのである。しかし，私たちは，関心（懸念）については多少なりともわかっていることがあるが，興味についてはそうではない。ある人の関心（懸念）に関する知識を仮定すれば，その人が知るべきものに関する知識を私たちはもっていることになる。このことについては説明が必要である。

関心（懸念）と興味の違い

　関心（懸念）と興味との違いは，単に一方が行動する準備があること，もう一方が生起しているものを知ることに単に結び付くこと，という心理学的な差異ではない。心理学的特徴と同様に，関心（懸念）と興味を区別する論理的，準論理的な特徴がある。関心（懸念）が関係する行為への関与は，社会に基礎を置いたものであるにもかかわらず，非人間的な構造をもった情報探索が行われることになる。なぜなら，どのような情報が特定の関心（懸念）に適合するかは，批評に関する公的な基準を伴う公共的な問題であって，私的な問題ではないからである[11]。もし，私があなたの関心（懸念）を知るならば，私はあなたが知りたいと思っていることだけでなく，あなた

が知るべきことを認識するための基礎を得ていることになる。すなわち，あなたは，情報の適合性を理解できず，あるいは，その適合性に同意しかねるかもしれない。しかし，不足している情報がある。適合性への理解を欠き，適合性に同意しないという過ちが犯されるのである。例として，ある状態の防御や保持，たとえば健康の保持や家族の幸福を守るという問題を考えてみよう。ある状態の防御を引き受けることは，その職位を脅かすものに注視するようにさせることである。ある職位を脅かすものの兆候を注視することを拒んでいながら，その職位を守る作業に身を置くのは矛盾している。しかし，人は単に広がりつつある脅威を知ることができないか，見ているものを正しく解釈することができないだけである。それらは，事実のとおりに知覚し，事実そのものに注意を払い，事実に即して判断する際の一種の誤りである。人は何も存在しないところに脅威を見ることもあるが，いずれの場合においても，その人の認知や判断は誤っているといえる客観的な根拠がある。ある人がある行為に関与した場合，その行為に関係する情報を適合するものとまったく適合しないものに分類するための基礎や，その行為の分野に関係する情報を的確に探索して，利用していないことを他者が判断するための基礎を自動的に提供するのである^{訳注5}。

　関心（懸念）と比べて，ある領域における興味は何らの関与をもたらさない。もし，あなたがオペラへの興味を公言しながらも，『放蕩児の遍歴（*The Rake's Progress*)』の新しい上演について耳にすることを好まないとしても，あなたを非難すべき点は何もない。もし，今日のオペラの話に貪欲であり，明日のオペラの話にはうんざりしているのであれば，あなたは予測できない人と言われるかもしれないが，間違っているとは言われないであろう。もし，あなたの興味を知っているのであれば，私は，あなたが知りたいであろうことを認識するための基礎をもっていることにはなるが，あなたが知るべきことについての基礎はもっていない。ただ，私は，あなたが『放蕩児の遍歴』の上演について知りたいであろう，と考えていたと言えるだけである。しかし，私がある事柄についてあなたが無知であることに困惑しているとき，その事柄があなたにとって関心（懸念）の対象ではなく，興味の対象である，と私が受けとめているのであれば，あなたはその事柄について知るべきであるとは，決して言うことはできない。あなたは，好むやり方で，興味の範囲を定義し，その定義を取り下げ，また変更し，再びその定義を随意に取り上げることができるのである。関心（懸念）に対する情報の適合性は自ずと定義される，と私たちはいえるかもしれない。しかし，興味の範囲と特徴については，各自が自分自身のために定義しなければならないのである。

2.3 知識の社会的組織化

　ジョンソン博士（Dr. Johnson）の次の言葉はよく知られている。その言葉とは"知識には2種類ある。私たちは主題それ自体について知っているか，または，その主題に関する情報をどこで見つけることができるのかを知っている"というものである。彼のこの言葉は正しいが，それに続く言葉は誤りだといえる。その言葉とは"私たちはいかなる主題であっても，その主題について探究するとき，最初にすべきことは，その主題についてどんな図書が扱っているのかを知ることである。それゆえ，私たちは目録を調べ，図書館で図書の背を見ることになる"[12] というものである。目録や図書の背は，主題に関する探索を導くものであるが，私たちの多くはそうしていない。情報は，目録や図書の探索からではなく人間から得るのではないか，という問いが，私たちにとって最初の問いであり，どこから調べるのかに関しては，私たちに考えがないわけではない。

　世界に関する見方の重要な部分は，他の人たちが知っていることに関する私たちの見方である。この見方には，個人的で詳細な部分もあるが，非個人的で概略的な部分もある。私たちが知る人の中には，スポーツと株式市場についての知識を十分にもっている人もいれば，オペラ歌手の私的な生活とソクラテス以前の哲学に関する情報の宝庫であるような人もいることを，知っている。他の人たちが知っている細部に関して私たちがもっている知識とは別に，社会的，人口統計学的なさまざまな特徴，たとえば，教育，性別，宗教，地理的属性と関連する知識における差異を見出すことが期待される。オレゴン州のアストリアの住人は，ニューヨーカーよりもアストリアについてよく知っており，逆もしかりである。カトリック教徒はバプティストが知らないことを知っており，その逆もしかりである。しかし，私たちは，特に職業集団間に体系的に分配されている知識を見出すことを期待している。知識の社会的分配は分業に対応するものと考えられる。生活のために人が行うことは，おおよそ，その人が知っていることを決定する。そして確かにこの考え方は概して正しい。一般にある人が世界についてどのくらい知識をもっているのかを推測するうえで基礎となる単一の手がかりを求めるのであれば，職業よりもむしろ教育がもつべき最良の手がかりとなるだろう。しかし，ある人の知識量ではなく，知識の内容に対する手がかりを得たいのであれば，職業こそが最良の手がかりとなるだろう[13]。

職業における構造と知識

　現代の工業化社会は，精巧な分業体制にしっかりと基礎づけられており，その分業

は職位や業務に関して社会的に定義された構造の中に示されている。その業務は（業務名として）名づけられており，（業務の記述として）定義されている。業務の記述は，実行されるひとまとまりの作業の仕様であり，使用されるツールと手続き，知識とスキル，必要となる物理的，精神的特徴からなる。もちろん，通常とは異なり，特殊なものとして定義された仕事も多数あり，業務の標準化の程度もさまざまであるが，業務が組織化され，定義される際の分類は任意の過程ではなく，その方法は十分に類似している。職位のリストを仮定すれば，さまざまな業務の特徴は異なる職業構造を定義するために選択することができる。収入と社会的名声というよく知られた特徴によって，その二つの量の大小に基づいた構造が定義されるが，その他の特徴は他の構造を生み出すことになろう[14]。たとえば，業務の遂行に必要とされる知識の量と多様性は，異なる構造を生み出すことになろう。おそらく，農民，肉体労働の職人，工事の監督は，社会学者の名声の尺度の点で，それらの人たちより上位にランクされる小売商や販売員に比べて，業務に関連してより多くの多様知識をもっている[15]。それでも，それぞれの構造は，仕事の間の機能的関係の点から定義される。すなわち，原料を最終的な成果物に変換する際の異なる段階からの定義，統合の結果への異なる関与による定義，および複雑に絡み合う多くの役割における個々の役割に関する定義などである。

　業務とは何かを十分に理解するには，いくつかの異なる構造におけるその業務の位置付けを理解する必要がある。過度に単純化すれば，それは「まさに」職業構造といえる。しかしまた，十分な理解には，人はその職位をうまく務めるために知らなければならないこと，すなわち業務に必須の知識を獲得する必要が本質的にあるだろう。実際には，私たちの誰も，業務のすべての側面にわたってあまり多く知っているわけではない。『職業名事典』（*The Dictionary of Occupational Titles*）は 3 万 5,000 項目のもとにおよそ 2 万種類の仕事をリストしている）[16]。人は職業構造に関する知識をほとんどもたなくても，社会で生き残ることはできる。若者は，選択肢に関して十分に理解することなく選択し，その結果として職業構造に参入するということが多すぎる。しかし，職業構造をよく理解していようがいまいが，職業構造に関するその人の見方が，おおよそ業務内容の種類に関する見方だけでなく，その業務に関して存在する専門知識の種類に関する見方となる。そして，この理解こそが情報探索行動にとって重要である。なぜなら，人が探すべきであると考えているものが，その人が探すものを制限するからである。歯の治療やアルコール飲料の販売を専門とする人たちがいることを知らないほどの完全な社会的無知を想像することは難しい。しかし，私たちは誰でも，いついかなる時も，自分たちがその存在を知らない新たな職業（あるいは，消滅していた考えられる職業，たとえば，悪魔祓いの祈祷師）を発見して驚くの

2 章　個人的無知　　59

である。

　確かに，こうした職業構造を理解することは重要であるが，私たちは定められた課題を実行できる者として，あるいは業務の遂行に必要な知識をもつ者として，あらゆる職業上の専門分野を受け入れるわけではない。実行すると語っていることを実行する能力をもつ者として，占い師を受け入れる人たちは，学術的な知識にかかわる職業の主張を拒絶するであろう。また，外科医こそが真の能力をもっていると考える人は，心理分析家が真の能力を有することに疑念をもつであろう。これは，知識にかかわって社会的に確立した職業に関する社会的な反映であると同時，個人の偏向でもある。ある職業が社会的に確立さているというのは，ある機能を実行できるというある職業集団の主張を社会的に受け入れるという，より一般的な現象の一側面でしかない。

専門知識を有する人の同定識別

　情報探索行動にとって重要な職業上の構造に関する私たちの理解にはもう一つの特徴がある。人は，自分が実行することによって，知られることになる。人が互いを同定識別する最も顕著な特徴は職業である。しかし，同様のやり方で，知識の集まりは，その知識を使って実行されるものによって同定識別される。暗喩を使っていうならば，専門的な知識の集まりは，その専門知識によって実行されることによって知られるのである。私たちは，名前が付与された知識の集まりを，その知識によって人が実行可能な1組の事柄と結び付けることができない場合には，その知識は捉えどころがないままで，その知識を把握することは難しいままである。地図製作は知識の集まりであり，それは私たちがよく知る地図を人びとが生産できるようにする知識である。しかし，人はまさにその知識の集まりの中にあるものについて何らの考えもないかもしれない。人は，蠕虫学について蠕虫学者が行うこと，とは考えず，人は蠕虫学とは何であるかという考えももたない。職業上の専門領域と結び付いた専門的な知識の集まりという考え方は，おそらく大抵は，機能と権限能力の付与という考え方である。それは，たとえば，知識の地理的分配という私たちの考えとは異なる。アストリア出身の人はアストリアについて他の人よりもよく知っていることを期待するならば，私は，その人が知っていそうな種類の事柄についてきわめて明確な考えをもつことになり，その人の知識ストックについてその人に，気持ちよく特定の質問を行うことができるだろう。

　しかし，私たちは，職業上の専門家の知識について特定の質問を作成することはできないであろう。そして，その専門家がどのような種類の事柄について知っているのかについて何の考えももっていないであろう。しかし，このことは質問法の問題点に

すぎない。なぜなら，私たちがその専門家の職業上の機能を理解している限り，私たちは質問をすることができる。また，その専門家の主題範囲の中の問題を設定し，（私たちにとって）知らない知識の集まりを利用する際にはその専門家を尋ねるからである。さらに，職業上の職位は，その専門家自身が職業に関連する知識をもっていること，さらにその知識を利用することができる，ということを示す自明の指標である。私たちが出会ういかなる人についても知るべき最も興味深いことの一つは，知ることが役に立つことを尋ねることである。他者がもっている情報や助言で，その他者が進んで私たちと共有しようとする情報や助言は，周知のように，私たちにとって価値あるものである。そこで，職業構造の中にその人を位置づけるという私たちの能力により，私たちはつぎの二つのことが得られる。一つは，その人がもっていそうな知識（すなわち，その職業に就いている人であれば，いかなる知識にせよ，もっていると同定しうるもの）を同定する方法である。もう一つはその人の知識が真実であると考えられる理由である。私たちは，その知識を使って行われること，その一部は私たちに代わって行われるものだが，それによって，その人の知識を同定するのである。それとは対照的に，機能的な側面からは同定されない，ある人が知っていることに関する私たちのもっている考えは，あまりにも貧弱で，どのような種類の質問ならその人が回答できるのかということさえ，わからないほどである。ある知識が職業にかかわる知識でないならば，それが本当に知識であることを信用する主たる重要な理由を私たちはもたないのである。その知識により実行できる機能の面から同定される知識の集まりへのアクセスを得るためには，その知識の内容について特定の質問を作成できる知識を十分にもっていなければならない。しかし，機能的に組織化された知識は，その知識をもっている人がその知識によって実行可能な機能を一定程度把握しているという条件のもとで，その知識の内容をまったく知らない人にとってアクセス可能なものとなりえるのである。

社会の組織的構造と知識の分配

　職業に関する構造を理解することが，専門知識の集まりがどのように存在しているかに関する私たちの見方の重要な一部であるならば，社会の組織的構造を理解することで，私たちは，専門知識がどのように機能するかに関する見方が得られる。また，知識が誰に対して，どのような条件のもとで利用可能となるかに関する見方が得られることになる。職業の構造を知ることは，歯科医，地質学者，テレビの修理工などの人たちの存在を知ることである。組織的構造を知ることは，どのような種類の環境において，こうした職位が実際に占められているのか，すなわちどのような種類の組織が誰にとって，いかなる条件のもとで利用可能となるのかを知ることである。職業上

の専門領域は職業に従事する者にその職業においてこれまで使用されてきた必要な知識が何かを提供するものである。組織的な知識とは，そうした専門領域の職業に従事する者の支援が必要ならば，どこに行けばよいのかに関する知識なのである。組織的な構造それ自体は，知識に関するさらなる組織化のための基礎としても役立つものである。ある特定の環境で働いている個人は，仕事に関連する事柄，すなわち，誰がどのような人と働いているのかに関する知識，仕事が進められている環境に関する知識，および仕事の条件に影響を与える事柄に関する知識を蓄積している。その仕事に影響を与える事柄には，市場，顧客，上司，労働組合，経済条件，法律，規制，さらには，仕事のもつ不愉快な特徴を避けるための非公式で合法的でない機会などがある。仕事の規模，独立の程度と責任の量，個人的なやり取りの量，さらには，業務が遂行される組織の規模や構造は，すべて業務の遂行にあたり機能的に必要となる知識の種類と量だけでなく，仕事を進めるうえで偶然に蓄積される知識の量に影響を与える。

　この偶然の知識は，業務の専門的な遂行に関連することがないとしても，仕事の世界における人生のさまざまな問題に機能的にも大いに関係するものである。偶然的な知識は，個人の情報源からのみ利用可能な知識である。もし，さまざまな環境において進められる業務において使用される専門的な知識が，個人の情報源から優先的に選択され知識が探索されるのであれば，なおさら業務に関する偶然の知識についても個人的情報源からのみ得られることになろう。知識の異なる分配もまた，知られていることや誰が知っているかに関する私たちの見方に影響を与え，それゆえ，情報探索のパターンにも影響を与える。ある組織について公表されていない計画，すなわち，その組織で職を得る方法や，日々仕事に取り組む際に関係する組織のもつさまざまな特徴について知りたいのであれば，その組織で働く人を探し出すことになる。再び問われるのは，情報が得られるのはどこからではなく誰からか，ということである。回答の端緒は，組織と職業に関して，私が事前にもっている知識によって与えられる。

　ある人が仕事の世界の内側にいようがいまいが，仕事の世界に関するその人の見方は，どのような知識があり，その知識をどこで見つけることができるのか，に関するその人の見方を構造的に決定する重要な要素である。もちろん，仕事の世界においてある職位を占める人にとって，仕事はその人の情報収集行動にとって，計り知れないほど重要である。人にとって職業は二つの意味でその人の中心的な関心事の一つである。その一つは，職業システムにおけるその人の職位は，その人が通常，その保持と改善に強い関心をもつものである。もう一つは，少なとも，その職位が満足する職位であるならば，人はその仕事に関心をもち，自分の仕事の質に関心をもつであろう。こうした関心が，仕事の成果に関する情報や仕事の世界における自分の職位の維持や

改善に関係する情報を探索する理由となる。そして，その職位自体がそうした情報を有する情報源を提供することになる。ある人にとって仕事の同僚はその人の情報システムにおいて大きな存在となる可能性があり，仕事の社会的環境は定期的に情報を交換する社会的な場となる。仕事に関する社会的構造における職位が，残りの構造に関する見方，すなわち他の職業，職業に関連した知識の集まり，および職業におけるある職位を示す在任者に関する見方を提供する。職務や仕事の条件について学習し，その条件に関する情報を得ている状態にしておくことは，さらなる情報源を含めながら，仕事に隣接するものや環境について学習することに関係する。生計を立てる必要性は，情報収集への動機を与えるものである。そして，社会的な環境というものが監視・準備・助言のシステムのための情報を提供する中で，仕事の専門的な特徴や社会的な環境が，どのような種類の情報が収集されるかを決定する要因となる（情報収集の適合性の構造を決定する）。これらの情報源の中には，自由に選択されるのではなく，与えられたものがあるかもしれない。訓練，再教育および指導というものが，情報を求めなくても提供されるかもしれない。仕事の特徴や環境が，仕事以外の情報収集行動に強い影響を与えるかもしれないが，それはちょうど，人には，自身の能力を改善するために，仕事以外の時間を学習にあてることが期待される場合に似ている。その人の職業は資源（時間，エネルギー，特に金銭）の程度を決めるため，人は情報収集を追究しなければならない。その人が就いている職業は，その職業以外にどのようなことに関心をもち，興味を抱くのか，あるいは関心をもつことになるのか，あるいは，関心をもち興味を抱くべきかについて，その人自身の期待や他者の期待に強い影響を与える。それゆえ，個人の情報収集を理解するうえで最も重要な単一の手がかりが職業における役割であると強調しすぎることはない。その上，職業構造は社会における階級と職位の構造にとって鍵となるため，上述の強調は何も驚くべきことではない[17]。

職業構造以外の組織的構造と知識

　人が就いている職業構造は中心的なものではあるが，通常は，その人にとって組織的な構造への結び付きはそれだけでなく，専門知識への唯一の道でもない。労働組合，政治団体，宗教団体，社会的，文化的，博愛主義の団体はすべて，専門知識の世界につながるものかもしれない。複雑な分業を伴なう高度に組織された産業社会においては，組織から切り離されていること，職業構造の外側にいること，組織的かつ職業的な構造に関する考えが完全なものでないこと，これらはいずれも，さらに知識へのアクセスを遮断することにつながる。私たちは誰も，あまり多くの知識をもっていないが，私たちの多くは大量の知識へのアクセスを有しており，そのことを認識して

いる。

　明らかに，社会の職業上の構造とその構造と関連した専門知識の分配は，知識のすべての分配を説明するものではない。しかし，社会の職業上の構造は知識の分配に関しておおよそ体系的なものであり，それゆえ認知可能な基礎であり，利用可能な基礎である。特定の個人的な関心（懸念）と興味は，職業構造の外にあり，その構造とは関係ない専門知識の精力的な収集をもたらすかもしれない。特定の個人にとって，自発的な活動，社会や政治へのかかわり，趣味，素人の学問は，職業上の専門的な知識の集まりよりも，しばしば大きくなり，集中的に育まれる専門知識からなる個人的な「ポケット」を生み出すことになる。しかし，こうした知識の分配は，社会的組織からの知識に関する案内をあまり受けることなく，個人単位で少しずつ発見される必要がある。知識の分配の多くの部分を占めるのは，個人史に関する私的な知識の分配であり，この分配に関しては体系的な基礎があるのは当然である。誰もが，自身の内面の生活や外での生活について，他の誰よりも多くの情報をもっていることを期待することができる（ただし，この期待は私たちのことについては，私たち自身よりも他者のほうがよく記述することはできない，ということを含意するものではない）。知識の項目を数えることは決して容易なことではないが，誰もが知っていることの多くは二つの範疇に分類されると考えるのは合理的なように思われる。一つは個人史に関する私的な知識であり，もう一つは職業上の役割の中で蓄積された知識である。それゆえ，誰もが知っていることの多くは，他の多くの人びとが知らない事柄からなるのである。

職業構造の再組織化と知識の社会的分配

　1章では，特定の応用分野のニーズをめぐる知識の再組織化という課題について述べた。その課題とは，すでに知られていることについての利用を見出そうとする試みに関する事柄である。おそらく，より重要な種類の知識の再組織化があり，その取扱いについては私たちの範囲を超えるものだが，その可能性について認識しなければならない。それは，社会の職業構造の再組織化である。利用できるように設定されている知識のストックが変化し，また，職業システムにおける異なる職位と関連した社会的要求と期待が変化するのに伴い，職業システムの構造は絶えず変化している。ある仕事はなくなり，新しい仕事が登場し，古い仕事は新たな種類の責任を含むように再組織化され，新たな実践がある職業のなかで古い実践に取って代わり，参入要件はもっともな理由や不合理な理由から改訂される。職業構造におけるこうした動きのすべては，職業構造における職位の特徴を単に変化させることで，知識の社会的分配を絶えず改訂している。社会の労働の組織化における構造的変化は知識の分配における

構造的変化をもたらす。技術的変化は，職業上の変化の主たる原因ではあるが，決して唯一の原因ではない。労働の合理化（時に「不合理化」）は独立した要因である。労働組織を変える熟慮された試みは，政治的な変化の結果として生じることがありえるが，その試みは課題に関してより満足すべき取り決め，より公平な報酬の分配，知識の社会的分配における変化をもたらし，おそらくはそうした変化に依存した変容を目指したものである。

　しかし，知識の画一的な社会的分配をもたらす労働の再組織化，すなわち，業務や業務に関連する知識における専門化の消滅をもたらす労働の再組織化を私たちは想像できるだろうか。社会的分業は，知識の社会的分配がそれに基づくが，それ自体，人間による惨事として捉えることできる。マルクス（Marx）とエンゲルス（Engels）は『ドイツ・イデオロギー』（*The German Ideology*）の中で，以下のとおり，同様のことを述べている。

　　　労働が分業化され始めると，各人は自分に押し付けられている一定の排他的な活動領域をもつようになり，それから抜け出せなくなる。彼は，漁師，漁夫あるいは牧人あるいは批判的批評家のどれかであって，生活の手段を失いたくなければそれであり続けなければならない。これにひきかえ，共産主義社会では，各人は排他的な活動領域をというものをもたず，任意の諸部門で自分を磨くことができる。共産主義社会においては社会が生産の全般を規制しており，まさしくそれゆえに可能になることなのだが，私は今日はこれを，明日はあれをし，朝は狩りをし，午後は漁をし，夕方には家畜を追い，そして食後には批判する。漁師，漁夫，牧人あるいは批評家になることなく，私の好きなようにそうすることができるようになるのである[18]。（出典：マルクス，エンゲルス『ドイツ・イデオロギー』新編輯版，廣松渉編訳，小林昌人補訳，岩波書店，2002，p.66-67）

　しかし，ある仕事から別の仕事に移る自由があるからといって，（もし，よく仕事をしようとするならば）その仕事をするうえで必要なことを学習するニーズがなくなることはない。学習には時間と労力を要するのである。ただ一つの仕事を学習するニーズではなく，ある複数のまとまった仕事について学習する意思決定は，他の複数のまとまった仕事を学習しないことを意味するが，それだからといって，専門化が消えるわけではない。しかし，そうした知識における職業上の専門化が悪いことではない。問題となるのは，馬鹿げた仕事である。すなわち，問題は貧しい分業であり，分業という事実ではない。

　社会における知識の分配についての問いは，直ちに社会に関する社会的，政治的，

経済的組織全体に関する深淵な問いに関係する。相対的に表層的な分配のように思えることが，実は，社会の最深部の実態の反映なのである。

2.4 情報収集の限界

　誰も，すべての他の活動を排除してまで情報を求めることはない。もしそうしようとすれば，人生はすぐさま停止するだろう。その理由の第一は，情報システムの維持には費用がかかるということである。その維持には，時間，労力，金銭を使い果たすことになる。第二に，私たちが問題を抱えたとき，得ることができる情報を理解し，利用するために必要な私たちの能力には限界がある，ということである。第三に，私たちは，自分の欲求を満たす有用な情報を十分にもっており，また，自分の欲望を十分に満たすのに興味深い情報をもっている，ということである。そこで，特定のレベルの情報収集活動に到達する方法や，そのレベルは時間の経過とともに変化する在り様を捉えられるのかという視点をもって，以上の諸条件について検討していこう。

情報収集の実態

　本を読み，テレビ番組を視聴し，ラジオを聴き，会話すること，これらはすべて時間を要することであり，驚くべき量の時間がこうした活動に費やされる。睡眠と仕事の後，マスメディアの利用が最大で単一の時間の消費法である。社会的な集会や会合とともに，仕事関連の活動（職場での仕事と職場からの行き帰り）の後に残された自由時間のほとんどすべてが，マスメディアの利用にあてられる。さらに基本的なニーズ（睡眠，食事，身の回りの世話）を満たすことがあげられる。産業社会における成人の間では，仕事関連の活動と基本的なニーズにあてる時間は，時間という資源全体の 80％ 以上を占めている。平均して，1日の4時間をわずかに上回る時間が自由時間として残され，配分されるが，もちろん，その配分は週をとおしてきわめて異なっている。こうした時間の多くが主な活動としてマスメディアにあてられており，第二の活動としてメディア（たとえば，食事や通勤のバスでの読書をしながら，ラジオを聴くこと）により多くの時間があてられている。自由時間のおよそ4時間のうち，約3時間がマスメディアに占められ，その中でも，テレビが優勢であるが，その程度はテレビがどのくらい使用可能かどうかによる[19]（これは国際的な平均であり，地域によって変化する。アメリカ人は約1時間以上の自由時間をもち，テレビ視聴にその時間を費やしている）。明らかに，これは有用な情報や興味に関連する情報の収集に費やされた時間ではない。少なくともアメリカにおいては，時間の多くが娯楽に向けられている。情報収集に費やす時間は少ない。"パンフレット，新聞，雑誌等を毎日，

読むことはないようであるが，全体として少なくとも平均15分程度は，情報を得る状態を保つためにあてているのは，調査対象の国のすべてにわたり，共通している"，そして，テレビやラジオのニュース番組は，おそらく情報収集にあたり，新聞や雑誌に加えて利用される主要なメディアである[20]。明らかに，時間は自由時間の範疇のなかで再配分することが可能となろう（情報に多くの時間を配分すれば，娯楽に配分される時間は少なくなる），しかし，自由時間の範疇は，結局のところ，あまり多いものではなく，自由時間の量は限られているために，情報収集は多くの他の活動と競合するに違いない活動である。読む時間がないと言う人たちは，おそらく，仕事と睡眠がその人の時間のほとんどを占めていることを意味してはいない。そうした人たちは，読書を優先せず，読書以外の活動に，時間がほぼ占められていることを意味しているのである。限られた自由時間数があることでなく，別のことに時間を費やすことから得られると期待される相対的な便益や報酬が，情報収集行動を理解するうえで，最高度の重要性をもつ事柄のすべてである。

　時間だけでなく，労力も，情報の収集に費やされる。ただし，特定の情報源に到達するために長距離を歩く必要があるような場合を除いて，身体的な労力が問題となることはめったにない。問題となるのは，知的労力であり，認知的な緊張である。私は，外国語を読むのに困難を伴うが，その困難とは，単により多くの時間が必要というだけでなく，より多くの作業が必要となることを意味する。母国語で書かれたものであっても，あまり知られていない概念からなるリストが用いられていると，よく知られている概念のリストが用いられているものよりも，読むのに多くの作業を要する。様式上の特徴は読解可能性に影響を与えるが，概念上の特徴は，理解の速度の障害になるだけでなく，容易な理解の妨げとなる。複雑な構文と難解な語彙だけでなく，斬新で難しいアイデアは読者や聞き手の側の作業をもたらすことになる。そこで，価値のありそうな情報源でも，単に，その情報源が提供する情報を抽出するにはあまりも作業が多すぎるという理由から，避けられるかもしれないのである。

　最終的に，多くの種類の情報収集のためには，お金が必要とされる。個人の情報源は無料であるかもしれないが，個人のものではない情報源はしばしば高価なものである。新聞，雑誌の購読，図書クラブにはお金がかかる。会議や集会，教育課程への参加には，通常，お金がかかる。テレビやラジオによる無料の提供でさえ，機器装置の購入費が必要である。助言者のサービスも一般的に無料である[21]。友人や同僚は，報酬を期待することなく，助言をしてくれるかもしれないが，友人と同僚の範囲外の人たちの助言には支払いが生じる。法律家，医師，コンサルティング・エンジニア，金融カウンセラー，そして霊的な助言者でさえ，これらの人は助言者としてサービスを売る仕事に従事している。それらの人たちのサービスが尊重されればされるほど，そ

2章　個人的無知　　67

のサービスは高価なものとなる可能性がある。

既有知識と情報の理解

　情報源については，利用が困難な作業を伴う情報源と，どんなに困難な作業を伴ったとしても，その情報源を理解できないがゆえに利用できない情報源を明確に分けることはできない。大抵の場合，適切な事前の教育を欠いているだけで，現時点での理解が制限されていると，人は願いがちである。今，理解できない化学に関する著作でも，もし，私が過去において化学を勉強していたならば，化学に関する著作を理解できるであろう。こうした事前の教育が不可能な場合もある。たとえ私が数学の高度な領域の修得を試みても，その結果，その大部分の文献を永久に理解できないならば，その高度な領域を修得することはできなかったであろう。決して理解できないことについて疑念を抱いたままである。必要な基礎的教育を修得するのに十分な時間と労力が前もってあれば理解できることについても，必要な時間と労力をひねり出してまでそれらに投資をするつもりがなければ，疑念を抱いたままである。

　人が既に知っていることは，その人が理解するもの，および，今後見出すことができるものを決定する重要な要素である。過去の歴史は将来の歴史を制限し，最も多くのことをすでに知る人が，より多くのことを見出す能力を最も有する人たちである[22]。人がすでに知っていることが，自分が見出せると考えるものや，どこでそれを見出せると考えているのかを決定する，ということにもさらに注目することができる。もし，私たちが知識の集まりの存在そのものに気づいていないのであれば，知識獲得の可能性のある情報源を探すことはないであろう。能力の限界や，その能力を育んできた範囲の限界が，私たちが知らないと認識するものを制約し，また偶然見出すかもしれないものを利用する能力を制約するのである。

個人の資源と能力および情報源利用の限界

　利用可能な時間，労力，それに金銭と理解能力によって，私たちが独力で獲得できる情報の種類と量が制限されるのである。情報源がすべて無料であったとしても，時間と労力のコスト，および理解力の限界は依然として残されたままである。私は無料の化学雑誌を，有料の雑誌よりも理解することはできない。無料の新聞を読むには，お金を支払って入手する新聞を読むのと同じだけの時間を要するのである。しかしながら，もし，私に代わって，他の誰かが私の学習を行なうというサービスを私が購入できるならば，お金は時間とエネルギーの代わりとなりえる。もし，他者が無償で私自身に助言し，情報を提供してくれるのであれば，私の資源と能力がもたらす限界を克服することができる。私に無料の図書や雑誌が提供されても，それらを利用する時

間と能力が私になければ，私への情報提供を改善する方法とはならない。しかし，時間と能力がある助言者と情報提供者が私に提供されたならば，それは，私への情報提供を著しく拡大する方法である[23]。

　最後に，私たちは情報が十分であるという感覚をもっている。すなわち，私の関心領域における意思決定と行為のための基礎として十分である，私たちの興味に関係する情報への欲求を満たすのに十分である，という感覚である[24]。関心（懸念）がなくなり，興味が不活性の状態にあるならば，私たちは，すでにもっている情報（私たちの情報のストック）で満足するであろうし，新たに流通している情報に対するニーズを感じることはまったくないであろう（私たちがもっているものは，記憶に蓄積されたものだけでなく，準備している情報源から利用可能なものであることを思い起こそう。また，私たちは情報提供者だけでなく助言者ももっており，助言者の利用可能性はストックの中に必要とされる情報量に影響与えることを思い起こそう）。関心（懸念）が解消されず，興味が活性化されているのであれば，新たに流通している情報で満足できる情報を欲することになろう。

情報供給と満足度

　情報供給（information supply）という用語により，私たちは情報のストックとフローのいずれか，またはその両方を指示することができる。情報供給の満足が相対的な場合とは，より多くの情報供給を維持する試みがそれに必要なコストに見合わないように思われるという場合である。情報供給の満足が絶対的な場合とは，たとえ，さらなる情報の収集にかかわるコストはないとしても，存在するすべての情報を手に入れており，あるいは，利用可能と考えられる情報のすべてをもっているがゆえに，さらなる情報によって，その人の置かれた状況がわずかでも改善されることがない場合である。しかし，相対的な満足は絶対的な満足よりも重要である。私たちの大部分は，自分の関心（懸念）や興味に関連して，知る必要のあるすべてのことを知っているとは考えない。また，私たちは，もっと多くの情報の収集に時間，エネルギーとお金を再配分できるとは考えない。私たちがどこの時点で情報収集活動をやめるかは，絶対的な満足度を前提に説明するのではなく，単に相対的な満足度から説明することができる。私は，医療や金融に関して関心（懸念）があり，そうした領域において有用なすべての情報を知らないと考えている場合には，医療や金融に関する私の知識についてはまったく満足してはおらず，そうした領域に関する現在の情報の供給にも満足してはいないであろう。しかし，そうした領域に関する知識を広げ，最新の情報の入手の範囲を拡大するために生じる苦労に値しないと考えているのであれば，私は相対的に満足する者である。自分の監視システムの中に，そうした領域の情報の中で相

対的に満足すると考えるものを供給してくれる情報源を含めており，より重要な情報源をもっと多く含めることができるにもかかわらず，私はそうしない。その理由は，そうすることで受けられる便益が時間，労力，お金という三つのコストを上回ることはないと考えるからである。もし，情報供給が相対的に満足ゆくものではないと思うのであれば，私の情報システムに，満足度のレベルを上昇させるような情報を供給する追加の情報源を探すことになろう。私はそのような情報源を見つけることができないかもしれない。また，もし見つけたとしても，それらの情報源を入手するだけでの余裕がないかもしれない。しかし，とにもかくにも，それらの情報源を満足なかたちで所有することができるならば，新しい情報源を受け入れることになろう。他方で，私への情報供給が相対的に満足なだけでなく，十分過ぎるならば，時間，労力，エネルギー，お金という資源を他の目的に再配分するために，情報供給を減らす用意が私にはあるだろう。こうしたことは，再配分の圧力がなければ起こらないかもしれない。私の情報源の中には有用な情報をまったく生み出さないものがあり，また，私に供給されているものが何ら新しいものを与えないと思うならば，たとえ他の領域からのニーズの圧力がなくでも，それらの情報源を放棄する気持ちに傾くであろう。もし供給されているものが十分であり，すべての情報源に顕著な貢献が見られ，他の目的に資源を移す圧力を受けていないのであれば，情報システムは平衡状態にあり，増えもしなければ減りもしない傾向にある。寄与しない情報源を削除することにより，浪費は避けられる。また，資源に何らの圧力もない限り，わずかながらも有用な情報源であれば保持される。こうした平衡状態においては，受容できる情報よりもはるかに少ない情報を受容し，活用できる情報源よりもはるかに少ない情報源を活用している間は，人は情報が十分にあると感じているのである。

2.5　知識と意思決定

　私たちは何らかの関心（懸念）を抱いているときは，行動する用意があり，情報を得て自らに指示を与えるか，他者から助言を求める。その結果，私たちは効果的に行動することになるだろう。自らの関心（懸念）に関係する情報が十分に得られていると，私たちが考えていると仮定しよう。その仮定のもとで，その関心に関係する行動を起こす機会が生じ，とるべき行動を決定するときには，私たちは，その行動の機会を認知するために必要なすべての情報をもっていると考えている。人はたとえよく考えたとしても，自分がどのようにして結論に至ることができたのかは，まったく明確にはならない。現時点で，いかにして，このように重要で多少なりとも驚くべき結論のための基礎をもつことができたのかについて，私たちはわかろうとするであろう。

しかし，もし，知識が意思決定にもち込まれるさまざまなやり方について知られていることをまず検討するならば，その検討は私たちの助けとなろう。その際，いかにして人びとは意思決定を行うのか，あるいは行うべきなのかが問われることはないであろう。意思決定の理論は，信念や判断の理論（自分が見聞きしたことに基づいて，どのような行動を信じるのか，いかにして私たちが行う特定の判断を下すのか）と同様に，本書の範囲を超えている。私たちにとって関心のあることは，単に，知識のありなしによって，意思決定に違いをもたらすやり方の多様性である。私たちは（行為や行動計画ではなく）意思決定を中心に取り組む。そのうえで，次の点については，あえてその通りであることにしておこう。すなわち（そうではないと知りながらであるが）意思決定はつねに行為に先行すること，（これも誤りであるが）行動計画は意思決定に先行すること，そして，（明らかな間違いではないが）知識と行為が結び付く重要な段階を表現するものとして，意思決定の問題を取り扱うことができるということ，以上である。

熟慮に基づく意思決定と知識

　私的であれ，公的であれ，明晰な熟慮の後に行われる意思決定に焦点をあてよう。熟慮の対象は，行為の代替案についての検討と議論であり，選択肢の長所と短所であり，異なる行為に関して起こりえる結果と考えられそうな利点と欠点である。つねに明晰な事前の熟慮に基づいて意思決定が行われるわけではないが，明晰な熟慮に基づく意思決定の機会が，私たちが主張したいことを最も明確に例示するものである。私たちは，熟慮の過程で述べられたあらゆること，すなわち，声に出されたこと，自分自身に向けて黙って語られたこと，これらのすべてが正式に記録され，私たちの前に提示される，ということを想像しよう（この想像は決して真実からかけ離れたものではない）。さらに問題を単純化しよう。熟慮の過程を記録する中で，明確に表現されている私たちの特定の知識の要素は，意思決定過程の中で使用されていると主張する知識の要素である。それらの要素は，誰にでも見えるような形式で，私的な考察の場面で生じていることである。私たちは，熟慮の過程あるいは議論について，機能の側面から，知識の要素を分類することができる。それらの要素の中には，行為のための機会の認知にかかわるものもあれば（私たちはあることを実行しなければならない。なぜなら・・・），選択肢の提示（・・・を考慮する価値がある行為の計画がある）にかかわるものもあり，また，成功の機会の評価の一部や選択肢の結果の評価の一部（私たちがそれを実行するならば，次のような状況・・・に直面することになる）にかかわるものがあり，独立して機能することはない選択肢の利点と欠点を数え上げる部分（その結果は実際に私たちの長期にわたる関心の中にある。なぜなら・・・）に

2 章　個人的無知　　71

かかわるものもある。

　一連の代替行為すべてには同意できないがゆえに，結局のところ，何もしないほうがよいということがある。そこで，熟慮の最終段階に入るものは最初の段階に戻されることになる。いかなる意味においても，熟慮を進めていけば，意思決定ができると考えてはいけない。私たちが明確に考慮するものは，意思決定に何の影響も及ぼさないかもしれない。また，意思決定は，先行する意思決定のもとで，不可避なものとしても，必須のものとしても，認識可能なものではないかもしれない。意思決定，特に頻繁に繰り返されるような定型化された事柄に関する意思決定は，熟慮過程の記録から予測可能な成果を伴い，よく定義されたパターンにしたがって進んでいく熟慮の後に，行われることがしばしばである。しかし，意思決定は熟慮過程の記録から予測できないということもしばしばである。それでも，熟慮過程の記録の中に出てくる知識は熟慮の結果として行われる意思決定において用いられる知識である。

情報の有用性と情報利用

　私たちは，ある新しい一つの情報を潜在的に有用であると認識するとき，その情報が利用される機会を認識することになる。こうした情報は，行為にかかわって生じるニーズの兆候に関係するがゆえに，有用なのである。すなわち，その情報は熟慮の最初の段階に取り入れられる。その情報が有用なのは，行為の成果を予測するうえで役立つからである。情報の有用性は私たちの行為を導くことにあり，その導きが機能する方法は，可能な熟慮の進行を想像することによって知ることができる。しかし，いかなる情報でも，考えられる何らかの状況においては有用であるかもしれない。私たちは，有用となりそうなものとそうでないものとを区別し，後者は実際に役に立たないものとして放棄する。役に立たない情報とは，どのような特定の個人にとっても，熟慮におけるその情報の役割がその個人にとって想像できないものであるか，もしくは，その役割が想像できるとしても，その個人が考えるような状況は起こりそうにない場合である。私は，こうした情報を使って何をすべきかがわからないであろう。すなわち，熟慮過程の記録にその情報を組み込むことを想像できない，ということである。こうした情報を使って行えることがわかっているが，それを実行する必要が決してないのである。こうした種類の熟慮が必要とされるような機会が生じることを予期しない。私たちは，利用を想定することで情報の有用性を評価し，情報が有用でない場を想像することはできない。同様に，ある事態は決して生じないと考えるしかない場合にも，その情報は役に立たないと判断する。もちろん，誤ることがあり，考えていた事態が起こらないことや，起こると予想していた事態が起こりそうにない，ということがある。このように，効用については過少評価や過大評価をすることがありえ

る。しかし，効用を必ず評価し，後に利用できるものとして情報を確かに認識する。もし，その情報を頻繁に利用することが予想されるのであれば，また，その利用はきわめて重要であると期待されるのであれば，その情報の効用は相対的に大きいと判断される。私たちは，情報を効用という点からだけでなく，比較による効用という点からも判断するのである[25]。

判断と知識

しかし，意思決定にもち込まれる知識のすべてが，これまで記述されたような意味で利用されるわけではない。知識のすべてが意思決定の段階に登場するわけではない。熟慮の過程の記録の中に登場する事柄は，明確にしえない知識と，明確にすることが可能な知識であってもその明確化がきわめて難しい知識に基づいており，それらの知識によって裏づけされている。私たちは以下のような理由を述べようとするとき，感じたまま以上のことを述べることはほぼできない。その理由とは，この行動計画を別の行動計画よりも現実的と考える理由であり，この成果のほうが別の成果よりも可能性があると考える理由であり，ある計画を効果的に実行するためにこの人を他の人より信頼する理由であり，昨日よりも今日のほうが成功の自信がある理由である。これらは，よくいわれているように，判断を要する問題である。私たちは，その判断が優れていると考える人が，このように判断させたものを，正確かつ詳細に語ってくれることを期待していない[26]。しかしながら，そのような判断に知識が使われていると，すなわち，その判断は蓄積された知識に基づいている，とは考えられる。判断者がその判断の基礎を詳細に提示できないときでさえ，その判断の基礎には知識があると考えられる。そして，その基礎には，少なくともその一部は，特定的な知識がある。過去に注目された事柄により，今や，その判断者を信頼し，または信頼しないことになる。また，かつて学習された事実と理論は，この計画がうまくいかないのではないかという疑念や，この計画はうまくいくであろうという自信の原因の一部となる。そうした特定の知識の影響は，わずかであり，間接的であるかもしれない。また，絡み合った影響を発見できないかもしれないが，たとえ発見困難なやり方であったとしても，情報は判断に取り込まれ，判断はその情報を受けたものになる想像する。

私たちが知っていることの多くは，熟慮や意思決定に焦点化せず，非特定的なやり方で影響を与えており，熟慮に彩（いろどり）を与えるが，それは特定の部分にではなく，全体に染み渡るようにして彩を与える。また，私たちが知っていることの多くは，明確にでもなく特定的にでもないかたちで熟慮に入り込むが，熟慮する方法や，自分たち自身を見出すときの状況を眺める観点に影響を与えるのは，背景となる知識である。その

2章　個人的無知　　73

背景となる知識が，観点を定めることになる。私たちは，異なる文化をもつ人たちが同じやり方で問題を眺めることを期待しない。一つの文化に属する人たちであっても，きわめて異なる職業集団に属し，あるいはきわめて異なる教育歴をもつならば，問題を同じやり方で眺めることをやはり期待しない。ある種の教育を正当化するのは，特定の種類の未来の意思決定に特定の知識の適用を参照することによってではなく，意思決定問題を眺める方法全体にわたる変化を参照することによってである。私たちが獲得する知識は，私たちの中で機能するものの，必ずしも明確に利用されるわけではなく，特定の知識が特定の判断や熟慮の過程の段階に直接影響を与えることはない（ある状況を眺める方法に拡散的に影響を及ぼす知識をもっていることを確信すらできない）。学習の過程は，学習したことを忘れた後で，問題に取り組む方法の変化としてその痕跡を残すかもしれない。

　判断に現れる知識を欠くこと，および意思決定問題の認知とその処理に影響を与える背景的知識を欠くことは，熟慮に直接かつ明確に入り込む有用な情報を欠くことと同様に有害なものとなりえる。私たちは皆，（関連する知識が蓄積される経験の積み重ねの中で）自分自身にはあてはまらないとしても，乏しい経験による貧しい判断を行う他者を責め，また，十分に広い教育を欠くことで問題について狭く近視眼的な見方をもつ他者を責め，そうした他者の中に知識の欠如がもたらす有害性を認めることになる。しかし，そうした診断は，まったくのあてずっぽうの要素が大部分を占めている。なぜなら，私たちは，経験と教育が意思決定にもたらす影響を評価する正確な方法をもっていないからである。特定の情報の将来の効用は，多くの場合，熟慮の文脈と明確な論理的パターンを示した議論を容易に創り出すことで，きわめて直接的に知ることができる。しかし，経験と教育の将来の影響は，ただ推測することしかできない。この点で，評価に関しては大きな誤り，すなわち学習と経験の将来の効果をあまりにも過大に評価し，あるいは過少に評価するという誤りを犯す傾向にあると考えることはもっともであるように思われる。熱心な友人は，人生の全体を変えるとその友人が考える図書を読むように私たちを急き立てる。しかし，図書を読んだ結果として変化する人生を期待することと，人生の特徴や方向性を変える特別な出来事の発見を回顧することは，いずれも，大きなリスクを伴う投機的な冒険である。頭の固い，実利的な人たちは，経験だけが賢明な意思決定に必要な知識を与えてくれると主張している。もし知識は，その一部であっても，熟慮に明確にかつ意識的に入り込むことが決してないのであれば，頭の固い人たちの見方は，多かれ少なかれ頭の柔らかい人たちの推測に基づいたものに違いない。知識と経験の影響は大部分が無意識なものであり，その特性，規模，価値を正確に評価することは難しいとわかっても驚くべきではない。

2.6 損失をもたらす無知

　私たちは，情報を十分もっていると考えているかもしれないが，その見方はかなり間違っている。まず，無害な無知と有害な無知を区別することから始めよう。次に，有害な無知の状態にあることをいかにして発見するかの検討に進むことにする。

無害な無知

　無知は解決を要する問題となる場合もあるが，つねにそうであることが確実なわけではない。私たちは，サンスクリットを読むことも，馬に蹄鉄をうつことも，宇宙船を修理することもできない。それらのことを知らないよりは知っていることを好むが，それらを知らないことが，解決すべき問題となるわけではない。私は，マレー地域の歴史について何も知らないし，東方教会の礼拝式や有孔虫の分類，マルクスの初期の著作の情報源について何も知らない。そうした事柄について，知らないよりは知っている自分を想像するが，どちらかの状態をより強く好むというとはない。しかし，こうした事柄について無知であることが，面倒を引き起こすような無知であることはめったにない。その理由は明白である。私は，そのような知識を必要としそうな状況が生じることを思い描くことができない。また，そのような知識が少しといえども私の助けとなるような状況が起こりそうだとは想像できない。他の人はそうした事柄を知る必要があっても，私はそうではない。私の人生の営みに関する限り，私の無知について何も悪いことはない。世界に関する完全でより正確な見方が部分的で正確さを欠いた見方よりつねに望ましいとしても，多くの種類の無知は実際に不利益とはならないこと，さらには知識の十全性と正確性を向上させることが，実際にある状況に対処するための能力の向上にはつながらないことを認めなければならない。

損失をもたらす無知と情報・知識

　しかし，ほとんどの無知は，問題を起こすタイプの無知である。無知はしばしば不利益をもたらすのであって，不利益をもたらすような私たち自身の無知の量を許容可能なレベルにとどめておくことが，私たち自身の関心である。憂慮しなければならないのは，損失の大きい無知である[27]。

　損失をもたらす無知を認識することは容易な場合がある。私たちは，もっている情報に基づいて意思決定を行う。その後，新たな情報を獲得するのである。このことを意思決定を行うときに知っていたならば，意思決定は異なり，もっと良いものになり，実際に破滅的な誤りは避けられたであろう。ある情報がなければ，意思決定はあ

2章　個人的無知　75

る方向に向かったが，その情報があれば，意思決定は別の方向に向かったであろう，という意味で，情報が決定的であったと確信する場合がある。より多くの情報に基づいた意思決定の成果が，より少ない情報に基づく意思決定の成果よりも，優れていた場合は，より少ない情報に基づく意思決定は，損害を被ったということである。お金という率直な言葉を使っていえば，もし，今現在知っていることを過去の時点で知っていたならば，しかじかのことを行っただろうし，非常に多くのお金の節約にもなったであろう，ということである。違った決定のほうが良かったとはいえるが，「どのくらい良くなったのか」，という問いに，お金や，お金以外の価値の単位を使って回答することはできない。決定的な情報については，それが欠けた中で行われた意思決定の成果が，情報が欠けているという見方の中で行われた意思決定の成果よりも望ましくないことになる。そうした決定的な情報の欠如は，損失の大きい無知に関する最良で最も明確な事例となる。そのような事例があるということは疑うべくもなく，そのような事例の回避は明らかに望ましい目標となる。

　損失をもたらす誤情報は，損失をもたらす無知の特殊ケースである。もし，誤った意思決定が誤情報を考慮して行われ，正しい情報がより良い意思決定を導いたとすれば，正しい情報は決定的に重要である。高価な助言も同様に捉えることができる。誤った助言は誤情報に相当し，誤った意思決定をもたらす。損失をもたらす無知があるからには，損失をもたらす知識というものがあることを認識する必要がある。偶然にも，知識に基づいて行われた意思決定を後悔し，自分が知っていたことを知らなかったことにしたいと思うことがある。あなたがしかじかについて行ったことを私には教えないでいることを願うような場合である。たとえば，あなたがしたことにより，私はある人に反対票を投じ，後に誰よりも悪漢となるその人の対立者に賛成票を投じることになるような場合があるからである。

　情報が時期を逸したものになることがある。また，後悔させる意思決定をもたらすのは，ただ，時期を逸した情報が不完全であるからだと考えるかもしれない。さらに，私たちは，そうした事例のすべては実際に損失をもたらす無知であると考えるであろう。また，後悔させるような意思決定をもたらす理由は時期を逸した情報のためである，と考えるかもしれない。さらに，より完全な情報があれば，その結果は私たちが望んでいたようなものとなったであろうと，考えられるかもしれない。しかし，「完全な情報」という概念がいかなる意味をもつかは明確ではない。同様に，より多くの情報をもてばもつほど，意思決定がより優れたものになるという確信をもてるわけではない。他者に語るとき，知識を誤用することがあり，知識を単に利用できない場合もある。知識を利用するしないにかかわらず，また，私たちの意識的な熟慮の中に知識が使われるかどうかにかかわらず，知識は私たちに影響をもたらすことがあ

り，わずかな知識の影響も，わずかな知識を欠いたことの影響と同様に有害であるか
もしれないのである。

損失をもたらす無知と情報ニーズ

　損失をもたらす無知について述べてきたことは，情報ニーズの理解への手がかりを
与える[28]。情報ニーズという主題にかかわる著者たちは，欲求（want），望み（wish），
要求（demand）というものをニーズから理解可能なかたちで，解放することを難し
くしている。なぜなら，ニーズという用語は，達成されるべき目標だけでなく，良し
悪しの概念への暗黙の参照で満ち溢れた複雑な用語だからである。しかし，私たち
は，つねにそうではないが，一般に有用となるかもしれない説明を提供することがで
きる。その情報を欠いたならば，より悪い意思決定をもたらす決定的な情報が，必要
とされる情報なのである。欠いた情報でも，そのような影響をもたらさない情報であ
れば，必要とはされない。決定的に重要な情報を欠くことは，その情報が存在すれば
可能な意思決定よりも，良くない意思決定という形をとるため，有害の原因となる。
決定的に重要ではない情報を欠いても，有害の原因とはならない。さらに，ニーズに
ついては，それ以上のことを指摘する必要はないであろう。

　同様の議論により，当然ながら，損失をもたらす知識は有害の原因となる知識であ
り，それゆえ，欠いた知識が必要とされる，ということである。その場合，必要なの
は，無知を認識することである。情報であれ，知識であれ，必要とされるのは，より
良い意思決定をもたらすものであり，それは意思決定の原因であるという意味であ
り，ニーズの論理的な意味ではなく原因としての意味である。そして，情報であれ知
識であれ，その欠如による影響は，問題となっている情報をもっているか，それとも
欠いているかの認識がなくても，生じるのである。ニーズは利用から独立しているの
である。明らかに，私たちは，欲しないものを必要とすることができ，必要ないもの
を欲することができる。こうしたニーズの捉え方は，私たちの観点からは，損失をも
たらす無知に気づいてはおらず，また，どのような種類の無知が損失をもたらすのか
について間違いを犯すという事実を単に示すものである。ニーズとは，達成されるべ
き目標，すなわち，より良い意思決定に相対的である，ということである。これは，
ニーズという用語の日常的な意味を正確に把握したものであるように思われる。ニー
ズはつねに何かを求めるニーズなのである。当事者にとってより良いと思われている
ものが外部の観察者にとってより悪いものと思われることがあるかもしない。それゆ
え，ニーズについての不同意は，達成される成果の評価の違いを反映したかたちで生
じる可能性がある。この点で，ニーズに関する私たちの説明は常識的な使用と矛盾し
ていない。なぜなら，評価の基準における違いを反映したニーズに関する議論は，そ

2章　個人的無知　77

の用語に関する通常の常識的な使用の特徴といえるからである。もし，損失をもたらす無知と損失をもたらす知識という観点からのニーズの説明を受け入れるのであれば，特定のニーズを認識する簡便な方法を提供してこなかったにもかかわらず，ニーズについて少なくとも理解されている，ということになろう。

情報ニーズの論理的意味と意思決定

正しい（あるいは適切な，最適な，合理的な）意思決定のパターンとモデルという点から，情報ニーズの「論理的な」意味を定義することもできる。ここでは，熟慮の過程の記録という考えから，その定義を提案することができる。その定義とは，その情報を欠くと，熟慮の過程の記録の中で，特定の意思決定の正しい結果や結論が提示できない場合，その情報は論理的に必要なものである（ゆえに，その記録は正式な議論に似ており，その議論は，一定の情報を前提としない限り，一定の意思決定を結論として導出できない，ということである）。その記録が示しているに違いないパターンを私たちが特定化せず，意思決定が記録内容の明確な関数[訳注6]となっている箇所がなく，また，意思決定の正確さよりもむしろ望ましい結果がうまく獲得されているかどうかに関心がある場合には，ニーズの論理的意味は適用できない。

これまで，熟慮の結果として採用される意思決定との関係からのみ，損失をもたらす無知について述べてきたが，意思決定には説明すべき他の種類がある。第一に，意思決定は，しばしば明確な熟慮なしに行われ，また，一定期間にわたる意識的な反省と計算もなく行われることがしばしばである。これは，その意思決定が貧弱で愚かしいものであることを示唆するものでなく，意思決定にあたり，知性が用いられていないことや，情報なしに意思決定が行われていることを意味するものでもない。それは，複数の選択肢を設定し，その結果を計算し，蓋然性とは異なる成果の価値を評価することが，意識的に行われていない，ということを単に意味するだけである。さらに遡っていうならば，今知っていることを過去に知っていたならば，私の意思決定は異なり，もっと良いものになっていたであろう，ということである。このことを指摘する意図は，既に論じた次のことを単に確証することである。それは，情報は意識的にまったく利用されなくても，すなわち，その情報に気づくことなく，また，いかに特定の情報が進むべき方向を導くうえで機能しているのかに気づくことなく，情報が意思決定に影響を与えている，ということを確証することである。私たちは，「精神史」，すなわち無意識の伝記の再構築に関与しているのである。私たちが異なる環境のもとで実行したであろうことを述べる時，あるいは，仮説的に後ろ向きの予測[訳注7]を行うとき，私たちは外部の観察者と同程度に，自己について推測していることになる。損失をもたらす無知という考えは，熟慮に基づいて行われた意思決定に対して適

用されると同様に，熟慮したことを意識することなく行われる意思決定にも適用される。そのようなケースに対する損失をもたらす無知という概念の適用の際，ケースに応じた変更の必要はない。

損失をもたらす無知と習慣

　しかしながら，損失をもたらす無知は，いやしくも意思決定が行われていると同定できるものが見られない中で，私たちが実行する多くのケースにも関係している。こうした事例が最も明白なのは，習慣に基づいて私たちが行動するときである。私が朝食を摂るとき，いやしくも意思決定と呼びうるようなことに関与してはいない。意思決定に関与するのは次のようなことを検討する場合である。それは，今日，あの食べ物とこの食べ物のどちらを食べたいのか，ある食材をどのように調理すればよいのか，また，食事をしているとき新聞の残りを読むのか，それとも雑誌記事を読むのか，ということを検討する場合である。しかし，これらは例外である。実行することについては何であれ，能力によって異なる実行が可能であれば，私はそのうちのどれを実行するかを熟慮することができるであろう。とりえる行動の範囲は，私が選択する範囲の一部である。しかし，行動の多くについて熟慮することはないが，もし熟慮しようとすれば，行動は停止するであろう。損失をもたらす無知が意思決定との関連のみから理解されるのであれば，意思決定に熟慮が伴うかどうかにかかわらず，あまりにも狭すぎる理解となろう。損失をもたらす無知は，習慣がかかわる行動との関係から捉える必要がある。そして，損失をもたらす無知は，選択の可能性があるすべての行動との関係から捉える必要がある。

損失をもたらす無知と情報受容

　このように損失をもたらす無知を習慣との関係にまで拡張して捉えることは十分に容易であるが，損失をもたらす無知は情報が行為に与える影響作用がいかに複雑であるかを示唆するものである。ある行動パターンは，ある特定の意思決定が別の意思決定より有利であるのと同様に，別の行動パターンよりも有利であるかもしれない。なぜなら，ある一つのパターンのもつ利点はそのパターンの特定の事例のもつ利点に依存しているからである。新たな情報の受容は，行為のパターンの再評価につながり，あるいは，やり方を変更する意思決定をもたらすことになる。また，情報の受容により，結果として，意識的に再評価し意思決定を行うことなく，やり方の変更をもたらすことが可能である。前者の場合，単一の意思決定における損失をもたらす無知とほとんど完全に類似している。すなわち，決定的に重要な事実を知らないまま，私たちは実践を継続するが，決定的に重要な情報の受容は再評価と変更を生み出したであろ

2 章　個人的無知　　79

う。

　以上のことは，行為の機会に対する決定的に重要な無知のケースとも類似している。決定的に重要な事実を知らない時，私たちは何も実行しないが，決定的に重要な事実を受容すると，行為のための機会の認知を生み出すことになろう。しかし，そうした考え方は，熟慮せずとも，また意識的に意思決定を行わなくても，新たな情報が変化を生み出すような事例にまで拡張される。すなわち，決定的に重要な事実に関する無知の状態に置かれた中で，私たちは，決定的に重要な事実が受容されていたならば，変化したであろう実践を継続することなる。損失をもたらす無知とは，決定的に重要な事実を受容しないことで，より悪い意思決定を行い，より悪い行動パターンを継続する，ということである。損失をもたらす無知に対しては，これまで述べてきたように，受容された情報が即座に機能し，また特定の期間にわたって作用する必要はない。損失をもたらす無知は，決定的に重要な事実がすぐに機能する場合に限ってすぐさま修正することは可能だが，いやしくも，どのようにして決定的に重要な情報がいち早く受容され，機能するかについて，あらかじめ知るすべはないのである。なぜなら，損失をもたらす無知は修正不能かもしれないからである。たとえ最も心地よい可能な形式で決定的に重要な事実が提示されても，行動の変容をもたらさないかもしれないのである。

損失をもたらす無知の修復不能性とコスト計算

　実際，私たちは，多くの損失をもたらす無知は修復不可能であると考えている。なぜなら，無知は，単にわずかな情報の欠如によるものではなく，大量の経験や教育の欠如に起因するからである。ある一つの情報がどのような影響を与えるかどうかは，私たちの心の歴史と現在が織りなすものに依存している。そこで，逆説的にいえば，私には欠けている情報[A]があるが，もし，その欠けている情報[A]とは別の情報[B]を欠いたならば，私に欠けているその情報[B]が損失をもたらすものとなるとき，私に欠けている情報[A]は，私にとって損失をもたらすものではない可能性がある。なぜなら，私には欠けているものがあるが，意思決定は，欠けているもの以外の多くのものに依存しているため，欠けているもの自体が私の意思決定に影響を及ぼすことはありえないからである。損失をもたらすものは経歴における欠如である。すなわち，貧弱な意思決定の原因となるのが，私に欠けている経験や教育である。たとえ，（欠如そのものがあると仮定すれば）それらの欠如を認識し，それらの欠如が損失をもたらすと納得することができたとしても，その認識と納得が遅すぎるため，そうした欠如を修正することはできない。損失をもたらす無知が何かを理解し，その事例を認識することは，私たちがそれを常に修正できることを意味しないのである。

同様に，損失をもたらす無知の理解とその事例の認識は，損失をもたらす無知を測定できること，および，ある期間にわたりある人にとって無知のコストがどのくらいになるのかを指摘できることをも意味しない。無知のコストを測定するためには，ある人の知識状態における異なる（より良い）履歴を仮定したうえで，行われたであろう意思決定の成果を，実際に行われた成果と比較しなければならないであろう。私たちの自信は後知恵（あとぢえ）の自信であるにもかかわらず，特定のケースにおいて，成果を比較することは可能であると考える。すなわち，特に意思決定の成果について，今もっている知識の多くは，意思決定の時点では，もつことができなかったものであろう（知識の比較は全知の状態ではありえない。全知の存在がどのような選択を行うかを，私たちはいかにして知るのであろうか。「無知」を特定化し，それに言及することにより，知識状態を比較する経緯を明確にするうえで，私たちは大きな裁量をもつことになる。しかし，唯一の実践的に興味深い種類の無知は，意思決定の時点で知ることができるかもしれないが，知らなかったことに関する無知[訳注8]である）。もし，それを知ることができる場合があるにしても，人生の全体あるいは人生のある時期にわたって，私たちはそうすることはできないのは明らかである。同様に，次の段階で必要とされることを行うことができない。それは，次のような比較により，無知のコストを計算するために，実際の決定と仮説として設定された決定の成果の価値を計算し，数値化することである。その比較とは，より優れた知識状態において行われたであろう意思決定の結果，得られたであろう成果の価値を，実際に得られた成果の価値と比較することである。生涯にわたり，あるいは人生の一部で，損失をもたらす無知を測定する計画は望みがない。

無知のコストと情報収集

　以上のことから，付随的に情報収集の実践における変化がもたらす価値を測定できないことが導かれる。その実践の変化（情報フローにおける変化）の価値は，ある情報供給に基づいて意思決定が行われるときの無知のコストを，情報供給を変え，それに基づいて意思決定が行われるときの無知のコストを比較することにより，理論的には測定可能である。これら二つのコストの数値の違いは，変更に関する正の値か負の値をとるであろう。無知のコストが低下するならば正の値をとり，無知のコストが上昇すれば負の値をとることになる。二つの情報供給の条件のもとで行われる意思決定の成果の値を単に比較することにより，変更の値を測定することはできないであろう。なぜなら，情報供給における違いはその成果における違いの原因となるかどうかわからないからである。損失をもたらす無知を縮小するために情報収集の習慣を変えることになり，また，その変更が実際に損失をもたらす無知を縮小したことを知る必

要があるだろう。しかし，損失をもたらす無知を測定するうえで既にある克服できない困難さ以上に，そうした変更の価値を測定する際には，さらなる複雑さがある。情報システムにおける変更の価値の測定には，情報収集の準備における具体的な変更の結果として，知識の状態がどのように変化するかを知る必要があるだろう。情報フローの変化は，意思決定にいかに反映されるかだけでなく，私たちの信念をいかに変化させるかを述べる必要があるだろう。しかし，文献に示されていること，あるいは，情報提供者や助言者が指摘することで，どのくらい傾聴し，信用し，記憶にとどめるべきかについて，一般にあらかじめ（あるいは，過去に関する仮説的な再構成において），述べることはできない。それらのことについて述べることができない以上，私たちは，損失をもたらす無知の計算のために必要となる知識状態における変化の履歴を構成することはできない。

　意思決定には明確に定式化されたパターンに基づいて行われる状況がある。その状況においては，意思決定に入り込むすべての情報が明確に取り込まれ，その情報は完全に特定化された方法で利用され，また，その成果の価値が正確に測定される。こうした状況においては，無知のコストと情報収集の準備における変化の価値が正確に決定されるであろう[29]。しかし，これらは日常生活の状況でなく，また，いかなる文脈においても最も重要な意思決定の状況ではない。私たちの生活を満たしている非公式で暗黙の意思決定において，損失をもたらす無知に苦しんでいることが確実な中で，私たちがどの程度，無知に苦しんでいるかを述べることはできない。しかし，苦しみを被っていることを確信し，また，その苦しみを縮小するための手段を講じるために，どの程度，自分が苦しんでいるかを知る必要はないのである。

2.7　どの程度であれば十分なのか？

　十分に情報をもっていると，私はどのようにして語るのか。何が新たな情報源を追加する時であるという証拠となるのか。また，何が私たちに情報源の追加はもう十分であると言わせるのか。何が情報収集の習慣における変化を引き起こし，その変化を停止させるのか。

意思決定の適切性とその検証
　意思決定の適切性に関する最終的な検証は結果における検証である。もし，意思決定の結果を嬉しく思い，少なくとも満足しているならば，そうした意思決定の前提について，その意思決定が依拠する情報の供給を含めて，不満を述べる理由は何もない。もし，私たちの目から見て，出来事がうまく運んでいるならば，その出来事をも

たらすうえで果たした情報の役割や利用した情報の供給について，批判的になる論拠をもたない。しかし，成功の検証に関する説明に対しては，少なくとも二つの制限事項がある。第一に，意思決定の喜ばしい成果は幸運の問題であり，悪い意思決定でも，私たちの統制を超えた出来事のおかげで良い成果をもたらすと考えるかもしれない。そうしたケースでは，この良い成果を，意思決定の適切性や情報の供給を含めて，この意思決定の前提の妥当性を示す最終的な証拠として受けとめることはないかもしれない。第二に，喜ばしい成果を伴った意思決定は，不愉快きわまりない無知の中で行われたかもしれず，その不快さの代償があまり大きすぎて許容できないとわかるかもしれない。しかし，こうした例外があるものの，意思決定の成果への満足から，意思決定が依拠した情報の供給もそれ自体十分であると結論付けられる。興味があるのは成果であり，成果を得る手段ではない。欲している結果が得られたとすれば，それは用いられた手段に満足する理由が得られている場合である。以上の説明は単純すぎるものではあるが，それでも正しいように思われる。

　以上のことを，別の言い方でも述べることができる。こうした成果への貢献を分析しながら，意思決定と行為の成果の点から，達成度を判定することになる。成果が満足ゆくものであれば，通常，優れた達成ができたと思う。たとえ成果が満足ゆくものでなくても，他者の失敗，自然災害など，自分たちの制御を超えた状況により，貧弱な意思決定となったことがわかったならば，優れた達成が得られたと考えるであろう。達成度が満足ゆくものと判断されるならば，情報供給について憂慮する必要はない。なぜなら，情報供給は，適切な意思決定の目的にかなうためにのみ，維持されるからである。満足ゆく遂行とは，私たちが関心を有する範囲の事象にうまく対処し，その対処を維持することである。その満足ゆく遂行が情報収集行動の変容をもたらすことはない。それは，情報収集行動自体が適切であることを示す証拠となるからである。

意思決定と情報供給の十全性

　評価は，異なる見方をとるとき，それに応じて異なるかもしれないのは，明白である。意思決定の結果を喜ばしく思っているにもかかわらず，観察者はきわめて不満であるかもしれない。結果として，私が情報供給に瑕疵はないとわかっても，観察者はその情報供給はまったく不十分と思うかもしれない。観察者は，私の行動に影響を与える立場にいるかもしれない（私たちが現在，その状況について議論している），あるいは，自分の行為の成果を不満足なものと思わせる立場にいるかもしれない。さもなければ，観察者の不満は私の関心事ではない，ということになる。

　しかし，私たちの意思決定は，つねにあるいは一般に，満足ゆく成果につながるわ

けではない。そして，新たな状況や，状況が変化すると，これまで十全であったもの
が十全でなくなるかもしれない。過去の意思決定を熟考することから始めよう。も
し，そうした熟考により，情報収集行動の変容をもたらすことになれば，その熟考
は，不満足な成果の原因として，意思決定過程の他の要因や行為の成果に関する外的
な決定要因よりもむしろ，情報供給を選び出すことになるに違いない。私たちは，投
票する候補者が敗北したことに対して，情報の供給を責めることはない。なぜなら，
私たちが影響を及ぼそうとしている成果に対して，私たちが及ぼす範囲はきわめて小
さいからである。おそらく情報供給が，別の候補者の選択へと導いたであろう情報を
提供できない場合，その情報供給は必ずや非難される。また，情報供給が危険に気づ
く機会を提供せず，危険の兆候に気づかせないとき，その情報提供は必ずや責められ
る。危機に気づいた時点で入手した情報は，もっと早くもつべき情報であり，今知っ
ていることを，過去の意思決定の場面で知るべきであったのである。この情報は単に
有用な情報ということでなく，もっと早い段階でその情報をもつべきであったことを
深く悔いるような情報であることに注意すべきである。こうした情報こそが決定的に
重要な情報なのである。事前にそうした情報を欠いていたことへの認識には二つの要
素がある。すなわち，情報の適合性への認識であり，もっと早くその情報をもってい
たならば，何らかの方法で，その情報は私たちを感動させたという推測である。この
認識と推測はいずれも必要である。たとえ不適合情報が決定的な違いをもたらすとし
ても，そのような不適合情報を生み出す情報の供給を責めることはない。また，その
情報は何らの違いももたらさないと考えるとしても，適合情報を提供できない情報供
給を責めることはない。意思決定の履歴に関する熟考が，情報供給の十全性について
きわめて誤った情報源となることは，十分に明らかである。喜ばしくない成果を伴っ
た意思決定は情報の不足によるものであることに容易に気づけないかもしれない。ま
た，意思決定の時点の情報供給が違うものであったならば，私たちが下したであろう
意思決定の履歴について再構築する際にも，容易に誤りをおかすかもしれない。しか
しながら，そのような過去に関する熟考は，情報供給の十全性の決定に関して私たち
が有している少ないやり方の一つである。

無知の検知と意思決定の状況

　過去に損失をもたらした無知の検知は，その人の情報供給を見直す必要性や適応性
のある他の手段を取る必要性を発見する方法でもある（適応性のある他の手段につい
ては，これから見ていく）。しかし，過去に損失をもたらした無知の検知には，（過去
に欠けていた情報があるならば）私たちが過去に欠けていた情報を今はもっているこ
とが必要である。しかも，情報をもつようになり，また，過去の無知が損失をもたら

したことに注意を払うようになるのは偶然の事柄である。情報供給に関する通常の準備では，私たちに単に提供できなかった情報を発見できるようにするもう一つの方法があり，それは通常のチャネル以外による特定の情報探索による方法である。情報と助言の入手に関する通常の準備がもつ特徴は，私たちの意思決定に必要なものを提供することである。そのため，通常の情報供給ではうまくいかなかったと考えるときや，また，必要なすべての情報が得られなかったとの疑念をもつときは，特別な情報探索に取り組むだけであろう。しかし，私たちにこうした疑念を起こさせるのは，受容できない意思決定の状況が存在するときだけである。こうした考えについては，これから説明する。

　意思決定に直面するときの状況は，次のような点から，あるいはそれらのすべての点から，許容できないものかもしれない。第一に，私たちが想定した行為の中で選択した行為の結果を正確に予測することはできない，ということである。第二に，得られそうだと考える成果か，あるいは可能性があると考える成果について，その相対的な望ましさを決めることはできない，ということである。第三に，選択肢のすべてが受容不可能であることがわかるかもしれない，ということである。選択肢による成果についての不確実性は，意思決定の研究者から最も多くの注意が向けられる主題であり，いたるところに登場する。しかし，思い描くことができる代替となる成果の中で，どれを選好するかについて確信できないことがしばしばである。それにもかかわらず，あの選択肢でなくこの選択肢を採用したならば，生じるであろうことを確信できる事例はたくさんある。世界は意思決定について多数の選択肢を提示するが，そのいずれも不快なものであり，異議が最も少ない選択肢ですら，許容できない場合がある。

　それに比べて，受容可能な意思決定の状況は，次のような種類の状況である。すなわち，不確実性に関して主観的に許容可能な程度で選択肢の結果を予測できるような状況であること。選択肢の中の選好については，十分に明確にできる状況であること。さらには，予測される成果の少なくとも一つはそれ自体，受容可能であること[30]。以上の三つの［状況に関する］主観的判定への言及は避けられない。将来について，より多くの不確実性を許容できる人もいれば，そうでない人もいる。どのようなものが，他のものよりも好まれるかについて，それほど明確さを求めない人もいる。また，ある人にとっては受容可能な成果であっても，別の人にとっては許容できない成果の場合もある。そこで，ある人にとって受容可能な意思決定の状況であっても，別の人にとってはまったく受容できないかもしれないのである。意思決定の状況では，もちろん，受容可能ないくつかの選択肢や，かろうじて受容可能な選択肢よりも良い受容可能な選択肢を提示することができる。しかし，こうした事例は私たちの関心事ではない。かろうじて受容可能な意思決定の状況では，特別な情報探索を促す

2章　個人的無知　　85

ことがないとすればなおさら，より良い状況であれば，情報探索が行われることはないであろう。

受容不可能な意思決定状況への対応

　人間は受容不可能な意思決定の状況に直面したとき，まず，すべての通常の情報源を利用すると，仮定する。人間は，これまで学んできたものの中で，状況を改善するのに有効なものであれば何でも想起しようと試み，あらかじめ用意している情報供給を調べ，いつもの助言者に相談する。もし，改善がみられないのであれば，もっと多くの情報を探索すること以外に，実行できることはたくさんある。時間の経過とともに，状況が変わることを期待して，何もせず意思決定を延期するかもしれない。また，多くの情報が通常のチャネルをとおして自動的に届き，新たな選択肢が登場し，あるいは，情報を参照し選択肢を調べる機会があるであろう。意思決定を別の人に譲り，意思決定を委任し，あるいは意思決定の責任を転嫁し，意思決定をより賢い人の手に渡すかもしれない。逃げ出し，町を離れるなどして，状況から撤退するかもしれない。認識している状況に合致するように，希望や期待を低下させることで，不満足な状況を満足な状況に転換させ，不満足な状況を受け入れるかもしれない（これは，古代人が推奨した戦略である）。意思決定の状況を拡張する，あるいは，狭める，再定義する，意思決定の性格を変えることなどにより，意思決定問題の性質を変えようと試みるかもしれない。あるいは，多くの困難に対抗する行動をとること，革新を引き起こすこと，政治的行動を引き受けること，変革を起こすかそれに加わることなど，要するに意思決定に直面したときの初期の状況を間接的に変える行動により，私たちは，外的な状況自体を変えようと試みるかもしれない。これらはすべて，意思決定状況を変え，その状況から脱することにより，不満足な意思決定を回避するさまざまなやり方である。こうして，それらの方法を適切なものとして，頻繁に用いることになる。

　そうではなく，あるがままの意思決定の状況に対峙し，その状況に対処する自分自身の能力を改善しようと努めるかもしれない。利用できる時間があるならば，教師の手による公式な教育や，テキストブックや他の教育資料という手段による非公式な教育を求めるかもしれない[31]。あるいは，自分の能力を改善するような状況に身を置くこと，たとえば，行動による結果の可能性を判断し，経験を追究ができる状況に身を置くことができる。また，観察し，実験を行い，あくまでも，試行として実施される一連の行為の代替案を検証するように努めることができる。あるいは，最終的に，私たちは新たな情報源や，文献を新たな情報源として，それらから有用な情報を探索することができる。もちろん，これらの組合せを試みることができる。これらの事柄の

うちの一つ，あるいはそれ以上を試みるかどうか，それ自体が意思決定の問題である[32]。その問題は，私たちが純粋に習慣的なやり方で解決するような種類の問題である。その習慣的なやり方とは，つねに離脱を求めること，つねに引き延ばすこと，あるいはつねに図書館に行くことである。あるいは，明晰な熟考によって問題を解決するかもしれない。もし，新たな情報や新たな文献情報を探索し，その結果，受容不可能な意思決定を受容可能な意思決定に転換させる情報が得られるがゆえに，探索が成功したとするならば，通常の情報収集行動が十全ではなかったという，見た目にも明らかな証拠をもつことになる。なぜなら，もし，通常の情報探索行動が十全であったならば，私たちは特別な探索に訴えることはなかったからである[33]。情報システムが十全でない証拠を構成するのは不満足な意思決定状況の存在ではない。なぜなら，情報システムの非十全性の問題は，単に私たちの知識にあるのではなく，知識一般に由来するからである。あるいは，世界の特性に由来するからである。その世界の特性とは，逃れられず許容できない選択を私たちに提示してやまないことである。むしろ，不満足な意思決定状況は援助を探す刺激であり，情報源以外でその援助を見つけるのであれば，そのこと自体，事前の準備が十全ではなかったという証拠である。

　最終的に，もちろん，不満足な意思決定状況をありのままに受け入れ，淡々と意思決定を行う場合もあるかもしれない。人は，所定の量の情報に基づいてつねに意思決定を行うことができ，その決定は適切なものかもしれない。どんなに情報をもっていても，意思決定ができない人がいることも事実であり，誰でも，一時的に意思が完全に麻痺することがあるかもしれない。心理学的な意味では，情報の量がどれほど多くても，その量が十分ではないかもしれない。しかし，論理的な意味では，情報量がゼロでも，少なすぎることはない。原理的に，情報がなければ意思決定は不可能である，ということはない。なぜなら，人はコインを投げ，表か裏のいずれが出たかに基づいて意思決定を行うと決めることがつねにできるからである。情報探索それ自体，費用がかかるものであり，また，その探索が実を結ぶことがあらかじめ保証されているわけではない。それゆえ，人はもっている情報に基づいて意思決定を行うと決めるかもしれない。その意思決定による結果が，探索が実行されたならば得られたであろう結果よりも悪いものとなるわけではないであろう。

2.8 適応

監視・準備・助言のシステム構成の変更

　これまでに述べてきたことから通常の情報収集の準備は，決定的に重要な情報を私たちに提供できていないこと，また，助言者は間違った方向で私たちに助言を与えて

2章　個人的無知　　87

いたことがわかるであろう。そこで次は，情報収集の習慣を変更し，あるいは助言者リストの改訂を検討する番である。変更や改訂を行うのかどうか，また，どのような変更や改訂を行うかは，少なくとも次の要因に依存するであろう。その要因は，私たちが利用可能なものとわかる情報源と助言，利用可能な情報源を利用する能力，費やす用意のある時間・労力・金銭，情報源がもたらす有用な情報あるいは信頼できる助言とその生産性に関する評価，すでにある情報システムの不備の重大性，である[34]。これらはすべて独立した要因である。もし，従来のシステムの失敗が重大であるならば，新たな情報源への投資を相対的に大きくする用意をすることになろう。もし，その失敗があまりに重大であるならば，新たな情報の供給を得るよりもしろ，関心のある領域における行動を完全に取りやめることになろう。もし，その失敗がさほど重大でないのであれば，システムの変更が容易に行えず，かなりの費用を要する場合には，システムの変更はしないかもしれない。他の事柄が等価であれば（決して等価ということはないが），これまで受け取るべきであったが，受け取っていなかった種類の非生産的情報源よりもむしろ，生産的な情報源を選好するであろう。また，高価な情報源よりも，（時間，エネルギー，お金の面で）よりコストの低い情報源を選好するか，（古い情報源のすべてに新たな情報源を付加するという）情報源の組合せを模索することになろう。その組み合わされた情報源は，最小のコストで，私たちが有している情報システムや助言のシステムを十全性のレベルにまで，すなわち，意思決定の基礎として，情報供給に相対的に満足する地点にまで上昇させるものとなる。人びとの情報収集行動について仮説は次のようなものである。すなわち，人びとは，情報システムの失敗による損失をもたらす無知を見出したならば，その無知があまりに小さいがゆえに憂慮する必要がなく，あるいは，あまりにも大きすぎて修復不可能ということではないとの条件のものとで，相対的に満足できる情報を供給する監視，準備，助言の各システムの構成を低コストで変更することになる。

（以上の説明は，過度に合理的で，過度に打算的な記述として衝撃を与えるかもしれない。しかし，人びとが意識して打算的になるとは述べていない。ここで主張しているのは，ただ，こうした記述は人びとの行為に合致している，ということだけである。ある結果を達成するとき，その結果を意識的に目指しているわけではない。こうした説明が合理的なものかどうかという問題についていえば，多くの人は合理的でないというであろう。なぜなら，その説明では，人びとは，すべての適合情報を含む情報の提供よりもしろ，相対的に満足する情報の提供にすぎないと感じているものの提供を受ける存在として，描いているからである。これは，合理的行動について誰もがもっている考えには対応していない）。

上述の規則に従って行われる種類の変更は，実際にはきわめて小さいかもしれな

い。たとえば，これまで無視してきた種類の情報を求めて日刊新聞を調べる，あるいは銀行から借越しの通知を待つことなく，銀行の残高の状況を定期的に確認するのである。なぜなら，人のもつ監視システにおける要素は数多く，大抵は小さな項目であり，また，情報探索行動の適応は主要な再構築の場合と同様，軽微な修正においても現れるからである。しかし，これからみていくように，いくつかの主要な変更の機会というものがある。

情報源の選択における選好パターン

情報システムにおける変更が，最小のコストで，情報の供給を十全性のレベルにまで上昇させる情報源の組合せを見出すことを目指すものである，との想定が適切であるならば，これまでの議論をふまえ，新たな情報源の選択に現れるいくつかの選好パターンの推論に進むことになろう。

(1) 私たちは，助言者が能力を発揮する分野の情報を理解できるようにする教育やその情報を応用できる経験を蓄積するよりもむしろ，助言者自体に依拠するほうを選好するであろう。そして助言者の能力が発揮される領域における知識獲得から始めることが少ないほど，また，助言者の助言が必要となる頻度が小さいほど，上述の選好性は大きくなるだろう。なぜなら，知識獲得から始めることが少ないほど，教育への投資は大きくなり，助言を必要とする頻度が小さいほど，教育への投資はより生産的ではなくなるからである。教育と経験を得るには，時間と労力における高いコストを必要とする。それゆえ，それほど高度でない専門家であっても，専門家に頼るほうが，教育への投資よりは選好されるのである。加えて，関心領域が重要であるほど，自分自身が助言者となるには，より多くの投資が必要となり，それゆえコストはより大きくなる。

(2) 自分自身が適応しなければならない情報源よりも，自分たちのニーズに適応した情報源を選好するであろう。なぜなら，ニーズに適応した情報源から情報を得るほうが，より速くより容易なためである。

(3) 関心領域に対応したやり方で組織化されている専門知識に関する情報源のほうを，そのように組織化されていない情報源よりも選好するであろう。個人の情報源に関していえば，このことは，関心領域に対応した行為の領域にかかわっていると認識できる人たちを選好することを意味している。文献という情報源に関していえば，このことは，主題や分野に基づいて組織化された文献よりも，機能性をもつ文献を好むということを意味する[訳注9]。関心を共有する人たちであれば，そうでない人たちに比べて，情報に関する要件を理解する用意があり，有益な反応を示してくれるであろう。関心領域に応じて，機能面から組織化された文献はより利用されやすい。個人の

情報源であれ個人によらない情報源であれ，意思決定と行為を志向したもののほうが，理論的，体系的，分類学的な目標を志向したものより，好まれるのである。

これらは，決して引き出すことが可能な唯一の推論ではないが，これからの議論にとって特に重要である。しかし，これまでに設定された一つの前提については，現在の議論の観点から再検討が必要である。受容できない意思決定の状況という刺激がある場合にのみ，通常のチャネル以外での特別な情報探索に関する意思決定が行われることを前提としてきた。その特別な探索は例外的でないばかりか，その探索による意思決定が成功したならば，通常の情報供給の失敗の兆候であるとされた。しかし，特別な探索がそのように取り扱われるのは避けがたい。ニーズに先立って情報を蓄積しないこと，通常の情報収集の習慣を維持しないこと，さらには問題が生じたときに新たな情報の探索によって問題を解決すること。これらの事項に対して正の選好性をもつ人を想像することができる。こうした事態の可能性はあるが，明らかに通常の事態ではない。その理由は明らかである。もし単一の情報源が繰返しの利用に役立っているのであれば，有用と既にわかっている情報源に依拠するよりも，利用の機会ごとに別の情報源の探索に向かうことは時間と労力の浪費である。たとえ潜在的な有用性が明らかな情報源に出会っていてもその情報源を覚えていないこと。その情報源について必要なときに調べるための情報源として位置付けず，あたかも必要とされる情報源に出会ったことがないかのように改めて再度開始すること。これらは，少なくとも時間と労力の浪費である。

行為の習慣は，人生の他の領域と同様にこの領域においても，時間と労力を節約する方法である。たとえある人にとって，求めるものが特別な探索の結果であることがわかったとしても，その探索には他の利用のために自由に使えることを望んだ思考と時間が必要である。労力の経済に関する一般原則が，合理的な人間にとって役に立つ活動を支配している。すなわち，私たちは，自分自身のためではなく，付け加えられた何らかの目標のために行うことは，一般に資源を浪費することなく実行しようと試みる。付け加えられた目標に役立つように，お金だけでなく，時間と労力を経済的に使用することは，経済学者によって作成された規則ではなく，オペレーション・リサーチやシステム分析の分野が課している規則でもない。それは，日常的に理性的な人間が自らの資源を賢く使用することを試みる際の単に規則である。それは，倹約という平凡な美徳である。

興味による情報の探索と収集

意思決定に関するこれまでの議論では，私たちは，関心（懸念）の領域における主に情報の利用を扱ってきた。関心（懸念）よりはむしろ興味の領域における情報収集

行動は異なる取扱いが必要となる。そうした行動もまた適応的であるが，損失をもたらす無知の検討と比較可能な供給の十全性の検証は興味についてはあてはまらない[訳注10]。興味の領域における情報収集は目的なしに行われる。それゆえ，充足する目的を参照することで，供給の十全性を評価することはできない。もちろん，興味のある情報の蓄積には理論的な限界がある。すなわち，興味のある分野に存在するもののすべてを手に入れたときである。しかし，その限界は取り組む可能性のある限界ではない。興味を追究して学習することは，関心（懸念）の領域においてもきわめて有用となるかもしれないが，それは付随的な便益であり，追究の目的ではない。情報を収集する理由の一部には，単に友人と語る話題をもつためであり，他者によく知っていると思われたいため，ということがある。また，情報収集の目的として，情報利用ではなく，ただ単に情報をもつことや情報をもつことを楽しむことでなく，情報を提示するということがある。もっぱら，情報提示のための情報収集は，関心（懸念）や興味のパターンに取り込まれない第三の種類の活動である。おそらく，純粋にその活動が見出されることはめったにない[35]。興味を満たすために収集された情報は，興味自体のために収集されるため，利用のための情報収集に帰属する特徴の多くはあてはまらないであろう。その特徴とは，自分自身の知識のストックよりも助言者のほうを選好すること，機能的に組織化された情報源を選好すること，文献という情報源よりも個人的な情報源を選好すること，さらには，その場限りの探索よりも標準的で確立された情報源を選好すること，である。

　情報の探索については，有用な情報を求めた探索に欠けている価値，すなわち情報探索に由来する本来備わった価値を帯びるとの仮説さえ提示できる。その価値とは，人がその探索と，所有を享受するものを探索すること自体に楽しみを感じるということである[訳注11]。興味深い情報を得られないことに伴うコストは生じないため，興味深い情報の探索に要するコストへの懸念はないであろう。また，その探索は発見と同様，価値があるかもしれないのである。要するに，興味深い情報の収集は，最も重要な点において，有用な情報の収集に類似していることを期待することはできない。この興味深い情報の収集と有用な情報の収集という二つの活動は，完全に関係がないというわけではないが，きわめて異なるパターンに従っている可能性がある。すなわち，その目標が異なっており，目標に到達したことを決める方法は根本的に異なっているのである。

情報システムの均衡状態を破綻させる要因

　ある人にとって情報システムの失敗の認知は，適応の唯一の機会ではない。私たちは，変化する状況を予測して行動を変容し，必要な意思決定や行為の特性，それらに

2章　個人的無知　　91

関連する情報ニーズの特性を変化させる内的，外的変容に応じて行動を修正する。情報供給に相対的に満足な状態を得ており，その結果，均衡状態を保持しているとしても，［次に述べる］大きく多様な変化は，その均衡状態の破綻をもたらす。

(a) 環境内の地位の変化

　いかなるものをもってしても，情報収集のパターンを，ある段階から別の段階に移行させるかたちで大きく変えることはできない。その移行とは，新たな個人的関係，新たな情報と新たな助言者，および異なる出版メディアという新たな組合せをもたらすものである。職業の役割の変容は，ほとんど分裂をもたらす。職業集団への参入，そこからの離脱，職業の変更，職業上の階層や職業上の階梯における昇進（あるいは降格），というような変容は，新たな地位に必要な情報や情報に関する要件の緩和により，情報収集の習慣における変化をもたらすかもしれない[36]。情報収集活動のレベルにおける一時的な変更は長続きすることはないだろうが，情報システムの内容における変更は特定の関心（懸念）と興味における変更反映しており，永続的なものであるか，次なる主要な変更までは続くであろう。社会的地位の変化と職業上の役割とは異なる役割の変更は，情報収集行動の変容をもたらす。興味や関心（懸念）は，社会的役割や地位における変化の原因の一部でもあり，結果の一部でもあり，また，そうした変化の原因の一部でもある。地位と役割は，私たちにどのような情報が提供されるのかについて，他者の側の期待を伝えるものであり，私たちが満たしたいと思う期待を伝えるものである。理髪店には野球について知っていることが期待され，立身出世主義者には社交界について知っていることが期待される。私たちのなかには，慎重にあるいは表向き期待を無視する人もいるが，多くの人は期待を無視することはない。

(b) 環境における変化

　政治的，経済的，社会的危機の時代には，ラジオ，テレビ，新聞からのニュースの利用が一般的に高まるが，これはそれほど驚くべきことではない[37]。困難な時代は，ほとんど誰もが環境における変化が異常な速度で生じることを，また，その変化は個人的な懸念に深い影響を与える種類のものであることが予測される。一時的に，情報収集の比率が上昇することが予測されるであろう。脅威を与える出来事がより少ないときに，世界は懸念される事情は少なくなり，注意深く変化を精査する必要がある。環境の変化の割合が変わると，情報収集に関する旧来のシステムは主観的に不十分なものとなるであろう。すなわち，もはや人は旧来のシステムを維持できないと感じるのである。変化の規模があまりにも大きくなると，情報収集は増えるどころから，減少することになろう。すなわち，物事が日々変化するとき，わざわざ情報を獲得し続けようとはしないであろう。

(c) 利用可能な情報源の変化

人間が情報システムの最も重要な構成要素である限り，人間から情報システムの要素を除くことは，情報システムから人間という要素を除くことと同様に，破滅的である。人間は，私たちの社会から離脱し，立ち去り，亡くなる。同様に，文献という情報源も刊行を停止したり，その信頼性を失ったり，購読率を上昇させたりするなど，変化する。こうした情報源における変化は，情報源の評価における変化として考えるべきである。情報源とは，情報よりもむしろ誤った情報をもたらすものであり，良き助言よりもむしろ貧弱な助言をもたらすものである，と考えられるかもしれない。そうした場合には，情報源の有用性の評価を改訂することになる。

(d) 興味と関心（懸念）における変化の独立性

興味と関心（懸念）は，自分の役割や社会的位置の変化とは独立に，やがて変化する。すなわち，人は退屈し，興味を失い，新たな情熱を獲得する。関心（懸念）の対象領域から撤退しても，同じ領域への興味は保持している。かつて利害関係のある観察者であった領域の活動に参入する。それゆえ，情報への要求が変化するのである。

(e) 利用可能な資源の変化

私たちの生活において，上記の変化以外の変化が生じるとき，情報収集にあてることができる時間の増減，エネルギーの増減，お金の増減を知ることになる。これらの変化はそれ自体，情報システムにおける変化を生み出すのに十分である。人生のある段階において，時間よりもお金のほうを多くもっているならば，たとえお金がかかっても，時間を節約する情報利用を選択することになる。他方，お金より時間のほうが多いならば，費用がより少なくて済むが多くの時間を要する情報源の利用を選択する。こうしたエネルギーの低下は，関心（懸念）のレベルの低下と同様，一般的に情報収集の低下をもたらすであろう。

(f) 成果に関する外的要件

自分自身の情報供給と意思決定に満足しているが，他の人たちは，それに満足せず，情報収集行動の変化を促し，その変化を強制する立場にいるかもしれない。ある人たちのために働き，その人たちが制御する条件のもとで，私たちが専門的な職務を実践することが許容されているとき，その人たちの十全性の基準が私たちに課されることになろう。また，失職するおそれや，実践する許可を失う恐れは，情報収集の習慣の変化にきわめて効果的なものとなるであろう[38]。

以上のような外的，内的な変化のすべては，情報システムの均衡を揺るがし，情報システムの修正の機会を提供するが，私たちは，その機会に反応しないかもしれない。なぜなら，情報システムの不均衡が不快ではないかもしれないからである。しかし，私たちの習慣はそのような外的，内的変化に応じてまさに変化する傾向がある。

2 章　個人的無知　　93

情報収集行動は変化した状況に適応するものなのである。

2.9　個人の情報システムの限界

　個人の情報収集システムに関する通観的な描写の試みは，当惑するほど多様な専門家にとって興味のある大規模で複雑な範囲の現象に関する記述であった。コミュケーション研究において探究されるマスメディアの利用の多くの側面を故意に無視してきた。私たちは，たとえば，マスメディアの利用に対する無数の動機や，マスメディアから引き出される満足の範囲については論じてこなかった。人びとが自分たちのもとに届けられるメッセージを受け入れるか拒絶する，あるいは，信じる，あるいは信じないやり方について記述しようとはしてこなかった。また，そうしたメッセージが変容するやり方や個人の世界観を変容させるやり方について，記述を試みることはなかった。情報が明確に利用される際に，また，明確にされていない情報のストックに基づいた判断の際に，どのようなパターンが見られるのかについて述べようとはしてこなかった。意思決定がいかに行われるべきかについて，規範的で合理的なモデルに従って，しばしば意思決定が行われるかどうかについても述べることもなかった[39]。これらのすべての主題に関する研究は，私たちの厳密でない試行的な描写に光をあてることが期待できる。

　もっと率直に要点をおさえていうならば，ここでは情報システムを通じて実際に獲得される情報に関する活動のレベルやその情報量のレベルについて何も語ってこなかった。そのレベルがどのようなものであれ，何がそのレベルを決定するのかをただ述べようとしただけである。しかし，少なくともわかっていることは，個人の情報システムの間の違いはきわめて大きいということ，関心（懸念）と興味の範囲，および満足と思われる情報摂取量のいずれについても，個人間の相違は著しいということである。実証的な研究や，既知の事柄に関する簡単な再検討により，広範囲にわたる関心（懸念），幅広い興味，大量の情報摂取の多くの事例が明らかにされると同時に，ごく少数の関心（懸念），狭い範囲の興味，わずかな情報摂取の事例が明らかにされるであろう。さらに，再検討や研究により，比較可能な関心（懸念）や興味，比較可能な情報への欲求をもつ人たちの間にみられる監視，助言，準備の各システムにおける情報源のリストに大きな違いがあることも明らかにされるであろう。選好される情報源の間にみられる違い，たとえば，個人という情報源よりも文献という情報源に依存すること，「世界規模の」情報源よりも局所的な情報源に依存すること，職業上あるいは自身と社会的な関係にある人よりも同僚に依存すること，こうした違いは，個人の情報収集様式を定義するであろう。そしてその様式は，その人の活動領域におけ

る選択のパターンという点から最もよく理解されるであろう[40]。情報収集に関するこれらの特徴のすべては，これまでの研究以上に，研究に値するものである。しかし，それらの特徴は，目下の関心事ではない。ここでの関心事は，情報収集システムの範囲，レベル，様式がどのようなものであれ，情報収集システムの基本的特徴にある。ここで，情報収集システムについてこれまで論じてきた主要な点を要約しておこう。

情報収集システムの特徴

情報収集システムは目的志向的である。

　情報収集システムは，有用なものとして認知するものを，また，興味ある情報と見なすものを収集するために維持されるものである。

情報取集システムは適応的である。

　情報収集システムは，内的，外的情報への変化に応じて，活動のレベルと方向性を変える。

情報収集システムは慣習的である。

　情報収集システムは，偶然の情報獲得やこれまで知らなかった情報源の特別な探索への依存よりも，定期的で継続的な情報源への選好を反映するものである。

情報収集システムは経済的である。

　情報収集システムは，時間，エネルギー，お金の点から，許容できるレベルで維持される。また，選択肢のもつ生産性とコストを考慮して，変更が行われる。

　関心事に関する情報を収集するシステムの構成要素は，さらに次のような特徴を有している。

情報収集システムは機能志向的である。

　情報収集システムは，意思決定におけるその効用にもとづいて情報を収集する。また，課題や問題の解決のために行われる探究に対応できる情報源の選好を反映させる。

情報収集システムは個人的な助言者に大きく依存する。

　情報収集システムは，個人的な情報供給を補うために，情報よりもむしろ助言というかたちで，他者が有する情報の利用を保証する。

情報収集システムは相対的な満足を目指す。

　情報収集システムは，情報の完全性や可能な最大情報量ではなくて，満足な意思決定を行うことが可能な最小限の情報量を目指している。このことは，必要十分な最小限の量以上の情報をもつことを避けようとすることを意味してはいないが，より多くの情報をもつ試みを否定することも意味していない。

2章　個人的無知　　95

もしそれが事実であれば，衝撃的と受けとめられそうなものが，最後の特徴である。できるだけ多くの情報を得ることよりも，まさに十分な情報を探索すべきであるというのは，不道徳ではないにせよ，愚かなことのように思われるかもしれない。しかし，「まさに十分なもの」とは，「できるだけ必要とされるもの」と同じである。もし，情報が得られないか，不満足な意思決定をもたらすことになる誤った情報が得られる場合には，必要なものが得られなかったことになり，損失をもたらす無知を経験することになる。これは避けるべき事態である。

上述したやり方で振る舞うことが愚かであり，不道徳でさえあるように思われるのであれば，その理由は，意思決定が基づく情報量が増えるに伴って，意思決定はつねにより良いものになる，という根強い信念のためであろう[41]。しかし，その信念を維持することはできない。すでに論じてきた損失をもたらす無知は，より多くの情報がより悪い意思決定をもたらすことを示すのに十分である。たとえ知識の大いなる増加が意思決定の質を大きく向上させるとしても（その点に関して確信はないが），知識のわずかな増加でも，通常，意思決定の質をわずかに向上させるか，大いに向上させると考える理由はまったくない。わずかでも学識がある人物であれば，つねにその人物はわずかながらも賢い，というわけではない。学識があればあるほど，ますます賢くなる，という特性は法則とはならないのである。

個人の情報システムのもつ懸念

個人の情報システムのもつ固有の懸念は，情報システムが完全な情報を意図したものではなく，損失をもたらす無知を避ける試みには失敗する可能性があるということである。その懸念は，情報システムの欠点を認識する能力には限界があることに伴うものである。その懸念の中には，解消されず，解消されないままのものもある。それは，特定領域における情報の供給が不十分である可能性を検討することが単にできないことである。新たな情報源について疑念をもつとき，情報源の探索は次の点に関する理解によって制限される。それは，どのような種類の情報源があるかに関する理解，どのような情報を知るべきであり，かつ，誰がそうした情報源を知っているかに関する理解，知識の社会的分配に関する理解である。これらのことに関する理解は，不完全であることがしばしばである。

見つけられた情報源は，悪しくも誤った情報を提供するかもしれない。大抵の場合，ある情報源を別の情報源と比較することによってのみ，情報源から誤った情報が提供されているかを知ることができるのである。その比較は，冗長性を有するシステム[訳注12]をもつための良い理由となるが，その比較からは，もし良い情報を提供する情報源があるとしても，どの情報源が良い情報を提供しているかは示されない。自分

にまったく届かない情報には気づかないのであり，偶然に情報供給の不完全さを発見するか，または，まったく発見しないかのいずれかである。過去の不満足な意思決定の原因を決める正確な方法をもってはいない。損失をもたらす無知が問題であることを認識することはできないかもしれない。また，実際に教育，経験，自分たちがもっている情報の誤った管理を原因とする自身の情報システムの欠陥が非難されることがあるかもしれない。

　教育や経験によって獲得された知識が意思決定の際に無意識に利用されている場合には，その知識の効用を評価する正確な方法はもちえない。情報システムのための新たな情報源については，情報源を標本抽出し，その情報源が提供する情報の今後の有用性を評価することにより，選択するのである。しかし，その標本は情報源を代表していないかもしれない。また，その評価は貧弱なものになるかもしれない。何よりも悪いことは，探索し見つける情報は公共的知識であることを保証するものは何もなく，また，世界について社会が知っていることに対応していることを保証するものも何もない。もし，突飛で異様な世界観から始めるのであれば，その世界観と矛盾しない情報源だけを探索するかもしれない。また，おそらく，何とかしてそうした情報源を見つけ，その他の情報源を無視するであろう[42]。もし，情報探索活動が自己調節型のシステムを形成するのであれば，そのシステムは，公共的知識を構成する世界観と根本的に矛盾するシステムであり，矛盾した状態のままとなるシステムである。これは，確かに，外部者から見た欠陥である。なぜなら，自身の特異な世界観の内側では，誤りを表現しているものが公共的知識となるからである。外部者にとっては，損失をもたらす無知のように見えるもの，また，損失をもたらす誤情報のように見えるものが，想定される犠牲者とその犠牲者と同じ意見をもった友人にとっては，自明の真理のように見えるかもしれないのである。犠牲者の誤りについての情報は悪魔からの情報として，拒絶されるであろう。ある人が，損失をもたらす他者の無知を検知するには，自分は真理を得ているという前提が必要であり，また，少なくともより良い世界観をもっているとの前提が必要である。別の者からの善意から出た支援は出しゃばりなものとして拒絶されるであろう。情報システムは変化する状況に適応するものだが，情報システムがきわめてよく適応していると信じることはできない。自分たちに情報供給が十全であり，うまく行われているかについては，容易に過少評価するか，過大評価するかのいずれかである。そこで，存在するすべての情報ではなく，また，有用となる可能性のあるすべての情報ではなく，その欠如が損失をもたらす情報を人びとが得ることを支援することに関心を向けた研究は多数ある。集合的な取組みとして図書館システムが果たすことができる部分の問題に移ろう。

2章　個人的無知　97

1 個人による情報収集に関する資料は多いものの，統計的決定理論の文献を除いて，実証的な理論に比べて規範的な理論は多くない。情報収集行動の理論に関する最も重要な研究の中に，アンソニー・ダウンズ（Anthony Downs）の研究があるが，特に次の著作があげられる。*An Economic Theory of Democracy*（New York: Harper & Row, 1957），pt.3 にある「情報コストの特殊効果（"Specific Effects of Information Costs"）」と「知るようになることに関する経済学（"the economics of becoming informed"）」の分析，および彼の著作である『官僚制の内側』*"Inside Bureaucracy"*（Boston: Little, Brown, 1967），14-16章。

前者の著作の中で，ダウンズは，情報収集の個人的システムの創設について論じている。（ダウンズは，モニターと予約システム，関心と興味，損失をもたらす無知と知識について，それぞれ区別はしていないが）私たちの議論は多くの細部においてダウンズの議論と同じである。（私が思うに）ダウンズの議論と異なるところは，両立可能ではあるが，その志向性（特に，政治的決定への志向性）にある。ダウンズは，私が思う以上に，情報の自由な提供に強く依拠している。この捉え方は，ダウンズが「金銭的な負担からの自由」を意味しているとは考えられないのであれば，誤解を招くものである。ダウンズは，私たちが強調する以上に，時間と労力のコストを強調している。分析と評価の代表団に関するダウンズの議論は特に重要である（p.230-224）。付加的な情報を収集する決定に関する彼の議論は，（期待される清算の観点から，p.214-247）多かれ少なかれ，本章と次章における詳細な説明とは異なる。

『官僚制の内側』では，官僚的な意思決定に焦点があてられている。そこでは，遂行のギャップという概念が登場する（「どのくらいであれば十分なのか」（p.68-73）という見出しの節における私たちの議論と比較せよ）。しかし，それは，全体的な遂行よりはむしろ特定の決定という観点からである（すなわち，遂行のギャップの認識がギャップを埋める単一の行為の系列を見出す試みにつながるのである）（p.169-170）。

マスコミュニケーション研究における理論研究のうち，本章に最も密接に関連する研究は次の文献である。Charles Atkin, "Instrumental Utilities and Information Seeking," ch.7 in *New Models for Mass Communication Research*, ed. Peter Clarke, Sage Annual Reviews of Communication Research, vol.2（Beverly Hills: Sage Publications, 1973），p.205-242.

アトキン（Atkin）は，本章の主題に関係する他の多くの研究を要約しており，その要約は概ね私たちの一般化と矛盾しない。アトキン自身のモデルは，異なるタイプの不確実性に基づいており，その不確実性は特定の決定については優れたものである。しかし，そのモデルは定期的に行われる情報収集行動のレベルの決定にはそれほど優れたものではない。その情報収集行動はここでの主たる関心事である。しかし，アトキンのモデルは私たちのモデルと整合性のあるものである。

組織の情報システム（たとえば，マーケティング情報システムと経営管理情報システム）は，私たちにとって関心のある個人の情報システムに類似したものと考えられる。というのは，特定の個人によって利用される組織の情報システムは，個々人の情報システムの構成要素の一部となるからである。マーケティング情報システムの優れた記述については，次の文献を見よ。Philip Kotler, Marketing Management: *Analysis, Planning, and Control*, 2nd ed. (Englewood Cliffs, N. J.: Prentice-Hall, 1972), ch.10.

天然資源研究の領域における多くの個人的な文献のコレクションの内容とファイル構造に関する情報について，次の文献に示されている。Hilary DePace Burton. *Personal Documentation Methods and Practice, with Analusis of Their Relation to Formal Bibliographic Systems and Theory* (Ph D. Dissertation, University of California, Berkeley, 1972).

本章の主題に関する私自身の関心は，バートン（Burton）の研究によって刺激された。バートンの研究は，私が議長をつとめた委員会の監督のもとで実施されたものである。

ウィリアム・ガーヴェイ（William Garvey）とベルバー・グリフィス（Belver Griffith）は，"Scientific Communication as a Social System," *Science* 157 (1 Sept. 1967), p.1011–1016 の論文の中で，全体として科学コミュニケーションのもつ「合法的との印象を与える特徴」を担っている個々の科学者の体系的な情報探索行動を強調している。私たちの関心は，コミュニケーションの社会的システムよりもむしろ，個人の行動にある。私たちは，誰もが同じ方法で行動するとは主張しないものの，個人の行動一般において発見可能な規則性が存在するとの仮説について論じている。

次の文献と比較せよ。ウィリアム・シュラム（William Schramm）は，"The Nature of Communication Between Humans," in Schramm and Donald F. Roberts. *The Process and Effects of Mass Communication*. Rev. ed (Urbana: Univ. of Illinois Press, 1971), p.32–33 の中で，大部分が偶然になされた主張にもかかわらず，シュラムは，私たちが情報システムと考えているパターンの認識に類似している。

2 ウィルバー・シュラム（Wilbur Schramm）とセリーナ・ウェイド（Serena Wade）の価値の高い次の文献を見よ。*Knowledge and the Public Mind: A Preliminary Study of the Distribution and Sources of Science, Health, and Public Affairs Knowledge in the American Public* (Stanford: Institute for Communication Research, Stanford University, 1967) (ERIC Report ED030327), p.63, 98.

この研究全体が本章と関連が深い。シュラムとウェイドは，他の多くの情報源の中でも論じられている，以下のことを強調している。すなわち，公教育の量が，ある人が持っていると推測される情報量の最適な予測指標であること，人のメディア利用のパターンは情報源を予測させるものであること，役割，性別，特に職業といういくつかの個人的変数が収集対象の情報の種類を予測させるということ。

3 "ゴシップは，教育の不足により，多くの人たちが語られる言葉に完全に依存している環境においては，主たる余暇時間の営みとして，重要な役割を演じている。・・・ゴシップは，スラムの場面で見られる日々の特徴であり，「女性だけのパーティ（"hen party"）」であるが，多くの人が考えているほど，スキャンダルを単に広めるものではない。逆に，ご婦人は自分たちにとって，また近所の人たちにとって経済的に重要となりそうな情報を蓄積し，再分配しているのである"（Robert Roberts. *The Classic Slam: Salford Life in the First Quarter of the Century* [Harmondsworth: Penguin Book, 1973], p.43)

4 Edwin B. Parker and William J. Paisley. *Patterns of Adult Information Seeking* (Stanford: Stanford University, 1966) (ERIC Report ED010294), vol.3, p.43-45 の中で，「特定のタイプの参考図書」に対する成人の利用に関するデータを報告している。その特定のタイプの参考図書とは，利用対象となる資料が，あらかじめ利用されるものとして特に知られていながら，特殊な探索によって発見されない場合，そのような資料をリザーブ用情報

源と見なすような図書である。

パーカー（Parker）とペイスリー（Paisley）の研究は，二つのカリフォルニア州の都市であるサンマテオとフレスノの成人による情報探索行動に関する情報の宝庫である。多くが専門職である裕福な地域社会であるサンマテオの住民についての知見から一般化するのは，私は安全ではないと考えている。

5 そのような計画は，仮説となる質問を提示することで示すことができる。たとえば，1948年の公共図書館調査のために実施された調査である次の文献を見よ。Angus Campbell and Charles A. Metzner. *Public Use of the Library and Other Sources of Information, rev.* ed. (Ann Arbor: Institute for Social Research, Univ. of Michigan, 1952), p.12-15. 特に p.15 の次の記述を参照せよ。

"大多数の公衆は新聞やラジオから得られる情報で満足しており，少なくとも，世界の出来事に関する知識に関する限り，追加の資料をさらに探すことがないのは，この調査から明らかである"

それは，（注1で示した）ダウンズ（Downs）が無料の情報と呼んだものである（しかし，新聞は無料ではない）。次の文献をも見よ。Brenda Dervin and Bradley S. Greenberg. "The Communication Environment of the Urban Poor," ch.7 in *Current Perspectives in Mass Communication Research*, ed. F. Gerald Kline and Phillip J. Tichenor. *Sage Annual Review of Communication Research*, vol.1 (Beverly Hills: Sage Publications, 1972). これらの著者たちは，ユダヤ人街の住人は，たとえ，搾取者として信頼されていなくても，危機的な時には情報や助言，支援について "確立された" 資源を調べる用意があると論じており，また，仕事を探し，逮捕されている友人を支援するといったような危機的な問題については，"きわめて特定の確立された" 情報源が知られており，そのような情報源が探し出されると論じている。

6 Robert D. Leigh. *The Public Library in the United States* (New York: Columbia Univ. Press, 1950), p.49 に以下の記述がある。

"幸いにも，民主的なプロセスにより，情報の入手と利用，および現在の出来事に関する考え方に重み付けを与えるという負担を，広く公平に受け入れる必要はない。すべての資料とすべての刊行物を吟味するという不可能な課題に直面したとき，私たちの多くは，意思決定における分析と主導権を，信頼する人たちに自発的に委ねている。私たちは，そうした人たちを自由に選び，随意にその選択を変更するのである"。注1をも参照せよ。

7 科学技術にかかわる人たちの間でも，こうした選好について豊富な証拠がある。ウィリアム・J・ペイスリー（William J. Paisley）の著作である *The Flow of (Behavioral) Science Information: A Review of the Research Literature* (Stanford: Institute for Communication Research, Stanford University, 1965) のきわめて優れたレビューを見よ。

人間以外の情報源，（たとえば，テレビに相対するものとして）特に印刷資料に比べて，人的な情報源への選好は，ダービン（Dervin）とグリーンベルグ（Greenberg）の著作である "The Communication Environment of the Urban Poor," の中で，都会と地方の貧困層の生活に関する多くの情報源において，強調されている。同様の選好は，最良の教育を受けた人と最低な教育を受けた人の間でもみられる。

8 この議論における初期の試みについては，私の論文 "Situational Relevance," *Information*

Storage and Retrieval 9（1973），p.457-471 がある。

9 エヴェレット・C・ラッド，Jr.（Everett C, Ladd, Jr.）とセイムール・マーティン・リプセット（Seymour Marin Lipset）は次のことを見出している。

　　"教授団が大学や社会における一連の出来事に影響を与えようすればするほど，教授団は社会，政治，経済。文化に関する解説を扱った雑誌をより一層，読むことになる。・・・読者は活動家であるという一般的な結論は，調査対象の逐次刊行物の全範囲だけでなく，リストにあるすべての下位の刊行物についても，保持されている。・・・教授団のメンバーの中には，一般的な逐次刊行物を最も広く読んでいる教員がいるが，それは，私たちの予測のとおり，その教員がある特赦な知性をもっているからではなく，意思決定や出来事の流れに影響を与える事柄を実行することに特別な興味をもつからである"（*Chronicle of Higher Education*, 19 January 1976, p.14）

　　活動傾向という要因は，学術分野や思想とともに，「教授団のメンバーの中で雑誌の読書性向を大いに説明するもの」だが，私たちが関心と呼ぶものの測度であり，関心の程度が高ければ高いほど，関心分野における読書量が多くなる傾向にある。これは，私たちが予想するものだが，ラッドとリプセットから確証が得られたのは良いことである。

10 次の文献を見よ。Hadley Cantril, *The Pattern of Human Concern*（New Brunswick, N.J.: Rutgers Univ. Press, 1965）. 本書は希望と恐怖の国際的な調査である。カントリル（Cantril）の "concern" の使用は本書での使用法とは同じではないが，実質上，ほぼ同義である。

11 次の文献を見よ。Alfred Schutz, "The well-Informed Citizen," in Alfred Schutz. *Collected Paper II: Studies in Social Theory*, Phenomenologica 15（The Hague: Nijhoff, 1964），p.120-134.

　　おそらく，この文献はレレヴァンス（適合性）に関するシュッツ（Schutz）の重要な著作への最適な入門である。私たちが語っている適合性は，シュッツが "本質的レレヴァンス" と呼んでいるものである（同書，p.126）。「市井の人は，本質的レレヴァンスに関する慣習的システムを超えた種類のいかなる情報も探すことすらしない」（同書，p.134）。シュッツのこの論文は，「知識の社会的分配を扱う理論科学」への寄稿として提供されたものである。その理論科学は不幸にも，これまでのところ，シュッツ自身の研究を超えてあまり進歩してはいない。知識の社会学への最適な入門書は次の文献である。

　　Peter Berger and Thomas Luckmann,『現実の社会的構成：知識社会学論考』[*The Social Construction of Reality: A Treatise in the Sociology of Knowledge*] 山口節郎訳，新曜社，2003，321p.

　　次の文献をも見よ。Kurt H. Wolff, "The Sociology of Knowledge in the United States of America: A Trend Report and Bibliography," *Current Sociology* 15, no.1（1967）

　　この分野の古典として次の文献がある。Karl Manheim,『イデオロギーとユートピア』[*Ideology and Utopia: An Introduction to the Sociology of Knowledge*] 鈴木二郎訳，未来社，1968，407p.

12 James Boswell, *Life of Johnson*（18 April 1775）（New York: Oxford Univ. Press, 1948），vol.1, p.595.

13 次の文献を見よ。Schramm and Wade, *Knowledge and the Public Mind*. 既存の調査に関するもう一つの二次的な分析については，次の文献がある。Herbert H. Hyman Charles R.

2 章　個人的無知　101

Wright, and John Shelton Reed, *The Enduring Effects of Education* (Chicago: University of Chicago Press, 1975)

14 特に支配と従属との関係，授受の関係は，階層的な構造をもたらすであろう。その構造とは，サミュエ・ボールズ（Samuel Bowles）とハーバート・ギンティス（Herbert Gintis）の著作 *Schooling in Capitalist America*（New York : Basic Books, 1976）の関心事である職業構造である。この著作は，教育システムと職業構造との関係に関する強力な分析である。

15 公教育の量は社会的名声との相関は高いが，農民や職員それに工事監督者について，私たちが正しいとすれば，それらの人の仕事に必要とされ利用される知識の量と公教育の量との相関はそれほど高くない。このことは驚くべきことではない。公教育の多くは，実際の目的に役立つとされていない。しかし，その場合，雇用にあたって必要とされる教育上の証明は疑わしいものとなる。次の文献を見よ。Ivar Berg, *Education and Job: The Great Training Robbery*（Boston: Beacon Press, 1971）。

16 U.S. Dept. of Labor, *Dictionary of Occupational Titles*, 2vols., 3rd ed.［Washington, D.C.: Government Printing Office, 1965］

17 職業というものが社会の中心であることは，ピータ・M・ブラウ（Peter M. Blau）とオーティス・ヂュドリ・ダンカン（Otis Dudley Duncan）の著作 *The American Occupational Structure*（New York: Wiley, 1987），p.6-7 に示されている以下の記述にあるように，広く認められている。

　　"現代の産業社会における職業構造は，社会的階層の主たる次元にとって重要な基盤を形成しているばかりでなく，異なる組織と社会生活の領域との間を関係付けるものとしても役立っている。それゆえ，職業構造は大きな意義を有しているのである。名声の階層と経済的な階級の階層の根源には職業構造がある。政治的な権力と権限の階層も同様である。なぜなら，現代社会における政治的権限は，常勤の職業として大いに行使されているからである。・・・職業構造はまた，経済と家庭との間を結び付けるものである。職業構造をとおして，経済は家庭の地位に影響を及ぼし，家庭は経済に人的資源を供給している。職業の階層は，人がさまざまなサービスを提供することによるその人の社会貢献とその人がその見返りに受ける報酬との関係を明らかにする。なお，この関係性が何らかの等価な機能的調整を表現しているかどうかは別問題である"

　　次の文献の記述をも見よ。"いかなる社会的階層を選好しようとも，名声と収入，生活習慣や生活様式への支出，教育や自立，これらはいずれも職業に行きつくことになる"（Ralf Fahrendorf, *Class and Class Conflicts in Industrial Society*（Stanford: Stanford Univ. Press, 1959），p.70.）。

　　しかし，同書の p.272-274 では，職業の中心性は縮小しているとの主張をめぐる議論がみられる。異なる職業上の階層と社会階層における人びとの興味に関しては，情報収集の観点から，次の文献で明確に論じられている。

　　Joffre Dumazedier, *Toward a Society of Leisure*（New York: Free Press, 1967），ch.10 "Leisure, Education, and the Masses". この著作を発見するのが遅すぎたため，本書で十分に利用できなかった。

18 マルクス，エンゲルス『ドイツ・イデオロギー』［*The German Ideology*］新編輯版，廣松

渉編訳，小林昌人補訳．岩波書店，2002，p.66-67.

19　これらの数字は，次の文献による．Alexander Szalai ed. *The Use of Time: Daily Activities of Urban and Suburban Populations in Twelve Countries*, Publications of European Center for Research and Documentation in the Social Sciences 5 (The Hague: Mouton, 1972), ch.6 "Every Life in Twelve Countries".

　　この大規模な調査（約30万人からの回答）では，就労年齢の成人だけが調査対象となっている．18未満の人と65歳を超える人たちは除かれている．この国際的な平均は，ダービン（Dervin）とグリーンベルグ（Greenberg）による文献（Dervin and Greenberg, "The Communication Environment of the Urban Poor," p.201）で示されたアメリカの都市部の貧困層の間でのメディア利用に関する数字とはきわめて対照的である．

　　ダービンとグリーンベルグは，平均以下の収入の成人は1日のほぼ8時間を電子メディアにあてている．経済学者による時間の利用に関する素晴らしい研究については，次の文献を見よ．Staffan Burenstan Linder, *The Harried Leisure Class* (New York: Columbia University Press, 1970). 特に，情報に関するコストを扱った第6章「増大する非合理性の合理性」と第8章の「文化の時間」を参照せよ．

20　Sallai, *The Use of Time*, p.187.

　　グレイ・A・シュタイナー（Gary A. Steiner）は，その著作 *The People Look at Television: A Study of Audience Attitudes* [New York : Knoop, 1963], p.229 において，情報や教育のために，テレビの利用はいかに少ないかについて次のように言及している．

　　　"その日のニュースや天気は，平均的なアメリカ人の視聴者がいつも視聴している．それはさておき，平均的なアメリカ人は，熟慮された情報源としてテレビを利用することはめったになく，たとえテレビを視聴していて，重大な情報を伝える公的出来事がテレビで放送されていたとしても，その放送に注意を向ける可能性は極端に小さい"

21　次の文献を見よ．Machlup, 『知識産業』[*The Production and Distribution of knowledge in the United States*] 高橋達男，木田宏共監訳，産業能率短期大学出版部，1969 の7章の"情報サービス"．

22　"人びとはより多く学習するに伴い，その人たちの興味は増大し，また，興味が増大するに伴い，その人たちはより多くの学習を強いられる"（Herbert H. Hyman and Paul B. Sheatsley, "Some Reasons Why Information Campaign Fail," *Public Opinion Quarterly* 11 [1947], p.416）

　　　「すでに，よく情報を得ている人は，マスメディアにある主題が取り上げられるとき，その主題を認識する可能性があり，その主題を理解できる準備がよくできているのである」（P. J. Tichenor et al., "Mass Media Flow and Differential Growth in Knowledge," *Public Opinion Quarterly* 34 [1970], p.162）．以上の要因と関連するさらなる要因から，ティチェノア（Tichenor）とその同僚は，"知識のギャップ"，すなわち知識の均一でない配分の増大を示唆している．

23　転移可能なコストと転移不可能なコストに関しては，次の文献と比較せよ．Downs, *An Economic Theory of Democracy*, p.210.

24　私は，情報過多の問題を無視しているが，それは，多くの人にとって情報過多は現実的な問題ではない，と考えていないからではない．どちらかといえば情報過多はしばしば道徳的な問題と呼べるようなものとして考えたいと思っている．人は，時間や修得し応

2章　個人的無知　103

用する能力をもつ以上に情報をもっている。あるいは，人は，修得し応用できる以上の情報がどこかにあると考える。そこで，人は，考慮すべき情報は考慮の対象外のままにしておくという意思決定を行うのである。一つの反応は，単に必要とされるものに関する見方の変更を試みることである。なぜなら，不可能なことを行うことは必要ないからである。

ハーバート・サイモン（Herbert Simon）の論文 "Designing Organization for an Information-Rich World"（Martin Greenberger, ed., *Computers, Communications, and the Public Interest*［Baltimore: Johns Hopkins Press］, 1971, p.72 所収の次の指摘に同意する。

"情報過多は読者の心の中にある。情報はそこにあるがゆえに処理される必要はない。知的なプログラムによってふるいにかけることが回答の主要な部分である"しかし，そのためには，ふるいにかける（あるいは忘れる）方法を見出すことが必要なだけでなく，ふるいにかける（もしくは忘れる）すべての権利があることに納得する必要がある。そして，これには，意思決定において情報の利用に対する道徳的な態度の変化が伴うのである。より安易な種類の情報過多は，単に多すぎる不適合な情報からなるものである。そこには道徳的な問題は何もなく，ただ組織的な問題があるだけである。

25 実証的な確証は次の文献の中で行われている。David O. Sears and Jonathan L. Freedman, "Selective Exposure to Information: A Critical Review." *Public Opinion Quarterly* 31,（1967）, p.194-213（repr. in Schramm and Roberts, *The Process and Effects of Mass Communication*, p.209-234）.

26 次の文献を見よ。Olfa Helmer and Nicholas Rescher, "On the Epistemology of the Inexact Sciences," *Management Science* 6（Oct. 1959）, p.25-52; Michael Polanyi,『個人的知識：脱批判哲学をめざして』［*Personal Knowledge: Towards a Post-Critical Philosophy*］長尾史郎訳，ハーベスト社，1985，460p.

27 人は無知による損失の説明には懐疑的になるに違いない。この主題に関しては多くの民間伝承がある。次の文献を見よ。Anthony G. Oettinger, "An Essay in Information Retrieval, or, The Birth of Myth," *Information and Control* 8（1965）, p.64-79（*Mathematical Reviews* 29（1965）, entry no.6960 の中でレビュー対象となっている）. さらに，次の文献をも見よ。C.W. Hanson, "Research on Users' Needs: Where Is It Getting Us," *Aslib Proceedings* 16（Feb. 1964）, p.71 に以下の記述がある。

"ある 600 人もの科学者は，彼らが発見していた文献の詳細を私たちに提供した。その文献は，もっと早く見つけていたならば，あるやり方で彼らの研究を変えさせたか，時間とお金を節約させたであろう。238 の事例のうち，わずかに三つの事例が，すなわち，およそ 1% を超える文献だけが，図書館のスタッフによって，彼らの注意を向けさせるものであった。図書館のカード目録を使っても何も見つけられなかったのである。研究者が発見した文献のうち，33% が他の人たちから示された文献であり，18% が引用文献から得られたものであり 16% が偶然見つけた文献であった"

28 次の文献を見よ。J.M. Brittain, *Information and Its Users: A Review with Special Reference to the Social Sciences*（Bath: Bath Univ. Press, 1970）, p.1-12; Maurice B. Line, "Draft Definition: Information and Library Needs, Wants, Demands and Uses," *Aslib Proceedings* 26（Feb. 1974）, p.87（ニーズは，「ある個人が，仕事，調査，啓発，リクリエーションのた

めに，もつべきもの」として定義されている）；John O'Connor, "Some Questions Concerning 'Information Need'," *American Documentation* 19 (Apri. 1968), p.200-203; Thomas Childers, *The Information-Poor in America* (Metuchen, N.J.: Scarecrow, 1975), p.14-26, 35-38.

29　私が認識している限り，情報の価値の測度を定義する真摯な試みはすべて，これらの条件を満たすことを仮定している。たとえば次の文献を見よ。Russell K. Ackoff, "Towards a Behavioral Theory of Communication," *Management Science* 4 (1958), p.218-234.

30　受容可能意思決定の状況という概念は，ハーバート・A・サイモン（Herbert A. Simon）の満足に関する概念と密接に関係している。それについては次の文献を見よ。
Models of Man, Social and Rational (New York: John Wiley, 1957)，特に 14 章の "A Behavioral Model of Rational Choice," (*Quarterly Journal of Economics* 69 [1955], p.129-138 からの再録），および，p.204-205 に掲載の次の記述を参照のこと。
　　　"行動に関する最良の可能な過程を見出す試みよりもむしろ，選択の過程・・・の単純化への鍵は，最大化の目標を，満足という目標に，あるいは「十分に良い」行動の系列を見出すことに置き換えることである"

31　情報の探索と教育の探索とは次のように区別することができる（疑いもなく他のやり方もある）。すなわち，情報の探索はすでに確立されている概念上の構造に合致するものを探索することである。一方，教育の探索は，新たな構造の追加や古い構造の改訂を求めることである。この意味で，"教育" と呼ばれるものの多くは，その名に値しないであろう。よく知られた種類の新たな事実を学習することは，教育ではない。もちろん，同じ情報源が情報と教育の両方を提供する場合もあるだろう。

32　多数の高度に専門的な文献はさらなる探究の理論と呼ばれるかもしれないことを扱っている。それらの文献が扱っているのは，さらなる情報を獲得する時点を決定する問題である。おそらく，最良で適度に易しい紹介は次の文献である。Howard Raiffa, *Decision Analysis: Introductory Lectures on Choices Under Uncertainty* (Reading, Mass.: Addison-Wesley, 1968)

33　損失をもたらす知識がより悪い意思決定を導くとき，特別な探索によって得られる情報や助言は，意思決定の状況を良くするどころか，より悪化させる。この点については，たとえば次の文献を見よ。Harry Nyström, "Uncertainty, Information and Organizational Decision-Making: A Cognitive Approach," *Swedish Journal of Economics*, 1974, p.131-139。および，Bruce J. Whittemore and M.C. Yovits, "A Generalized Conceptual Development for the Analysis and Flow of Information," *Journal of the American Society for Information Science* 24 (May-June 1973), p.221-231.

34　私は，情報源の信頼性を情報源の評価や選択の独立した要因とは考えていない。なぜなら，情報源が生産的であるとの判定は信頼性を含意しているからである。私がある情報源を生産的であると判定するとき，その判定は，私たちが得ているのは情報であって，誤った情報ではないという評価を伝えるものである。しかし，この判断はほんのわずかな節約にすぎない。選択の要因における信頼性の評価を考えるのは完全に合理的であろう。

35　予想される社会的効用に基づいて収集される情報に関しては，次の文献を見よ。Steven H. Chaffee and Jack M. McLeod, "Individual vs. Social Predictors of Information Seeking,"

2 章　個人的無知　　105

Journalism Quarterly 50 (Summer 1973), p.237-245.

　もちろん，誇示するとは，人が誇示する情報を利用することである。また，私たちは他者と語る話題をもつために情報を収集するのであれば，将来の利用を想定して集めることになる。しかし，それでも，その利用は意思決定における利用と同じ範疇にうまく合致しない奇妙なものである。

36　ライフサイクルの異なる時点でのコミュケーション行動における変容に関しては，次の文献を見よ。Jack M. McLeod and Garrett J. O'Keefe, Jr., "The Socialization Perspective and Communication Behavior," *Current Perspectives in Mass Communication Research*, ed. F. Gerald Kline and Phillip J. Tichenor, Sage *Annual Reviews of Communication Research*, vol.1 (Beverly Hills, 1972), p.121-168.

　年齢と情報における変容との相関については，次の文献を見よ。Schramm and Wade, *Knowledge and the Public Mind*.

37　英国と米国における新聞の購読習慣に戦争が及ぼす影響に関しては，次の文献を見よ。Collins Cherry, *World Communication: Threat or Promise? A Sociological Approach* (London: Wiley, 1971), p.195-196.

38　"専門職の実践を，私的で観察対象でない活動から，他の専門職から定期的な監視を受ける活動に移行させる作業の再組織化については，現在の知識とスキルの所有を重んじることになりそうである"（John K. Folger, Helen S. Astin, and Alan E. Bayer, Human Resources and Higher Education, Staff Report of the Commission on Human Resources and Advanced Education [New York: Russell Sage Foundation, 1970]. P. 366).

　同じ専門職の同僚からの監視は，最新の状態を保持し効果的に実行するように人びとに圧力をかけることができる唯一の事柄ではない。不正行為への訴訟の脅威はきわめて効果的である。

　"事実上，一般公衆に奉仕し，専門的な知識やスキルを有していると公言する人は誰でも，専門職あるいは準専門職から無言の主張にさらされる。・・・消費者保護や法的権利は法的劇場の中心舞台を占めている"（*San Francisco Chronicle*, 5 November 1975 の匿名の記事からの引用）。

39　Amos Tversky and Daniel Kahneman, "Judgement Under Uncertainty: Heuristics and Bias," *Science* 185（27 Sept. 1974), p.1124-1131

40　情報収集様式は，より一般的な管理様式のまさに一側面であり，経営管理情報システムに関連する者にとってきわめて重要である。

41　Donald F. Cox and Robert E. Good, "How to Build a Marketing Information Systems," *Harvard Business Review, May-June* 1967, p.152 の次の記述を見よ。

　"・・・情報の質のレベルだけが重要なもとして取り上げられる場合，そこには何が起こっているのか？　私たちの予測では，それは［情報の質だけを取り上げても］より良い意思決定をもたらすことはないであろう。実際に，その逆が真実であり，管理者がより洗練された情報を処理する能力がないことから混乱や憤慨という結果が招来されるのである"

　注33 の文献をも見よ。また，Warren F. Ilchman and Norman Thomas Uphoff, *The Political Economy of Change* (Berkeley: Univ. of California Press, 1971), p.152 の以下の記述を参照せよ。「私たちは，社会科学者は，いかなる特定の主題に関しても，最適な無知

の量が存在するという仮定に基づき進めるべきである，と提案している。・・・最適な無知の概念を受け入れることは，知識を増加させるコストを意識することを意味している」。

同じ概念に関しては，次の文献を見よ。Guy Benveniste, The Politics of Expertise (Berkeley: Glendessary Press, 1972), p.176-177.

しかしながら，最適な無知に反対することが，"総合的な証拠の要件"のための強固な伝統である。次の文献を見よ。Rudolf Carnap, Logical Foundations of Probability (London: Routledge, 1950), p.211-213.

詳細度の大きさに関することが問題となるが，私が思うに，最近まで，"総合的な証拠"は固有の理念として真摯な課題とはなっていない。"最適な無知"は危ういもののように聞こえる。

42 これは，情報への選択的接触の問題を提起する。この問題はこれまでコミュケーション研究における主要な関心であった。次の文献を見よ。Sears and Freedman, "Selective Exposure to Information," および Lewis Donohew and Leonard Tipton, "A Conceptual Model of Information Seeking, Avoiding, and Processing," ch.8 (Peter Clarke, ed., *New Models for Mass Communication Research*, Sage Annual Reviews of Communication Research, vol.2 (Beverly Hills: Sage Publications, 1973 に所収), p.243-268.

しかし，私は，その問題についてはこれまで研究が尽くされていないと考えている。

訳注1　潜在的な情報要求（N とする）を満たす情報提供を可能にする情報源は，その情報要求Nに気付いていない利用者から求められる情報源ではないことから，活用されることがない，ということである。この潜在的な情報要求をもつ利用者は，要求に気づいていないために，情報要求を提示することができない。それゆえ，利用者の情報要求の提示を前提とするレファレンスサービス（直接サービス）をこの種の利用者に提供することはできない。

訳注2　ここでいう特定の人間とは，レファレンス担当図書館員など，利用者への情報サービスを担う専門職である。

訳注3　文献のもつ内容の更新性の問題が指摘されている。特に，印刷メディアの場合，内容の更新は改訂版として新たに出版する必要があるため，印刷メディアの文献では事実上，最新の情報を扱うことができない。電子メディアの文献の場合，たとえば電子辞書，電子事典では，項目の追加による更新が可能ではあるが，最新の情報を反映した項目の追加には一定の時間を要し，結果として最新の情報を扱うメディアとしては，紙メディアと同様，適していない。また，電子ジャーナルの場合であっても，編集等の作業に一定の時間を要するとともに，発行頻度が定められているため，最新の情報を扱うメディアとしての機能は，TVやラジオ，ウェブと比較して劣る。

訳注4　「興味（interest）」とは，「特に，心理学・教育学で，ある対象や状態に，意識的な努力なしにひきつけられ，注意の向いていく心的傾向。多くは持続的で，快い感情を帯びる」（出典：『日本国語大辞典』小学館）。

「ある対象（事物や活動など）についての積極的な選択の構えを関心といい，それに好きという情動的な心的状態が加わったものを興味とよんでいる」（出典：『日本大百科全書』小学館）。

2章　個人的無知　107

このように，関心（concern）と興味は，ともにある対象に注意が向けられる心的傾向を意味するが，興味は快いあるいは好きという情動的な心的状態が加わったものといえる。それに対して，関心は不快な感情を与える対象に向けられる心的状態をも意味し，不安や心配という心的状態を表わす「懸念」に言い換えることができる。

訳注5　ある行為のために必要となる情報はその行為から自動的に定まる。たとえば，レファレンスサービスという行為の遂行のために必要な情報は，レファレンスサービスという主題を扱った文献から得られ，レファレンスサービスを表現した件名を使って検索することになる。そこで，ある人が，レファレンスサービスという行為に関与するとき，その行為の遂行のために必要な情報は，どのような人が関与したとしても，同一の文献が探索され，収集される必要がある。他者による適合性の判断を基礎とするという指摘は，探索者とは独立であることを意味している。

訳注6　「意思決定が記録内容の明確な関数」とは，記録内容が独立変数となり，意思決定が従属変数となって，記録内容から意思決定への対応関係が論理的に定まることを意味している。

訳注7　「後ろ向き予測」とは，原因と結果からなる事象において，結果から原因が導かれるかどうかを予測することをいう。意思決定の場面にあてはめるならば，今行った意思決定が，いかなる過去の経験や学習履歴が要因となったのかを予測することになる。

訳注8　「知らなかったことへの無知」とは，無知の無知を意味する。知識の獲得には，無知の認識（無知の知）が必要である。無知の認識を欠いている場合，知識獲得行動は起こすことができない。このことを認識論理で表現するならば，p という命題に関する知識をもっている状態は，Kp と表現される。ここで，K は「知っている」ことを表す演算子である。そこで，知識獲得行動を起こすには，p についての知識を欠いている（¬Kp）ということを認識している（K¬Kp）必要がある。それゆえ，知識獲得は次のように定式化することができる。

$$K¬Kp \;\Rightarrow\; （知識探索行動）\;\Rightarrow\; KKp$$

　最後の KKp は，命題 p についての知識を獲得しても，命題 p に関する知識をもっているということを認識している（KKp）必要があることを示している。

訳注9　「文献という情報源については，主題による組織化よりも機能性を好む」とは，意思決定について満足な成果をもたらし，課題や問題の解決に有用であり，効用のある文献が求められる，ということである。また，情報源としての利用しやすさ，利便性の高さを優先して情報源が選択されるということを意味している。インターネット時代の情報環境でいえば，OCLC の調査が示すように，日常生活や学習に必要な情報源として，一般にその利用の際に一定の時間と労力を必要とする図書館の情報源よりも，利便性が高いサーチエンジンを利用して検索入手可能なインターネット情報源のほうが選好される，ということである（*Perceptions of libraries, 2010: context and community.* OCLC, 2011, 108p.）

訳注10　ウィルソンは，2.2「関心（懸念）と興味」において，関心（懸念）と興味を区別している。訳注4で示したように，辞書の定義によれば，この二つの概念に共通しているのは，ある対象に注意を向ける心理状態であるが，興味には快い心理状態が付け加えられる。一方，関心（懸念）を表す "concern" には「心配」や「不安」という意味があり，負の感情が含まれる概念でもある。ウィルソンが「損失をもたらす無知の検討と比

較可能な供給の十全性の検証は興味についてはあてはまらない」と述べるのは，関心（懸念）にかかわる無知と興味をもたらす無知とはその性質を異にし，その理由は前者が「心配」や「不安」という負の感情と結び付いているからである。

　さらに，関心（懸念）には，達成すべき目標があり，関心は，解決すべき課題や問題から生じるという特徴が示唆されている。すなわち，無知であるがゆえに課題や問題が生じたのであり，その課題や問題の解決のためには一定のコストを要することになることから，本章の「損失をもたらす無知」という概念が提示されているのである。

訳注11　「情報探索に由来する本来備わった価値」「人がその探索と所有を享受するものを探索することに楽しみを感じる」とは，何らかの目的を達成するために行われるような手段としての情報探索ではなく，情報探索それ自体が目的であり，情報の入手とその所有それ自体を楽しみとすることを意味している。

訳注12　「冗長性」とは，「情報理論で，伝達される情報に含まれる余分な部分の割合。データ通信の際，送信した情報をそのまま正しく受信できるようにするため，本来伝達すべき情報以外にその誤りをチェックするために付加する余分な情報をさす」（出典：『デジタル大辞泉』小学館）。そこで，冗長性を有するシステムとは，ある一つの要求に対して，ただ一つの回答を提供するのではなく，回答の候補となりえる複数の情報を提供するようなシステムを指している。

2章　個人的無知　　109

3章　図書館
Library

3.1　図書館の利用

他者による間接的利用がもたらす利益

　図書館を決して利用しない人たちであっても，大規模で豊富な蔵書をもつ図書館を自分や他者に利用できることを求めているかもしれない。そうした人たちは，他の人たちが図書館を利用することで，自分たちも利益が得られると思っているであろう。また，ニーズが生じないことを希望しながらも，ニーズが生じた場合には，図書館が利用できることは自分にとって重要であると考えているかもしれない。私は，他者が受けた教育から利益を得ており，また，利用する必要がないことを願う病院が利用できることからも利益を得ている。ゆえに，より公的な教育を私自身が引き受ける提案をしなくても，また，病院のサービスを試みに利用する必要がないことを願っていなくても，他者の教育や病院の維持を当然ながら奨励するのである。図書館というものが，サービスを利用する人たちだけに利益を与えるサービスを提供していると考えるのであれば，ある特定の人の図書館利用がもたらすであろう「余剰の」利益を他者に与えることが忘れられていることになる[1]。もし，図書館というものを，即時的な楽しみのために求められるものだけを提供していると考えるのであれば，利用したいサービスがありながら，利用機会のないサービスがあることが忘れられていることになる[2]。もし，図書館のすべての価値が図書館を利用する人たちに生じるのであれば，相対的に成人のごく少数が図書館を大いに利用しているという理由から，図書館は成人の多くにとって関心の対象ではない，と結論付けられるであろう[3]。しかし，その結論は誤りである。なぜなら，図書館を利用していない人は，たとえ図書館へのニーズがないときであっても，図書館へのニーズがある場合には図書館を利用できるということから利益を得ており，また，他者の図書館利用からも間接的に利益を得ているからである。そのようなオプション価値や，余剰の利益の程度をどのように算出すべきかということは，厚生経済学にとって格好の問題である。そのような価値や利益があることが，単純な考察から結論として導かれるであろう。

個人にとって満足すべき図書館利用状況

これまで述べてきたことから，他者の図書館利用によって個人に生じる間接的な利益がどのようなものであれ，個人の情報収集の維持は，ある種の直接的な利益，すなわち特別な探索によって受け取る利益を獲得する必要性を回避する試みとして，ある程度解釈することが可能である。前章で提示した個人の情報収集行動モデルの理論を考慮するならば，個人にとって最も満足ゆく状況は，通常の確立されたチャネル以外の情報探索の機会がない状況である。関心の領域において最も満足すべき状況は，これまでの教育が将来の利用のために十分な基礎を提供する状況である。また，通常の最新の情報源が意思決定のために相対的に十分な基礎を提供できるように，準備的な情報供給と助言のシステムを情報源のなかに重要な要素として取り入れながら，教育によって得られた知識の基礎を修正する状況が，最も満足すべき状況である。興味のパターンについても，同様の状況を描写することができる。すなわち，そのような満足すべき状況が存在するとき，情報と助言の資源に関する確立されたパターン以外に，新たな情報資源や助言を探索する機会はない。特定の問題を解決するために生じる新たな情報源の探索へのニーズは，その人の情報システムがうまくいっていないことの表れである。人は，探索の機会を喜んで受け入れるわけでは決してなく，そのような機会はまったく欲していないのである。利用可能な図書館資源が小規模であれば，人は積極的に図書館資源を拡大させようとするかもしれない。しかし，図書館蔵書の探索の機会をなくすために，人は自分自身の情報システムを改善しようと試みる場合もある。図書館サービスの熱心な支援者は，完全なる一貫性を保持しつつ，図書館における探索の熱心な回避者となりえるのである。

情報源の探索と情報源のコピーの探索

以上のことは，人は図書館の利用を避けたいと思っていることを意味してはいない。すべての図書館利用が探索に関わるわけではない。この点については明確にし，強調しておかなければならない。図書館にやって来る人たちは，著者や書名のような，特定の書誌的記述が既にわかっている文献を求めているかもしれない[4]。あるいは，一定の種類の文献，すなわち，ある一定の種類の情報が得られる文献を求めているが，特定の文献が想定されているわけではないかもしれない[訳注1]。私たちが探索と呼ぶものに関わるのは，後者の場合だけである。前者は求める文献［の書誌的事項］を特定し，知っている。後者はそうではない。前者は情報源を探してはおらず，情報源［の書誌的事項］を把握しているのである。前者はすでに把握している情報源のコピーを単に探しているだけである。それに対して，後者は情報源を探しているのである。それは私たちが探索と呼んでいるものである。

地域の図書館資源の顕在的優位性

　かなりの程度で，地域の図書館，すなわち地域社会にサービスを提供する図書館は，その都市の住民，学校の職員や生徒，専門機関や民間企業の職員にサービスを提供する図書館である。地域の図書館は単に場所としてサービスを提供しており，図書館内で，すでに［書誌的事項が］わかっている文献のコピーが参照され，借りられるのである。図書館において，よく知られており通常の準備的な情報供給源の一部である大規模なレファレンス資料を調べることがある。しかし，それらのレファレンス資料は，個人の蔵書に追加するには，あまりにも量が多く，高価なものである。図書館では，私たちは通常の情報供給の一部を構成する定期刊行物を調べる。定期刊行物を定期購読することもできるが，そのためのコストや限界効用^{訳注2}を理由に，定期購読することはない。図書館では，私たちは通常の情報チャネルをとおして知った図書のコピーを手に入れる。図書館を利用しないのであれば，書店で購入する，出版社に注文する，あるいは友人や同僚から借りる，ということもできるだろう。同じ文献の入手先として，図書館が他の情報源［書店等］よりも選好されるとすれば，その理由は，地域の図書館にその文献を提供してもらうほうが，速く，簡単であり，費用も安くて済むからであり，また，記憶と同様，蓄積のためのスペースに必要な投資が少なくて済むからである。図書館で文献を利用する多くの人たちは，多くの学者や専門職がそうであるように，個人的利用のために購入する人よりも多くの文献を利用するであろう。また，そうした人たちは，地域の図書館が提供しないならば，まったく利用されないような文献に対して，わずかではあるがニーズをもつであろう。同じことが，広範囲にわたる文献の利用者ではない人たちにも，さまざまな程度であてはまる。そうした利用者は，レファレンス資料が地域の図書館で提供されているならば，調べることもあり，レファレンス資料がもし地域の図書館で提供されていなければ，レファレンス資料を調べることはまったくないであろう。ここで今，話しているのは，個人が事前に特定の知識をもっている文献，すなわち，［その書誌的事項を］知っている特定の情報源であることを，思い起こすべきである。地域の図書館が，ある人にニーズが生じた場合に調べられるように，その人があらかじめ準備している情報供給の中に現れる情報源のコピーを所蔵している限り，図書館はその情報源が実際に調べられる頻度に関わりなく，利益をもたらす。ある人があらかじめ準備している情報について知っているとき，その情報は，新たな問題に出会い，それに対処するためにその人が有している準備状態を表しており，その人の世界に関する「潜在的な知識」^{訳注3}の重要な部分を占めるものである。同様に，地域社会による文献の提供がより重要になればなるほど，人が維持したい情報供給の準備の範囲も広くなる。同じことは，人が定期的に調べる情報源のリストの一部である出版物について，地域社会が

供給することにもあてはまる。地域社会によるその供給が重要になればなるほど，そのリストもより詳細なものになる。満足できる情報入手を維持するために，定期的に24種類の雑誌と3種類の抄録サービスを調べる必要があるとしよう。そうしたとき，個人的に容易に定期購読できる一つないし二つの雑誌を使ってできることに比べれば，地域の図書館の重要性は計り知れないのである。

地域の図書館資源の潜在的効用

そこで，たとえ個人の情報システムが満足いくように機能し，他の情報源の探索機会がないとしても，私は広範囲に図書館を利用するかもしれない。また，個人的に図書館を利用する必要がないときでさえ，ニーズがある場合に利用可能な情報源として，個人向けに準備された情報源を図書館が所蔵することにより，利益が得られるかもしれない。しかし，ある人にとって既知文献のコピーが提供されても，その人の情報システムに関して，その人が気づいてない欠陥が修復されることはない。この点については，達成可能な目標では決してないものを想像することにより，もっと強調することができる。その想像とは，利用者が図書館に足を踏み入れる必要がなく，求めに応じた図書館による利用者への文献提供である。電話による依頼に基づいて，指定した図書が自分の家の戸口の上り段まで配送を受けることができるのであれば，文献配送システムとしての図書館の機能は明確であるが，単純な配送サービスはサービスへの要求を何ら改善させるものではない。個人にとって何も知らないことを扱っている文献についてはどうであろうか。その個人が知らないことを扱った膨大な蔵書の一部に記録されている知識の蓄積についてはどうであろうか。そうした文献と知識の存在は，どのようにして情報に関する個人の状況を改善するのであろうか。人が新たな情報源を探索しようがしまいが，いかなる規模の図書館でも，その人の情報システムのなかに含まれている情報源よりも有用となる可能性のある情報源を含んでいる。

図書館による情報供給に満足している人たちは，損失をもたらす無知に苦しむかもしれない。その治療は図書館の書架上で利用可能であろう。図書館による情報供給に満足していない人たちは，図書館を新しくより良い情報源を探し求める場として考えてはいないかもしれないが，新しくより良い情報源が図書館にはあるかもしれないのである。図書館で見つけられるものの多くは，損失をもたらす無知に苦しむ多くの人にとって，有意な違いをもたらすと考えられる。また，図書館のもつ知られていないコンテンツは，図書館が所蔵，提供するものなしに，実際に過ごしている多くの人にとって，潜在的効用があると考えることができる。しかし，図書館と図書館サービスの提供をつうじて可能な知識の活用における改善には限界があることも明らかであり，その限界は間もなく明らかになるだろう。その限界について，これから探究しな

ければならない。

効用に基づく情報源の提供のもつ社会的重要性

　ここでは，成人の情報探索行動と図書館および図書館サービスとの関係にのみ関心がある。児童への図書館サービスについては考慮しない。また，情報探索以外の目的での成人による図書館の利用についても考慮しない。さらに，有用な情報，個人の関心との関係において情報の価値，および関心領域における意思決定問題を除くすべての情報探索については考慮しない。これは，確かに思い切った制限ではある。しかし，意思決定や行為への案内としての効果的な情報利用における図書館の役割に関する問いは，図書館の役割について問うべき最も重要な問いである。図書館利用のさまざまな範疇に関する重要性における優先順については避けがたい順序がある。情報源の提供に比べて，娯楽のための読書向けの資料提供の社会的な重要性は小さい。また，情報の効用を目的とした情報の提供に比べ，単に本質的な情報への興味から求める情報提供の社会的重要性は小さい。個人的には，効用よりも，娯楽のほうが重要であると考えるかもしれない。しかし，あらゆる人にとっての娯楽は，あなたにとっての効用よりも重要である，と社会がいかにして決定できるのかを理解するのは難しい。最初に考慮すべきことは有用な情報なのである。

3.2　完全な図書館へのアクセス

　図書館員は，ある人間や地域社会にとって利用可能な文献集合が大きくなればなるほど，知識の利用可能性に関する地域社会の状況はより良くなると，考えがちである。貧弱な図書館しかない地域社会の人びとは，大規模な図書館をもつ地域社会の人びとに比べ，悪い状況にある，ということである。より大きな規模の情報供給を受ける人の状況はより良いものとなり，大規模な図書館は，大規模な情報供給を意味する，ということである。そう考えるのには意味があるに違いないが，その意味とは何であろうか？

完全な図書館とは

　完全な図書館，すなわち，誰もが，出版され，存在する，あらゆる記録のコピーを所蔵する図書館に即座にアクセスできることを想像して，その問いに答えてみよう。この図書館で私たちが自由に使える技術は重要ではなく，未来のいかなる技術も自由に使えるものとしよう。どのような技術の選好を想像しようと，存在するいかなる文献も即座に手に入れることができる（これは，物理的なアクセスがすべての文献に及

114

ぶことを意味する）。いかなる技術的条件を好ましいものとして想定しようとも，モデルとなる従来の図書館の件名標目，たとえば議会図書館の件名標目だけでなく，すべての既存の索引，書誌，抄録誌が提供されているものとしよう。ここで制限を課す。その制限とは，完全な図書館への書誌的アクセスの手段として，現在，存在しないが考えられそうな手段は想定しない，ということである。ゆえに，欲しい文献があるが，実際に存在する書誌的装置を使って欲しいものを発見しなければならない。また，さしあたり図書館や書誌的アクセスの手段を利用するにあたり，人的支援は得られない，と想定しよう。つまり，自分自身で，すべて実行しなければならないものとする。

完全な図書館において取り上げる意思決定問題

　完全な図書館に対峙する場合に取り上げる意思決定の問題について，具体例を使って，明確にしておこう。自家用車を売り，専ら公共交通機関を利用するかどうか，という意思決定を試みているとしよう。この問題は多くの人にとって，現実的で実際におこりえる問題である。この意思決定の状況は，次のような意味で不満であると想定しよう。その意味とは，好ましい選択肢がないこと，選択肢の結果について決して確信がもてないこと，および，こうした状況に伴うさまざまな特徴に対して与えるべき価値や重要性に関して決められないでいる，ということである。たとえば，公共交通機関に依存することは，他者のなすがままに，わが身を任せることであり，それがどれほど不便なものになるのか予測できない。交通ストライキは頻繁に起こりそうなのか？　費用は急激に高騰するのか？　サービスの改善や低下はあるのか？　自家用車をもち続けた場合，燃料費や保険料は許容できないほど増加するのか？　おそらく，ここでは選択肢をあまりにも限定して考えていることになろう。そうであれば，職場に近いところに引っ越すことを考えるべきなのか？　運転してもらうことよりもしろ，自分が運転することで節約される時間がどれほど重要であるかについて見ているのか？

　以上のような問題は，個人的な意思決定の範囲でいえば中心にあたる問題を表しており，生死にかかわる問題ではないが，決して些細なものでもない。これらの問題は中程度の重要性があり，その複雑さも中程度である。すなわち，一つか二つの断片的な事実だけが必要な単純な問題ではなく，統制不能な複雑性をもった解決できない問題というわけでもない。次の条件をふまえて，受容可能な解決策を見出すのに役立つ限りのことをしてきたと，ここでは想定する。その条件とは，当人が知っていること，いつもの助言者が教えてくれること，および，あらかじめ準備し認知している情報源の中で見つけることができること，である。これらの条件に基づいて，受容可能

3章　図書館　　115

な解決策を見出すものとする。そこで，今や，さらなる支援を求めて，完全な図書館に依存することができる，とする。

完全な図書館においてアクセス不可能な文献

　図書館にあるすべての文献は，即座に利用可能ではあるが，そのすべてが当人にとってアクセス可能なものではない。第一に，その図書館の文献の多くは，その人にはわからない言語で書かれており，言語の面でアクセスできない。他の誰かが翻訳しなければ，それらの文献を利用することはない。第二に，その人が理解する言語で書かれている文献でも，そのかなりの部分は，使われている概念のために，アクセスできないものである。書かれている言語は理解できるにもかかわらず，それらの文献は理解できないのである。私の場合，理解できない文献に含まれるのは，物理学と生物学の文献の大部分，技術文献の大部分，および社会科学の文献の中の数学的部分である。他の文献については，不完全ながらも，法律文献と同様，理解することができる。第三に，その人が少なくとも理解できると考えている多くの文献については，ごく少数の文献だけが批判的にアクセス可能である。すなわち，文献の内容を分析し評価する能力があると思っている分野はごく少数にすぎない，ということである。当人の努力では，文献の中で述べられていることをいくら吟味しても，知り得たかどうかを判断することができない。すなわち，正確で信頼できるものと，不正確で信頼できないものを見分けることができない，ということである。少数の領域を除いたいかなる領域についても，本書においてこれまで文献調査として記述してきたことを実行できる能力がその人にはない。大量の文献を前にして，自分自身が安心して公共的知識に関する記述を作成できるとも，公共的知識の記述を提供するレファレンス資料を評価できるとも思っていない。簡単にいえば，大量の文献を前にして，どうすればよいのかわからないのである。

　それゆえ，完全な図書館がその人にとって利用可能であっても，言語，概念，批判という三つのいずれかの意味において，完全な図書館の内容の大部分はアクセスできないのである。その人にとって，完全な図書館の大部分は，ただ邪魔な存在なだけである。完全な図書館があっても，何の利益ももたらさない。なぜなら，完全な図書館の大部分について理解できず，評価もできないからである。残されたものの中で，上記の意味でアクセスできるわずかな文献があっても，その大部分は当人が抱えている問題とは関係しないであろう。その人は，スコットランドの歴史に関する文献の一部について理解し，評価できるかもしれないが，そうした文献は，自家用車を所有し続けるのをやめるべきかどうかという問題には関係ないものである。多少なりとも関係があり，アクセス可能な文献であっても，その多くは，意思決定問題にどのように関

係付けるべきかがわからないために，利用できないものである。公共交通の歴史に関する文献を理解し，評価できると想定したとしても，その人がかかえる問題を検討する文脈の中にそれらの文献を取り入れることができないかもしれない。それゆえ，たとえ完全な図書館にアクセス可能であり，適合している内容があるとしても，利用できないかもしれない。完全な図書館の内容が多少なりともかかえる問題に関係することを知っても，それらの内容を議論の文脈に組み込むことはできないであろう。

完全な図書館における文献探索の問題

　それでも，アクセス可能であり，適合しており，使用できるわずかな文献が残るに違いない。しかし，ここで問題となるのは，どのようにしてそれを探せばよいのか，ということである。その回答は，目録，索引，書誌，抄録誌という書誌的アクセスツールの組織化に依存することになる。そこで，実行できることは何かといえば，それは単純な質問，すなわち意思決定状況を改善するために知るべきものの中で，すでに知られているものは何か，という質問を提示することである。しかし，書誌的アクセスツールは，そのような質問を受け付けないであろう。書誌的アクセスツールは，主題や分野を基礎に組織化されており，主として内容がおおよそ類似している文献をまとめたものである。内容がおおよそ類似している文献であっても，その人にとって個々の文献のもつ効用はきわめて異なるかもしれない。しかも，その効用の面から比較可能な文献の内容は類似していないかもしれない。あくまでも，抱えている問題に関係する文献を求めているのである。アクセスツールは，内容は類似しているが，効用は類似していない文献の集合を指示するものであり，それゆえ，効用のある文献のうち発見できのるはわずかなものにすぎないのである。

　書誌的アクセス可能性という問題がある。図書館は，大きな効用を有する文献を含んでいるであろうが，次のような理由から，それらの文献の探し方がわからないのである。なぜなら，求めているもの［情報要求］に関して提示した概略的な記述内容から特定の文献のリストに変換する方法がわからないからである[訳注4]。求める文献のコピーは図書館の中に所蔵されている。そこで，すべきことは，ただ，［著者名や書名という］名称あるいは［分類］記号によって文献を要求することだけである。書誌的ツールとは，求める文献に関する記述，これに求める文献の著者・書名や分類記号が含まれていない場合であっても，この記述を特定の文献を検索するために必要な記述に変換できる装置を意味する[訳注5]。しかし，書誌的アクセスルーツは，特定のケースにおいて，こうした変換作業を実行する方法を提供してはくれないため，いかなるケースにおいても，書誌的ツールの利用法がわからないことになる。同定できない文献は，書誌的ツールを使ってアクセスできないものである。それらの文献は無きに等

3章　図書館　　117

しいものなのである。アクセスできない文献には，たとえ検索できた文献であっても
その内容を理解し，評価し，利用する方法がわからない文献だけでなく，そもそも探
し方がわからない文献も含まれるのである。

　書誌的ツールを使ってアクセスできない文献は，単にリスト化し，ラベルを付与す
るという作業によってはアクセスできない文献を意味する。文献は，あるラベル（索
引語，分類記号）のもとで，目録や書誌にリストされていることになる。このことは
実際に目録や書誌を利用すればその文献を発見できることを意味しない。リスト化や
ラベル付与は，探しているものの発見を支援するために書誌作成者が用いる方法であ
るが，いかなる特定のケースにおいても，その支援は十分ではない。たとえ，（書誌
作成者の基準によれば）正確にリスト化され，ラベルが付与されていても，また，当
人には探すことができない文献に他者がアクセス可能であっても，その当人が見つけ
ることができない文献は，その人にとっては書誌的ツールを使ってもアクセスできな
い文献である。もし，その人が探している文献を見つけることができるのであれば，
書誌作成者が求める種類の文献にどのようにラベルを付与するかを判断し推測できな
ければならない。自分が探す文献を記述する方法と書誌作成者のラベル付与の方法と
の対応関係について認識し，その対応関係を踏まえた記述内容を設定しなければなら
ない。これは容易なことかもしれない。書誌作成者は，利用者がラベルを付与するの
とまさに同じ方法でラベル付与を適用するかもしれない。これは極めて難しいであろ
う。書誌作成者がリスト化しラベルを付与する作業のまさに基礎にあるものは，利用
者が探しているものを記述する方法とは一致しないであろう。利用者が求める文献の
記述を書誌作成者のラベルに翻訳する単純な方法があるかもしれない。あるいは，翻
訳というよりも置換が必要となるかもしれない。これは，同じこと（翻訳という作
業）を別の言い方をしているのではなく，まったく異なることを述べているのであ
る。

　しかも，実際に，大抵の書誌的ツールが主題や分野を基礎に組織化していることか
ら，先述した情報要求に関する概略的記述という提示した機能的な記述[訳注6]を，文献
を組織化するために使用されてきた主題による記述に置換することが求められるので
ある。しかし，こうした置換作業を進めるうえで秘訣なるものはない。文献のアクセ
ス可能性を高める指導を受け，実践を積むことで，多少なりとも置換作業を学習する
ことができる。すでに指導を受け実践を積んだ利用者であれば相対的に容易にアクセ
ス可能な文献でも，指導を受けず実践したこともない利用者にとっては，無いものも
同然である。たとえ実践を積んだ利用者であっても，有用な資料の多くは相対的にア
クセスできないものであろう。既存の書誌ツールの利用に熟達した利用者は，何らの
効用もないものの多くを見出すものの，効用のあるすべてのものを常に見出すことが

きるわけではない。こうした書誌的ツールの利用に熟達している利用者は少数である。

完全な図書館から得られる利益の限界とその要因

　完全な図書館が提供されたならば，多数の文献が提供されたことになるが，その大部分は，理解不可能であり，評価することもできず，不適合で，役には立たず，書誌的ツールを使ってもアクセスできないものであることから，何らの利益も直接もたらさないものである。すべての意味でアクセス可能であり，要求に適合し，かつ有用な文献は，見つけられなければならないし，時間と労力をかけさえすれば，意思決定問題に有効なものとして取り入れられるようにすべきである。意思決定問題に文献を取り入れる過程で実行すべき第一段階は，利用可能な文献を見つけること，すなわち書誌的探索の段階である。第二段階では，それらの文献は読まれ，分析され，評価されなければならない。これは文献調査の段階である。第三段階では，それらの文献は意思決定問題に適用されなければならいない。これは適用の段階である。これらの三つの段階は，程度の差こそあれ，さまざまな困難が伴うであろう。たとえば，有用な資料の書誌データを同定する作業はすでに利用者のために行われているとしても，分析，評価，適用の作業が残されており，その作業は困難を伴うものとなろう。第二段階［文献調査段階］の作業は必要ないという理由だけで，その作業を避けるかもしれない。読んで理解につとめるための時間と労力を避けることはできないが，読んだものの妥当性については問うことさえしないかもしれない。集められた文献の中に含まれているものは何であれ，すでに知られていることを表している，と単純に考えてしまうかもしれない。文献に述べられていることに矛盾はまったくないと考えて，あたかも評価に問題は何もないかのように進めることがあるかもしれない。困難さの程度の範囲や時間と労力の程度の範囲には，両極端があり，ただ一つの資料を即座に見つけ，それを妥当なものとして受け入れ，知る必要があることを教えてくれるケースがある。その対極に，長期にわたって文献を探索し，入手された膨大な文献の分析，評価，適用の作業が，数か月または数年にも及ぶケースがある。

　明らかに，完全な図書館から引き出される利益が最大となる範囲は（当人がその利益を引き出せるかどうかは別として），完全な図書館の中で探し，利用するものに依存する。ここでの現実的な例をあげるならば，想定する特定の質問［自家用車の使用をやめ，公共交通機関を利用すべきかどうかという問い］への回答を見つけられないのは，十分に明らかである（もちろん，その回答は正しくないかもしれない）。知りたいことの多くは，単に自分が知らないことである。ただし，ある事実を知らないのは，自分が見出すものの多くを評価する能力が自分にはないためである。知りたいこ

3章　図書館　　119

との多くは，他者のもつ個人的知識であり，公共的知識ではないかもしれない。すなわち，誰かが話してくれたとしても，良い考え方を提供してくれたとしても，誰もその考えを公刊することがなかったならば，その考えは公共的知識とはならないだろう。知りたいことの多くはこれまで公刊されていないために，完全な図書館は，その知りたいことの多くについて出版物の情報をあらかじめ提供できないことになる。情報を求める当人は次の事柄について，あらかじめ知ることはできない。その事柄とは，自分が知りたい事柄について，どの程度知られているのか（ただし，これは誰にでもあてはまる状況ではない。専門家がまさに知り得る種類のことである）[訳注7]，その知られていることのうち公共的知識となっているのはどのくらいなのか，および，公共的知識となるための過程にあるものの中で，出版物となるのはどの程度なのか，ということである。これらの事柄について，知らないにもかかわらず，見つけることができそうなものと，見つけれられそうにないものについて推測しながら，探索という作業を実行するかどうかを決めなければならないのである。

探索の実行に関する意思決定

アクセスができない多様な例をあげてきたが，これらは二つの点で役に立つ。第一に，探索を実行する決定と実行しない決定の説明の考察を理解するうえで役に立つであろう。第二に，意思決定に影響を及ぼし，その意思決定が建設的である確率をあげるように，図書館サービスを変革する方向性を提案するうえで役に立つであろう。第一の点から始めよう。

支援を受けることなく完全な図書館を利用し，情報探索を行うという意思決定は，ほとんどといってよいほど，数多くの選択肢を伴った意思決定となろう。これらの選択肢のいくつかは2章で列挙されたものであるが，本当に包括的な選択肢のリストはより詳細なものになることは確実であろう。探索はほとんど常に避けることができる。すなわち，不満足な意思決定状況の改善を試みる方法には，完全に満足する方法というわけにはいかないが，合理的で選択すべき方法があるからである。選択肢について常に徹底的に熟考されると考えるのは非現実的である。しかし，そのような熟考が行われたならば，図書館での探索を企てない意思決定がいかにして導かれるかを容易に知ることができる。探索によって見つけられる情報がありそうにないと考える人であれば，その場合の意思決定は（その人が向こう見ずではないという仮定のもとで），図書館での探索という作業は行わないという意思決定が下されることになるだろう。また，探索は，重要かつ決定的な情報を明らかにしそうにないと考える人であれば，その意思決定は否定的なものとなろう。すなわち，その人の状況を大いに変化させることがないものをわざわざ探す必要があるのか，ということである。もし，決

定的となる情報が存在するかもしれないが，独力では探すことができそうになく，探索される情報に対して決定的な特徴を認識できそうにはないと考えるのであれば，再び，否定的な意思決定となりそうである。すなわち，見つけることができそうにもない情報を探し，あるいは，その情報を見つけたとしても，その特徴を認識できそうにない情報を探す必要があるのか，ということである。もし，分析，評価，適用という作業が必要な情報でありながら，自分にはその能力が欠けていると考えている人ならば，再び，（たとえば，そうした作業が可能な友人に資料を預けることができないのであれば）否定的な意思決定となろう。

　以上の条件はいずれもきわめて頻繁に成立するに違いない。その結果，探索を企てない意思決定が明確な熟慮に基づいていないにせよ，その熟慮によって明確となったことを踏まえ，［探索の必要がない］手元にある資料を使って，実際に否定的な意思決定が説明されることになる。いかなる個人も，以上のことを配慮しつつ，自分自身の期待という側面から決定しなければならないが，いうまでもなく，期待というものは往々にして誤りとなるであろう。何が知られており，図書館において，いかなる知識が利用可能なのかに関して，大雑把な考えのみをもっている人は，潜在的に有用な文献が存在する可能性についてひどく過少評価するであろう。また，図書館を利用しない人は，図書館利用の難しさをあまりにも過大に評価するであろう。しかし，図書館で探索を実行しないとの意思決定をもたらすのは，図書館に対する無知のためであり，図書館についてよく知らないだけである，と考えてはいけない。なぜなら，経験豊富で熟達した図書館利用者は，その経験と学習により，図書館における探索作業のために自分が負担するコストを正確に見積もり，その結果，そのコストに見合うだけの成果が得られる可能性が小さいことを理由に，探索しないとの意思決定を下すからである。大量の文献を使った経験をもつ人に，絶えずその経験を良いものと思い，さらに経験を積もうとする気持ちを起こさせるというのは，真実ではない。それとは逆に，容易でありそうなことと難しそうなことについて正確に把握し，また，成果がありそうか否かに関して正確に把握することにより，不満足な意思決定状況を修復するために図書館利用という方法に対する熱意は，他の方法への熱意に比べて，縮小するかもしれない。図書館には有効な情報が含まれていると確信している人であっても，図書館において有用な情報を発見する試みに反した意思決定がまさしく行われるかもしれないのである。

　そこで，さまざまな根拠に基づくならば，図書館利用に熟達している人も，そうでない人も，完全な図書館において特別な情報探索を実行しない意思決定はしばしば予測可能なものである[5]。しかし，さらに考察すべき事柄がある。それは，探索を実行するかどうかという問題が，大多数の人たちに事実上，起こらないものであり，多く

3章　図書館　　121

の人にとって，探索は，あらかじめ合理的な選択肢として単に除外されている，ということである。なぜなら，どんなに探索がうまくいっても，探索によって得られる文献は，読んで理解する必要があるためである。また，いやになるほど圧倒的多数の人間にとって，読まなければならないものは，利用可能な情報源でも，望ましい情報源ではないのである。しかし，そうした人とは異なり，あまり苦労せずに，きわめて有用な情報源を一つだけ探したい場合に限り，探索に向けて意思決定を行うという人も多い。その一方で，もし，情報抽出における比較と評価の過程で探索しなければならない情報源が一つではなく，5件，10件，あるいは20件という数になると思う人は，探索を実行しないという意思決定を行うであろう。それでも，多数の文献をまとめて活用しなければならないことが予想される場合，探索する用意のある人はごく少数ながら存在するであろう[6]。

探索の準備状態と熱心さの程度

文献という情報源を利用する準備状態に対してある名称を与え，一つの情報源であれば探索するという意思決定とまとめて利用する用意のある情報源の数の点から，その準備状態を測定してみよう。その名称を熱心さ（studiousness）と呼ぼう。ある人が熱心かどうかの程度とは，ある特定の意思決定問題，関心のある領域，あるいは関連する複数の意思決定の場にそれぞれ関係する新たな文献情報の調査にどの程度の時間と労力をささげる用意があるのか，その程度をいう。また，ある人が熱心かどうかの程度は，学習という活動に取り組む用意があるのか，すなわち，ここで関心があるのは，意思決定状況を改善させると期待するものを，文献を使って学習する用意がどの程度あるのか，その程度をいう。人はみな，文献以外の情報源から学習することができるが，ここで関心のあるのは，文献を調査する準備状態である。進んで調査する意思がまったくない人たちは，熱心さの程度がゼロの状態である。一つの情報源だけを調査する用意はあるが，それ以上の情報源を調査する用意がない人たちは，第一段階の程度の熱心さをもっている人たちである。いかなる文献数であれ，複数の文献をまとめて利用する意思のある人たちは，第二段階の程度の熱心さをもつ人たちである。

熱心さの程度がゼロの段階と第一段階にある最初の二つのグループは，いまや，最も興味のある対象であり，特にそのうちの第一段階の人たちにここでは興味がある。熱心さは均等でないかたちで母集団において分布しているわけではない。少数の人たちがきわめて熱心であり，大多数の人たちは第一段階の熱心さの状態にあり，さらに大多数の人たちはゼロの段階の熱心さの状態にある。大多数の人は，自分たちの意思決定状況を変更するために，新たな文献情報の調査には乗り気ではない。そうした人

たちにとって，テキストブックや，ある主題の概略的な説明を求めるという考えが生じる可能性はまったくないのである。一つに凝縮された情報パッケージを探し利用する準備ができていることと，一つ以上の情報パッケージを探し利用する準備ができていることとの間には有意な差があるとあえて示唆することもしない。もし，二つの情報源をまとめて利用し，そのいずれも同じことを私たちに述べているのであれば，第二の情報源は，おそらく，確証度以外に何も付け加えはしない。しかしながら，もし，その二つの情報源が異なることを述べているのであれば，それらの情報源を利用する作業は，その二つの情報源を読んで理解する作業よりも大きいものである。なぜなら，どちらを信じるべきかを比較し，調整し，決定するという作業が追加されるからである。その場合，二つの情報源の利用は，一つの情報源の利用に伴う作業の2倍となる。一方，二つの情報源が同じ情報を提供するならば，その二つの情報源の利用は，一つの情報源から得られるものを得るための方法としては，より費用がかかるものとなる。

　良い地域の図書館と他の文献資料に関する情報源（たとえば，書店）との違いは，図書館は浅薄な興味のために単純な要約を単に提供するのではなく，整理され合成された情報源を提供する点にある。個々の利用者は，その複雑に排列された情報源を使って，いまだ明示的には要約されていないものを独力でつなぎ合わせまとめることができる。大規模な蔵書のもつ誇りは，文献調査のために，広範囲にわたって区分された原資料^{訳注8}の存在にある。しかし，この指摘が正しいとしても，誰も文献調査の機会を進んで受け入れることを考えもしない。それは，文献調査の能力を欠いているからであり，その能力を欠いている場合には，その意思すらもないのである。もし，自分自身の状況に役立つ可能性のあるものを学習するために，多少，退屈な探索を実施後に，必要と考える情報をつなぎ合わせ，まとめなければならないと予想するのであれば，ごく少数の人を除いて，すべての人は，探索は選ばずに，より安易な選択肢を採用するという意思決定を行うであろう。しかも，より安易な選択肢は常に利用可能なのである。

　優れた専門職にとって，障害とは機会である。すなわち，図書館に所蔵されている文献に記述されている知識を有効なものにするうえで障害となるものをあらかじめ経験することで，強靭な心をもち想像力豊かな人間にとっては，克服すべき問題と挑戦すべき課題が明らかになる。知性のある改良者は障害には目をつぶりたいと思っている。見えないものをどのようにして取り除くことができるというのか。そこで，図書館サービスの改善を試みる知性のある人たちはおしなべて，図書館サービスが提供される状況について，感情に影響されない現実的な見方から始めなければならない。これまでの考察をとおして見てきたものから十分に明らかなことは次のとおりである。

3章　図書館　123

それは，完全な図書館が提供するものは，支援を受けない利用者にとって，また，現在利用可能な書誌的アクセス装置を使う限り，どのような人にとっても，抱えている情報問題の理想的な解決にはほど遠い，ということである。想定した条件のもとでは，完全な図書館が，いかなる人の状況においても，望ましくない状況を望ましい状況に変えることはないであろう[7]。

完全な図書館と探索への熱心さの程度

もし，第一段階の熱心さという現象の存在とその重要性を受け入れるのであれば，書誌的ツールのみを使って，完全な図書館よりも優れた図書館機能の提供方法があることは，即座にわかるであろう。もちろん，熱心さがまったくない人たちにとって，いかなる種類の図書館蔵書も探索対象としての価値はない[8]。しかし，第一段階の熱心さをもつ人たちにとって，次のような蔵書は，書誌的ツールをつかって間接的にのみアクセス可能な完全な図書館よりも有利であろう。そのような蔵書とは，言語的，概念的にアクセス可能なすべての蔵書，一般的な知識について信頼できる記述があるものとして認められた蔵書，書誌的ツールによる間接的なアクセスではなく，ブラウジングによる直接アクセス可能なすべての蔵書，特定の種類の意思決定問題や関心に関する調査のために有用な情報源を提供する範囲と特性をそなえた蔵書である。換言すれば，完全な図書館の蔵書が細かく区分されたものは，それ自体が完全な図書館として，直接的な利用にとって価値のあるものとなるだろう[訳注9]。しかも実際に，より細かく区分された蔵書は，より大きく区分された蔵書の中で目立つように分離されているようなことがなければ[訳注10]，より大きく区分された蔵書よりも好ましいであろう。細かく区分された蔵書を構成する資料が乱雑に分散されているような場合は論外である。書誌的ツールによって間接的にアクセス可能な大きな区分の蔵書やブラウジングのために利用できるように大きく区分された蔵書よりも，十分に細かく区分された蔵書は，ブラウジングによって，単一の満足すべき情報源を探索するという要望をかなえることができる点で好ましいであろう。

完全な図書館は，高い程度の熱心さをもつ，ごく少数の人たちにとってのみ，直接的に利点をもちうるであろう。そうではあるが，直接探索が可能なブラウジングが，書誌的ツールによる間接的なアクセスよりも一般的に好まれるアクセス手段である（と思われるのはもっともである）ならば，より細かく分類された蔵書からなる完全な図書館の一部のほうが，完全な図書館全体より望ましいかもしれない[9]。熱心さが第一段階にいる人たちにとって，書誌的ツールによる間接的な蔵書へのアクセスは，蔵書の利用の障害となり，蔵書の利用を抑止することになるであろう。

しかし，書店がフィクションや感動を扱う資料よりも，情報を取り扱う限り，当然

ながら，書店の利用客となるのは第一段階の熱心さをもった人たちである[10]。遺言の書き方，弁護士を使わずに離婚を勝ち取る方法，お金の投資法，家の購入法，これらは単巻の実用的なマニュアルの対象であるが，これらについて教えてくれる情報源は，まさに書店が備えておく情報源であり，真面目ではあるが熱心さの程度が最低の段階にある人たちが求める情報源である。その結果，いやしくも図書館で探索を行う人たちの最大の集団［熱心さの程度が第一段階にある人たち］は，［書店という］最良の選択肢となる情報を有する人たちである。このことは，一般に期待すべきことであるが，それだけでなく，熱心さの分布に関する私たちの仮説を明確に支持するうえで必要なことでもある。

熱心さの分布に関する仮説

熱心さがより均等に分布している，すなわち，熱心さの程度が第二段階にいる人の数とほぼ同じ人数が第一段階と第三段階にもいるとするならば，小売による図書の取引は変則的なものとなろう。しかし，熱心さの程度が第一段階にいる人たちと第二段階以上の段階にいる人たちとの間には明確な裂け目がある，との仮説を立てるならば，その仮説は直ちに理解が得られやすい。前者（第一段階の人たち）は，単巻の実用的なマニュアルの提供が（概ね）利益をもたらすのに十分大きな市場を形成する人たちである。後者（第二段階以上の人たち）は，大学街や，専門職の集中度が高い大都市を除いて，商業上の興味の点ではあまりにも小さすぎる市場を形成する人たちである。図書館が，熱心さが中程度の人たちに提供するものは，書店が提供するものでもある。中程度の熱意さをもつ人たちにとって，図書館が不可欠なのは，［地域社会に］書店がないときに（大抵はそうなのだが）限られている。また，中程度の熱意さをもつ人たちのうち，すすんで図書を購入しないか，できない人たちにとってのみ，図書館は不可決な存在となる。より小規模な地域社会に書店がないのは，私たちが描く不均衡な熱意さの分布と矛盾しない。すなわち，熱意のある人たちは，地域社会の全住民の中に薄く分布している。そのため，たとえば，5,000 人規模の地域社会では，商活動が維持できないため，地域社会からの公的な図書の提供がなければ，地域住民に図書を用意することはできないであろう[11]。

従来の書誌的アクセスルーツをそなえた完全な図書館の利用者のうち支援を受けていない利用者には，私たちが考察しなければならないさらに多くの選択肢がある。相対的に小規模なブラウジング用の蔵書の提供は，情報へのアクセスを可能にする手段の一つに過ぎない。しかし，これまでの検討から，これから議論すべきことに関して重要な示唆が得られる。図書館利用者への人的援助を提供する際の図書館サービスの改善や，新たに改善された書誌的アクセスツールの提供に伴う図書館サービスの改善

は，その成果として，大量の文献や少量の文献の発見をもたらす。その発見された文献は特定の問題への分析，総合，評価をとおして一体的に利用されるに違いない。これらの改善はどれも，全住民のうちのごく少数の人たち向けに取り組まれるものである。図書館員は，さまざまな手段を使って，探索の負担を軽減することができる。図書館員は書誌的ツールを使ったアクセス可能性を高めることができ，また，潜在的に有用な情報を提供する文献に到達するのに必要となる時間や労力を縮減することができる。しかし，全住民の大多数を占める探索に熱意をもたない人たちにとって，どちらかといえば，書誌的ツールを使ったアクセスができないことは，蔵書中の文献探索を抑止するものの一つにすぎず，しかも，抑止させるものの中で最も重要なものでもない。熱心さそのものを欠いていることが，他の何よりも抗しがたい抑止となる。図書館員が，多くの情報源でなくても，簡単に利用可能な情報源にかぎってその所在指示の把握を容易にする方法を見出すことができないのであれば，損失をもたらす無知を縮小する手段としての図書館の有効性を向上させる図書館員の努力は，広範囲にわたる調査研究にすすんで取り組む少数の利用者集団という，n 次の熱心さの段階[訳注11]にある人たちのみに利益をもたらすことになろう。

n 次段階の熱心さを有する人たち

　熱心さが n 次の段階にいる人とは誰なのか。すなわち，一つの問題に関連して，大量の文献をまとめて利用しなければならないことを予測して，大規模な蔵書の探索を実行する用意がある人とは誰なのか。そうした人たちは三つの集団に分類される。第一の集団は，専門の研究従事者であり，知識状態や学問の状態を見極めるために「文献」の探索を実行する人たちである。そのような文献探索は，（刊行物の批判的レビューの作成のように）独立して取り組む学術的課題として，あるいは，オリジナルな研究の遂行に向けた補助的，予備的な調査として，実行される。第二の集団は，弁護士，医師，エンジニア，政策分析家，立法調査員のように，実務を担っている専門職であり，特定の問題に必要となる利用可能な知識を探す専門職である。第三の集団は学生であり，ある一定の文献の集合によって明らかにされている課題を発見するという教育的課題が与えられている人たちである。最初の二つの範疇に分類される人の多くは，探索を研究補助者や，若手の同僚に委任するかもしれない（第三の範疇の人たちは，しばしば，第一の範疇の人たちのために，こうした作業を行う）。広範囲にわたる探索がどんなに頻繁に行われようと，あるいは，まれにしか行われないにせよ，重要な事実は次の点にある。すなわち，広範囲にわたる探索は，ある人たちの職業上の役割の一部として，その人たちが職業上の資格要件の一部である能力を行使して実行するものである（学生の場合，教育の目的の一部として，そうした能力を獲得

することになる）。職業上の役割の一部として探索を行う人たちには，より高次の段階の熱心さが期待される。そうした人たちへの教育訓練のおかげで，［特定の問題に］適合する文献へのアクセスが可能となることが期待される。探索のために必要な時間と労力，および探索後の文献調査とその知見の適用に要する時間と労力は，仕事の一部としてあてられる時間であり，労力である。そうした作業に従事する人たちの職業上の必須の役割は，刊行された文献に関する独立した分析，評価，および応用であり，その役割を担う人たちは大量の文献からなる蔵書の主要な受益者である。その他の人たちが利益を受けるとするならば，その利益はこれらの三つの集団の利用をつうじて間接的に得られるものである。

　以上，述べてきたことは，熱心さが高次の段階にある人たちの間では，広範囲にわたる探索は頻繁に行われることを示唆するものではなく，また，高次の段階の熱心さが，まさに選び抜かれた三つの集団のメンバーの間で共通していることを示唆するものでもない。広範囲にわたる文献探索が，新たな研究活動に固有の準備作業であることが広く受け入れられている一方で，研究者は，じっくりと特定の文献の内容について知識を蓄積していくことから，探索は必要なく，有用でないことを確信することになるだろう[12. 訳注12]。研究従事者は，すでに適合文献に精通していると感じており，また，探索によって見つけるべきものは何もないとしばしば思っている。

　　　多くの分野において，刊行された文献の効用は，研究成果を教師や学生，実践
　　　家に専ら伝えることに限定されるように思われる。その結果，文献は，どちらか
　　　といえば，研究に従事する学者間の伝達のためには利用されないことがしばしば
　　　であろう[13]。

　たとえ，教師や専門職としての実務家が，定期的な読書をつうじて一定量の研究成果に関する最新の情報を得るとしても，自分たちだけで文献調査を行う気持ちにはならず，文献調査の機会を知ろうとはしないであろう[14]。広範囲にわたる探索は，文献調査への欲求とニーズと同様，まれである。しかし，依然として次の点は重要である。すなわち，広範囲にわたる探索が頻繁に実行されることはないとしても，広範囲にわたる探索が職業上，必要となる人たちによって，その探索は主に実行される，ということである。また，そうした人たちには文献調査に関する教育が用意されてきたが，広範囲にわたる探索はその文献調査のために必須の予備調査である，ということである[15]。文献の比較研究や文献調査に従事する能力とその意思がある人たちだけが，利用可能な研究図書館から直接，利益を得るのである[16]。それらの人たちは，大抵は専門職の人たちや学生である。熱心さが中程度の人たちや，研究調査に関する高度な

3章　図書館　　127

スキルを身に付けていない人たちに対して，研究図書館は直接的な利益を提供できない。その利益は，研究図書館蔵書を細分したコレクションでは提供できない利益である。その細分されたコレクションは，優れた書店（きわめて少ないのは確かであるが）によって維持されるコレクションに相当するものである。また，そのコレクションは，あまりにも大規模で，高価であり，頻繁には必要とされないために，多くの個人の蔵書には備えられないレファレンス資料からなるコレクションにも相当するものである。地域社会にとって蔵書の規模が大きくなればなるほど，地域社会の人への情報供給がより良いものとなり，その結果，人びとの状況も良くなるのが真実であるならば，それは広範囲にわたる情報資源が地域社会の多くの人にとって直接的な利益となるからではない。むしろ，広範囲にわたる情報資源を利用できる能力をもち，すすんでそれらの情報資源を利用するごく少数の人たちに対して，そうした情報資源の利用機会が提供されていることこそが，地域社会にとって興味ある事柄になるからである。

3.3　情報源としての図書館員

これまで，図書館蔵書について支援を受けない利用のみを考察してきた。しかし，図書館蔵書の利用の際に人びとを支援することは，図書館員の役割のまさに一つである。そこでここでは，提供されている支援と提供の可能性のある支援を取り上げ，その種類と量について考察する。

蔵書の組織化とアクセスツールの作成

蔵書の組織化とアクセスのためのツールを準備する作業には，膨大な労力とスキルが投入されている。この作業は，書誌的作業という便利な言い方を使って記述することができる。その作業が書誌的といえるのは，それが事務的に手順の定まったものではなく，知識や判断にかかわるものであって，書誌の作成や組織化された文献リストの作成と同様，論理的な性格をもつ作業だからである。蔵書の形成と蔵書の内容を列挙することとは原理上異なる。モデルとなる図書館，たとえば，公共図書館，大学図書館の目録を作成してきた図書館員は，新しい図書館蔵書を構築する仕事に従事している図書館員が実行すべきことを遂行している。モデルとなる目録に列挙される文献のコピーの調達，調達された文献の装備と処理，貸出，修復，排架作業は，図書館内のアシスタントや外部の業者に（最も小規模な図書館を除いて）しばしば委託される。蔵書の内容を見極めること，潜在的利用者が文献を発見できる方法を定めること，文献を物理的に排列する方法や補助的なアクセスツールを決めること，これらは

いずれも図書館員の業務であり，書誌作成業務に類似するものである。これらの作業は準備的なものであり，その作業が行われなければ，図書館は利用できないただの文献の山となる。

書誌的支援とその程度

　準備作業後に，利用者に提供される支援は三つの範疇に分類される。書誌的支援，質問回答，資料選択支援である[17]。このうちの最初の支援から始めよう。図書館員は，目録，索引，書誌からなる書誌的アクセスツールの利用について案内を行う。その案内は公式な場合もあるが，通常は非公式に提供されるものである。その程度はさまざまであるが，図書館員もまた，図書館利用者に代わって，それらの書誌的アクセスツールを利用する。また，図書館員は，書誌を作成し，さらに一歩進んで，文献を集め整理し，利用者向けの書誌も作成する。こうした個々の利用者向けの書誌的作業は，高度な専門性をもった利用者に限定してサービスを提供する専門図書館においてのみ，かなりの規模で行われている。公共図書館や大学図書館では，書誌的アクセスツールの利用に関して，わずかな案内や助言のみの提供しか期待できない。書誌的探索[訳注13]は，時間を要する作業であり，いかなる図書館利用者に対しても，サービスにあてられる時間は一般に少ない。目録や他の書誌的ツールを使って提供される支援の量は，図書館により異なり，また，図書館員によっても異なる。一般に，図書館員は，利用者から問い合わせを受けたならば，それに対して支援を提供する準備はできている。それでも，図書館利用者には，自ら進んで欲しいものを見つけることが期待されている。実際に，利用者も自分で探索するほうを好むと考えられる。

　しかし，ある支援に限っては図書館員によって提供される。それは次のような支援である。すなわち，図書館利用者が一般的な問題を抱えており，その問題を解決するのに有用となる文献にどのようなものがあるかを知りたいと思うような場合である。こうした場合には，利用者自ら探索するよりも，図書館員による支援が有効である。その支援とは，図書館利用者に書架の該当する区分を指示すること，書誌を提示すること，目録を指示することである。こうしたケースではほぼ，利用者に時間をかけてその問題に関して特別に作成した書誌を提供することはない。そのほとんどは，その問題に関して知られている内容［文献に記述されている内容］を要約して利用者に提供するが，特別に作成した報告書を利用者に提供するようなことはしない。利用者に報告書を提供するほどの人的援助は，きわめて特別な状況を除いて提供されることはない。また，その種の援助は，慎重に選抜された利用者に対して，高度な専門性を有する図書館に限って提供される。現在，組織され，職員が配置されている一般的な公共図書館や大学図書館は，利用者のためにその種の援助のための探索を実行する用意

3章　図書館　129

はない。その種の援助が必要な問題を受け入れ、その問題の解決の支援につながる情報を含んだ文献のリストや文献を集めて提供する用意もない。

探索に対する熱心さの程度と書誌的サービス

しかし、大抵の人は、[探索に対する]熱心さの程度は低いと想定することが適切である。そうだとすれば、専門の研究従事者に専門性の高いサービスを提供する図書館以外の図書館員は、個々の利用者に対して個別に書誌的サービス[訳注14]を提供することはない。なぜなら、利用者から書誌的サービスは求められていないからである。その種のサービスは、熱心さの程度がゼロの人たちには求められていないのである。なぜなら、それらの人たちは文献をまったく求めてはいないからである。同様に、熱心さの程度が第一段階の人たちにも、人的な書誌サービスは求められていない。なぜなら、それらの人たちは、複数の文献をまとめて利用し、比較、分析、評価するために必要となる文献を求めてないからである。書誌は、推奨される情報源を選択する手段であって、ある情報源を選択する手段としてのみ利用されるものだからである。

専門職に就いている利用者は、広範囲にわたる「要求」をもっており、その要求に対応した書誌を必要とする。そのため、その種の利用者には、書誌作成に必要となる探索は不可避であるが、その探索を委任できる機関があり、その機関において専ら書誌が作成される。以上のことは、次の条件が成り立つならば、熱心さの程度が高い人たちはまれであり、文献の利用は専門職に従事している利用者に見られる、という仮説を確証させるものとなる[18]。その条件とは、実際に個々の利用者向けの書誌の作成は、一般的な目的をもった図書館[訳注15]の利用者には求められていない、ということである。

質問回答サービス

図書館利用者への第二の種類の支援は、質問回答に関する支援である。質問回答支援とは、求められている情報を抽出できる情報源を見つける際に行われる書誌的支援ではなく、情報そのものを直接提供するような支援である。そのような業務の大半は、「レディ・レファレンス（ready-reference）」業務である。この業務は、特定の事実に関する質問に対して簡潔な回答を提供することであり、その回答は標準的なレファレンス資料を利用して発見されるものである。この業務は、50年前のワイヤー（Wyer）の以下の記述にある「事実探索」にあたる。

　　事実探索業務は、その目標が特定され、明確に述べられたもので、回答として、名称、日時、タイトル、統計、事実や図表以外には何も求められていない場

合に実行される業務である。その業務が扱う質問は，即座にかつ的確に回答できると考えられるものであり，その回答は通常一つの図書の，それも1，2ページから得られることがしばしばである。・・・十中八九，最も有用な数点のレファレンスブックのうちの一つから回答が得られるような業務である[19]。

　図書館員は，直接的な回答が標準的な情報源で発見できる場合に限り，質問への回答を引き受けるのである。すなわち，図書館員は次のような業務は引き受けない。その業務とは，計算，分析，情報源の分析と批評，評価，解釈，推論，統合，特定の問題に対する情報の適用に関わる業務である。実際に，推奨される実践は，情報源から引用し，その引用元の情報源を同定することによって回答することである。同定されていない情報源を提示することや，自分自身の知識を使って回答することは，専門職としての標準的な実践ではない。専門職としての一般的な実践は，標準的でない情報源の利用を排除するものではないが，可能な範囲で比較的少数の標準的なレファレンス資料の利用に専ら依存して行われる。最近まで，図書館の質問回答業務は，レファレンス担当図書館員にも，利用者にも，ほぼ常にうまく行われていると考えられてきた[20]。しかし，同じ質問を複数の異なる図書館に問い合わせた実験によれば，提供された情報は利用可能な最良の情報でないことが明らかにされている[21]。ワイヤーは，次のような問いを「思考質問」として，1930年に提示している。その問いとは，"利用者はどのようにして，自分の主題に関して最良かつ最新の情報を得たと感じることができる"というものであり，ワイヤーはこの問いに回答を示してはいない[22]。実際に，利用者は自分の主題に関して最良かつ最新の情報を定期的に得ていないように思われる。このことは，大抵の質問が少数の標準的なレファレンス資料を使って回答されているという証拠に照らせば，何も驚くべきことでない。なぜなら，標準的なレファレンス資料は，公共的知識に関して，時宜を逸した，多少なりとも不完全な記述からなるためである。

レファレンス資料と公共的知識

　図書館員が専ら強調するのは次の点である。すなわち，標準的なレファレンス資料から見つけ出される情報は，文献調査に基づいて，場合によっては文献調査が必要ないとの主張を正当化する知識に基づいて，当該主題に関する最良かつ最新の情報を表している，ということである。しかし，図書利用者によって提示され，図書館において受け付けた質問が関係するすべての分野において，図書館員は文献調査能力をもっていると一般に主張することはない。図書館員はそうした能力をもってはいない。標準的なレファレンス資料の中で示されているものが，そのレファレンス資料が作成さ

3章　図書館　131

れた時点での公共的知識の状態を表していなければならないとする判断が，一般に承認されているわけではない。また，標準的なレファレンス資料が公共的知識を正確に表しているかどうかは明らかではない。アメリカ図書館協会（American Library Association，以下 ALA）が刊行したある図書の中に，次のような注目すべき指摘が含まれている。"質問の中には困惑させる問題をもった質問がある。それは正しい回答が見つかったと主張することである"という指摘である。その ALA が刊行した図書の著者の見方は，"図書館員の主な寄与は，情報を批評することではなく，情報を発見することである"というものである。この見方は，図書館員の仕事は回答を見つけることであり，正しい回答と誤った回答を識別することでなく，また，情報と誤った情報を識別することでもない，という奇異な言い回しである。異なる情報源の中で見つけられた回答が矛盾している場合，その著者は次のように指摘している。"最終的な分析において，正しいかどうかの決定は，専門家によって行われる必要があるだろうが，図書館員はさまざまな典拠資料により，また，これまで気づかれなかった情報源をも参照することで，比較のための資料を揃えることで役に立つことができる"[23]。これは，実際に当然のこととして試みられるものではない。レファレンス担当図書館員は，定型的な業務として，ある質問に対しさまざまな回答を探すことはなく，お気に入りの標準的なレファレンス資料から，ただ一つの回答を提示する。もちろん，図書館員は，一般に信頼できると考えている複数の情報源を調べはするが，その回答の正確さについて，自分自身の知識だけに基づき，また特定のケースにおいては情報源の正確性について独自に行われる検証に依拠して，その回答の正確さを保証することまでは請け負わない。図書館員は，次のように指摘する立場にはなく，また，そう指摘する立場に依拠することもない。その指摘とは，「これこれの情報源に示された回答がこれです。私が行った調査に基づけば，この回答は正しかったと，そして，今なお正しいと信じるだけのあらゆる理由があります」というものである。図書館員は，ある情報源ではこれこれの回答が示されている，というありのままの報告を付け加えるようなことはしない。ワイヤーは，"図書の中に見出される言明の真偽を決定するのは，レファレンス担当図書館員の仕事では決してない"[24]と指摘している。すなわち，ここでの用語でいえば，レファレンス担当図書館員は，自分自身の判断に基づいて，これが知られていることです，と述べることは，自分たちの仕事では決してない，ということである。

レファレンスサービスの二つの方法と事実に関する質問

　その結果，大抵の図書館員が提供するレファレンスサービスは，極端なまでに，次の二つのやり方に限定される。第一に，レファレンスサービスは特定の事実に関する

質問にほぼ限られるということである。第二に、回答提供サービスは、標準的なレファレンス資料に含まれているものを評価することなく、ただ報告することに限定されるということである。特定のレファレンス資料を信頼するための独自の根拠をもっている利用者は、他の誰かに自分に代わって、その特定の情報源を利用し回答を提供してもらうことで満足するであろう。また、受け取った回答の正確さについて過度に気にかけることがない利用者は、特定の事実に関する質問に回答できる一般的な情報があることで満足するであろう。しかし、図書館員は回答として提供する情報の正確さを保証する立場になく、また情報の正確さについて個人としての責任を負わないとしよう。その場合、次のような利用者は、その図書館員によって提供される情報サービスの価値について、懐疑的になることが予想される。その利用者とは、標準的なレファレンス資料の種類についてよく知らず、回答の正確さに関心のある利用者である。

　特定の事実に関する質問に対しても、効用の面で大いなる制限がある。目録や書誌が収録している文献が主題によって組織化されている場合、利用者が提示した機能的質問^{訳注 16} は、その質問の主題を表現した検索語に翻訳されなければならない。そこで、この、特定の事実に関する質問への回答を得るために、主題を表現した検索語に翻訳しなければならないというレファレンスサービスのもつ制約は翻訳作業と似た負荷をもたらすことになる。意思決定問題をかかえた利用者は、［図書館員からは］実際に次のように語られる存在である。すなわち、あなたが求めている事実を正確に話してください。そうすれば、私［図書館員］はあなたのためにその事実を見つけますので、と。

　しかし、不満足な意思決定状況の改善への支援を求めている人は、自分がどのような事実を欲しているのかまったくわからないか、どのような事実が有効なのかがわからないか、のいずれかである^{訳注 17}。利用者は、私たち［図書館員］に、これまで考えてもみなかった別の選択肢となる行動がありえるかどうか知りたいのです、と述べたとしよう。この利用者の要求は、標準的なレファレンス資料で回答が見つけられるような特定の事実に関する質問とはみなされないであろう。おそらく、その利用者は、選択肢となる行動やその行動を選択した場合の成果から、どれが望ましい選択肢かを明確にするのに有効な情報を求めているのである。このような要求は事実に関する質問ではない。また、別の利用者は、ある一連の行動に従ったとき、広範囲にわたる結果がどのようなものになるかを知りたいと述べたとする。この要求もまた、特定の事実に関する質問ではない。レファレンスデスクで利用者が提示する質問は、利用者が真に欲しているものを示してはおらず、利用者の真の興味が明らかになるまでには、繊細な質問応答が必要である。この認識はかねてから図書館員がもっている知恵の一

3 章　図書館　　133

部である[25]。しかし，利用者はしばしば求めているものを明確に述べることができない。それにもかかわらず，利用者は受理可能な特定の事実に関する質問を念頭においており，それを秘匿しているのだ，と図書館員は誤って考えてしまい，困惑を募らせることになろう。図書館員は回答する用意のある唯一の種類の質問を探し求めているのである[26]。図書館のレファレンスサービスは，ひどく限定された，応答不能な情報サービスであり，［利用者から］評価されることのない，ごく表層的な「事実」を提供するサービスなのである。

専門職としての図書館員とレファレンスサービス

こうしたレファレンスサービスの見方は厳しいように思われるであろう。しかし，図書館のレファレンスサービスを入念に見ていけば，図書館員には自己満足すべき根拠がないことがうかがえる。専門職の判断は個人的な責任を前提としている点に特徴がある。専門職としての判断が結果として良いものになる場合もあり，悪いものになる場合もあろうが，その判断はその専門職がくだすその専門織自身の判断である。求められているのもそうした専門職の判断である。しかし，レファレンス担当図書館員は，個人的な判断を避けようとする。レファレンス担当図書館員は，「あなたが提示した質問への回答について最良の判断をしています。私は提示する回答を支持していますが，もし正しくない場合には，責めを負います」との内容を示唆するようないかなる指摘も避けている。責任の回避は専門職主義の回避を意味している。それゆえ，図書館のレファレンスサービスは，一般的にみて，専門職のサービスではないことになる[27]。それでは，レファレンスサービスはどのようなものになりえるのか。いかなることを基礎に，通常の量の一般教育と専門教育だけしか受けていない図書館員が，自分自身で判断を下すことを引き受け，他の誰もが図書館員の判断に価値を付与することを期待するというのか。図書館員は，もし，標準的なレファレンス資料の中にある回答に似たものを，言語と形式をもとに[訳注18]，見つけ出すのであれば，たとえ質問や回答を理解してなくても，質問への回答を提供することになろう。なおそのうえ，このように質問や回答の内容の理解が必要ない作業では，いかなる個人的な責任が主張されることもないのである。

資料選択支援

図書館員が提供する最後の種類の人的支援は，蔵書の中から，特定の資料を選択する際の支援であり，「読書支援サービス（reader's advisory service）」と呼ばれている，あるいは，かつてそう呼ばれていたものである。情報探索に関する限り，そのような支援は，レディ・レファレンスや簡単な回答を求める情報サービスとまさに等価

のサービスとなる。簡単な回答を求める質問は，情報源から直接引用して回答される。詳細な回答を求める質問は，分量の多い文献（図書，雑誌記事，それらの文献を指示するレファレンス資料）を使って回答される。ある通りの所番地が求められているならば，ディレクトリを利用してその情報を提供することになる。フランス革命について知りたい人であれば，1点の図書か多数の図書を提示し提供することになる（後者のほうが，前者よりも一般的であることに疑う余地はない）。図書館員は，ごく少数の情報が含まれている情報源を推薦する用意は多少なりともあるが，自分たちの役割を情報源の推薦ではなく，回答を見出すことと考えている。実際に，図書館員は，詳細な内容を含む文献を推薦する用意があるわけではなく，多数の文献を利用者に提示し，その中からどの文献を選択すればよいかについては，利用者に委ねることを優先するのである[28]。こうした図書館員の取組みを理解するのは決して難しくはない。図書館員は，一般に読書に関して個人的な推薦はできないし，それを図書館員に期待することもできない。図書館員は，可能なすべての主題に関して，公共的知識に関する正確な記述がどこで見出されるべきなのかを語ることはできないし，語ることを期待されてもいない。図書館員にできることは，他者による推薦，すなわち，レビュー，推薦される読書資料のリスト，標準的な著作物のリストを作成することである。図書館員が言えることは，書店のアシスタントのように，どのタイトルの図書が大変人気があるのか，よくレビューされている図書はどれか，学術的に良い評価を受けている図書はどれか，ということである。改めていうが，図書館員は，著作の正確さや信頼性に関して独自に判断することを避けるのである。図書館員は，他者の見方を紹介し，利用者に集められた文献を提供し，それらの文献からどの文献を選択するかの決定は利用者に委ねるのである。通常，図書館員は独自に判断する根拠をもってはおらず，それゆえ，特定の著作の推薦が図書館サービスの比較的小さな部分を占めるのは，理解できるのである。

図書の論理的機能

　ここで，情報や質問回答の側面から「図書の論理的機能」と呼ばれるものについて詳しく述べる価値がある。図書が書かれた目的は何であれ，情報サービスにおいて図書が利用されるのは，図書が質問に対して既に準備された回答から構成されているからである。繰り返される質問ではあるが，予測できない質問には，その都度，その質問に応じた情報源に依拠して，回答される。たとえば，相対性理論やアメリカ人の読書習慣について，研究文献から始まり，新たに作成される言説に至る情報源が質問に回答するための基礎になる[訳注19]。しかし，研究文献から新たな言説に至る情報源に依拠するという行動パターンは，不合理であり，遅々としたものとなり，時間を浪費さ

3章　図書館　135

せるものであろう。あらかじめ，探究に関する説明を作成するか，または，さまざまな種類の高度化と興味に応じた多様な説明を作成することが，合理的なプランである。もし，図書という装置が存在しなかったならば，そうした装置は発明されなければならないであろう。しかし，印刷された図書という物理的形態は本質的なものではない。ある種の研究はあらかじめ，特定のニーズに関して行われ，要求に応じて研究成果の提示が可能な様式で蓄積されてきたことは事実である。多くの種類の説明にとって，二次元の視覚的表示は印刷された図書よりも優れており，三次元の表示は二次元の表示と同様の効用をもつであろう。形態にかかわらず，［レファレンスサービスに使用される］図書の内容は，事前に［質問提示される時点より前に］作成されたものであるという単純な事実は，通常の文献とは異なるレファレンス・コレクションの維持管理を説明するうえで重要であり，通常の文献からなるコレクションの維持管理を説明するうえでも重要である。図書館において図書を収集することとは，とりわけ，探究への回答としてすでに定式化されたものを収集することであり，その回答は今後，利用者に受容されることになる。

　レディ・レファレンスサービスであれ，情報への要求をみたす文献の推薦サービスであれ，図書館が自律的に情報サービスを提供しているとはいえない。自律的な情報サービスを提供するためには，図書館員は他者が述べていることを報告するだけでなく，それ以上のことを行う立場になければならないであろう。すなわち，図書館員は特定の質問に関する公共的知識状態は何かを，自分の責任で述べる立場にいる必要があろう。もちろん，誰でも質問に答えることは可能ではある。いやしくも，誰もが命令調の言い方をすることができる。しかし，誰もが，他者から耳を傾けられ，相談を受けるに値する人物というわけではない。文献コレクションに依拠して，情報サービスを提供すると正式に主張することができる条件は，1章で述べたとおりである。回答が属する領域の文献調査ができる能力が，少なくとも分析の段階において必要である。公共的知識を自分の力で表現し構築できない人は誰であっても，別の人のもつ公共的知識が信頼できるか，できないかの確証を願うことはできないであろう。これまで述べてきたように，人は誰でも，研究能力の点で，また，自身の視界からはずれている分野に関して有している知識の点で，その人の説明は十分なものとはなりえない，ということもまた事実である。ある知識に関する記述を構築するために必要なことを実行できる能力をもたない人が，その知識に関する記述が正確であると判断しても，その記述が正確であるとの保証はない。

レフェラルサービス

　図書館員［のサービス］は，情報を求める利用者に対して文献を指示する（refer）

ことである。また図書館員は，情報を求める利用者に他者を紹介する，あるいは他者を照会先として指示することもでき，現にそうする場合がある。図書館員は印刷メディアの情報源に関するディレクトリをもっており，同様に人的情報源に関するディレクトリ[訳注20]をもっている。図書館員は情報が得られる文献情報源を提供する代わりに，助言や支援が得られる機関や個人を利用者に紹介する，あるいは，そうした機関や個人を照会先として指示することもできる。このサービスは，特に職業上の構造や助言や支援を準備している機関について十分に理解していない人たちにとって，価値のあるサービスである。おそらく，そのような情報へのニーズをもっている人の大部分は，図書館のレフェラルサービスについてほとんど知らないであろうし，利用することもないであろう。広報活動により，困難の一部は少なくとも克服されるであろうが，さらに大きな困難が存在する。ディレクトリ・サービスの効用は，案内・紹介（照会）の対象となる多数の独立した情報源［機関・個人］に対する信頼性の重み付けがなされた推薦を行う能力に依存している。ある個人的な情報源を照会先として示すように求められたならば，任意の情報源ではなく，最良の，少なくとも良い情報源が照会先として回答されることが期待されるであろう。たとえば，医者や弁護士のリストが欲しいならば，電話帳を使って探せばよいのである。どれが良い医者や弁護士なのかを教えてもらいたいのである。たとえ，ある種の情報については，一つの機関や一個人の情報源しかない場合であっても，それが少しでも良いのか，あるいは，それは避けた方が良いのかどうかを知りたいのである。しかし，この種の助言は，出版物を使って図書館が提供するものではないのである[29, 訳注21]。

　レフェラルサービスは中立的であり，批判的サービスではない。そのようなサービスは価値がないわけではないが，電話帳のもつ価値と同じである。人は誰でも，自分でディレクトリをもっていない場合，それを図書館が提供してくれるのは良いことである。だが，その中のどれを選択すれば良いのか，という問題が残り，この点に関しては，図書館から助言は得られないのである。

図書館の規模と図書館員による情報サービス

　これまで述べてきたことの多くは，特定の図書館員にとって公平性を欠いていることは明らかであり，多くの専門図書館で提供されている情報サービスにはあてはまらない。多くの図書館員は学者や科学者のように高度な資質を備えた人たちであり，自分たちが提供する情報の健全性に対して個人的な責任を受け入れる用意が十分にある人たちである。しかし，そうした図書館員は少数派である。図書館員の地位に対して与えられる資格要件は，次のような事柄に関する図書館員の自律的な判断能力を何ら約束するものではない。その事柄とは，質問に対して提供される回答の状態に関する

3章　図書館　　137

こと，利用者から提示されたニーズに対して推奨される文献に関することである。特に小規模な図書館では，利用者は，図書館員が正確な情報源として信頼できる程度について，時間の経過とともに，正確に評価するようになる。大規模な図書館では，同じ図書館員が常に対応するわけではないため，図書館員の信頼性評価が利用できないであろう。

ここで，情報収集行動を取り上げる。人は個人的な情報源のほうを好む傾向がある。小規模な図書館で常に見られる図書館員は，信頼される情報源となるであろうが，その一方で，大規模な図書館で見られる次々と登場する図書館員は，その信頼性が不明であるような単一の情報源である。この大規模な図書館で見られる図書館員という単一の情報源は，表層的で非専門職という情報源である。情報源としての図書館員が表層的であるというのは，図書館員によるサービスがレファレンス資料からの引用に基づいており，「事実」という小さな事柄に限定されているからである。また，情報源としての図書館員が非専門職であるというのは，提供される情報の質に関して，図書館員が個人的に責任を負うことを前提とはしていないからである。

3.4　図書館サービスの理念

次のことについて，すでに確立されていると考えることにしよう。そのこととは，公共的知識の大部分は集積された文献の利用にあたって援助を受けなければアクセスできないということ，利用者の大部分はアクセス可能なものを十分熱心に利用するわけではないこと，［求める文献を］発見するにあたってその一部であれ支援を得ようとは考えないこと，である。また，次のことについて同意することにしよう。そのこととは，現時点で，図書館員が提供する人的サービスは，熱心な利用者の大部分に対しては書誌的サービスに限定されていること，また，人的サービスにおいてあたって限られた範疇の質問に回答する際，標準的なレファレンス資料の利用は［引用という形にとどまる］表層的なものであり，頼りにならないものである，ということである。

機能的情報サービス

さらに，次のように考えることにしよう。そのこととは，書誌的サービスと質問回答サービスのいずれも，特定の問題に関係する公共的知識の状態を見出す種類の機能的情報サービスには至っていない，ということである。以上のことが認められる（少なくとも，それらの主張を否定できない）のであれば，図書館は機能的情報サービスを提供する機関であるとはいえないのではないか。

図書館が新たな種類のサービスを請け負うことはできないとする法則はない。仮

に，現在，レファレンスサービスを担当する図書館員の集団が機能的情報サービスを提供できないとするならば，その種のサービスを担える新たな集団をもてばよいのではないか。著名な図書館の教育者は，"記録資料の社会的効用を最大化すること"が図書館の機能であると述べている[30]。機能的情報サービスは，図書館サービスの企てに適切なかたちで追加されるであろうか。

インテリジェンス・サービスと無知の治療

　機能的サービスの追加という提案は決して新しいものではない。全分野にわたる情報源としての図書館の理念をめぐる最も野心的な声明の一つは，1924 年にウィリアム・S・ラーニド（William S. Learned）が提示した声明である。ラーニドは，次のような情報が得られるような文献の集積と情報担当専門職員からなる，地域社会のインテリジェンス・サービスを提案している。その文献の集積と専門職員から得られる情報とは，"内容の典拠性と提供の迅速性"が保証され，印刷媒体で利用可能で有用な情報である。"インテリジェンス・サービスの目的は，第一に，人びとが情報探索に抱いている嫌気を克服することである。そのうえで，質問をもっている人が最も適切に活用できる形式と，繰り返して利用したいと思わせるような様式で，必要な情報を提供することにより，人びとの興味を維持し支援することである。これは，次のような感性や知識を備えた専門家の業務である。その専門家は，個人的に機転があり，即座に知的な共感や感謝を示し，ある分野の資料に関する完全な知識をもち，正確な思考と眼識を備え，成果を迅速に組織する力をもつような人物である"。

　地域社会における真のインテリジェンス・サービスは，受動的でなく，能動的かつ積極的なものである。"その業務は，回答することだけでなく，できるだけ多くの人が教育的質問をもつように促すことである。また，その業務は，夢を解釈するだけでなく，同時に，多くの人に夢を提供するようなものでなくてはならない"。ラーニドは，情報担当の職員が何をすべきかについて，必ずしも明確にはしていない。はじめに，そうした職員の仕事は，単なる書誌的な仕事であって，次のような出版物の案内を配布することにある。その出版物とは，重要な知識を，「特定のタイプの利用者に合わせて改作したもの」であり，また，"伝達可能な全分野の知識を，効果的な利用という視点から改訂する"一般的な作業の一部として生産されたものである。書誌的な業務は，"こうした文献の大部分は出版者の案内，書評，新着文献をとおして，図書館に伝えられ，書名リストの掲載されることになる。文献を適切に配布する役割を担う図書館や書名リストのようなメディアがない場合には，その出版物は，ほどなくして，大多数の人びとに届くことなく滞り，無用なものとなるのである。その出版物が大多数の人たちに届くまでの間，その文献で回答できるような質問，その出版物が

3 章　図書館　　139

後押しとなり支援となるような大望や係争，その文献によって明らかとなる気づかれ
ていないニーズや機会というものが，人びとの心の中に満ち溢れる。そうした人たち
は満足を得る手段がわからないか，骨の折れる探索にあてる時間がないかのいずれか
である。図書の内容の活用の方法について，知っていたならば賢い人になるはずだ
が，まったく知らないために生じる時間とエネルギーの損失は，すべての見積もりを
超えた膨大なものとなるに違いない"。これは，本書で使う意味での損失をもたらす
無知である。その無知の治療は，地域社会のインテリジェンス・サービスが，要求に
基づくか，あるいは，自律的な取組みとして，有用な情報を含む出版物についてその
書誌的情報を提供することである。しかし，無知の治療には，書誌的情報に関する機
能的再組織化と配布以上のものが意味されているように思われる。少なくとも，出版
物のもつ特定の価値に関する評価が提供されるべきであり，利用可能な知識は新たな
方法で再組織化され，単純化され，提示されるべきである[31]。なお，講演，動画など
に関する議論もあるが，他者がすでに作成した文献がラーニドの関心の中心であり，
書誌的情報の普及が彼の主たる提案である。

真の情報サービス

　こうしたラーニドの提案を超えて，真の情報サービスを提案することにしよう。そ
のサービスとは，これまで明確に要約されてこなかった公共的知識の状態を発見する
ことを意図した文献調査と現時点で正確かどうかという観点から要約を評価すること
を意図した文献調査に基づいたサービスである。また，特定の問題の解決のための知
識の効用の把握を試みるサービスも真の情報サービスである。そのようなサービス
は，探究について，問題の記述という形式で受け入れ，その問題の解決に関係して現
在，知られていることを記述した回答を提供するものである。また，そのサービス
は，公共的知識の一部として提供された情報の正確性を保証する業務を引き受けるこ
とになるのは明らかである。また，そのサービスは，問題の解決や意思決定状況の改
善において効用がありそうな情報のみを慎重に提供することを試みるものである。以
上のサービスは，ラーニドが実際に提案していたものといえるかもしれない。いずれ
にせよ，より効果的な知識の活用に関する提案については真摯に受けとめる価値があ
る。

　そのようなサービスがどのような場で提供されるかについては，慎重に述べる必要
がある。ラーニドは，インテリジェンス・サービスを公共図書館に設置することを提
案しているが，公共図書館に設置することは当然であろう。商用組織，産業組織，専
門組織によって維持されている図書館，それらの組織のために維持されている図書
館，および，教育研究機関の関心とニーズに対して主にサービスを提供する図書館に

は，次のような情報サービスが設けられることになろう。その情報サービスとは，サービス対象機関が費用をかけるに値すると了解しているサービスである。研究スタッフを一人ももたない産業組織がそうしたサービスの設置を開始する理由を策定することは，ほとんど利益をもたらさないであろう。また，産業組織の研究スタッフに文献調査の専門家を含めるべき理由や，仮にそうしたスタッフを置く場合，その職員は研究スタッフではなく，図書館スタッフのメンバーである理由を策定することは，有用ではないであろう。ある種の産業やビジネス環境において有利なことであっても，別の環境では役に立たず，無駄となることがあるだろう。最大の利点が存在する環境を見つける作業は管理者に委ねることができるだろう。

　教育研究機関のスタッフに文献調査の専門家を加えるための議論も啓発的なものになりそうにない。なお，教育研究機関のメンバーは自分たちで文献調査が可能である，と考えられる。なぜなら，文献調査にかかわる一般的な疑問の一部ではあるが，特殊な疑問として，研究者に研究スタッフを提供することがどの程度望ましいのか，という疑問が生じるからである。アシスタントの組織上の位置づけは主たる関心事ではない。ここで，組織という場において，研究に関する最適な方針に関する一般的な疑問について，何かを指摘したいとは思わない。しかし，そうした場の外部で提供されている情報サービスに関する疑問については明確にできるかもしれない。サービスの提供については，そうした組織という場において実行可能であり，実行されている場合もあるような情報サービスに代わるものに，関心を向けるべきではない。たとえば，公的機関が企業のために文献調査を実施すべきなのかという問題や，自分で文献調査を実施するためには時間がかかり過ぎると思っている専門職に公的支援を提供するかどうかという問題があるが，これらの問題に関心をもつべきではない。これらは重要な問題ではあるが，回答しないままにしておく必要がある。ここでの関心は，公共的知識のストックをすでに自由に利用できる人たちに，より多くの公的な支援を行うべきかどうかにはなく，自由に利用できない人たちに支援が提供されるべきかどうかにある。この問題は，すでにアクセス可能な人たちからアクセスの負担を取り除くのではなく，公共的知識のアクセス可能性を高めるという問題である。

　あらためて，分野を基礎に組織化される，情報分析センターのネットワークの構築が望ましいかどうかについてはここで検討しない。そのことについては，1章の最後に論じたが，そのようなセンターの目的は，公共的知識を特定の問題に適用することでなく，ある特定の探究領域における公共的知識の記述を作成し，維持更新することである。ここで関心のあるサービスは，機能指向という特性をもったサービスであり，1章で記述した補完的な機関のグループに分類されるものである。そこでは，第二レベルの機関の例として，専門職大学院についてそれとなく触れている。ここで

3章　図書館　141

は，地域プログラムを，公教育プログラムの一部としてではなく，私人としての個人に向けた直接的なサービスとして考察する。公共図書館のサービスと同様，地域社会のすべての人たちに利用可能な文献調査サービスを提供することにより，損失をもたらす無知を縮小することに関心がある。公共図書館はそのサービスを提供する唯一の機関ではないにせよ，公共図書館をつうじて提供されるのが当然であるとの提案を行うことになるだろう。

文献調査サービスと無知の治療

どのような種類で，どの程度の量のサービスが提供できるのであろうか。ここでは，［2章で取り上げた］専ら公共交通機関に依存すべきかどうかに関する意思決定問題が提示されたと想定しよう。調査スタッフは，利用可能な文献について調べ，この私的な問題に関係する知識の状態について詳細な報告を作成することになるのだろうか。この種の取組みは，正式な機関のためにかつて行われたかもしれない種類の事柄である。しかし，新たな公共図書館を設立し，図書館が，求める人たちのために図書を執筆し，注文できるようにするなどという提案はとてもできそうにない。その種のサービスを直ちに納得してもらうためには，広範囲にわたる文献調査の実施を，たとえば，（公的な意思決定にかかわる人たちのような）少数の望ましい利用者のために限定するか，または，小規模な課題に限定したサービスとしなければならないであろう。ここでの関心は，文献調査の能力をもたない人たちや，調査スタッフを雇用するだけの資源をもたない人たちを支援することにある。それゆえ，第二に限定した［小規模な課題に限定した］サービスを強化しなければならないと想定することにしよう。提供されるサービスはいかなるものであれ，詳細な調査や大部な個別的な報告書が必要となるものであってはならない。サービス対象の中心は損失をもたらす無知にあり，比較的わずかな労力で行える専門的な文献調査によって治療可能な無知をサービスの対象にしなければならない。

しかしながら，直ちに明らかなことは，損失をもたらす無知の縮小をもたらすことが提案された場合，人びとが相談したいときに相談できる文献調査サービス機関という最も将来性のない機関を私たちは選択している，ということである。なぜなら，人びとは，自分たちが知る必要のあることに気づいていると想定できる理由は何もないからである[訳注22]。また，人びとは不満足な状態にあるからといって，そのサービスを利用するようになると期待できる理由は何もないからである。

無知の発見・診断と知識の普及

文献調査サービス機関の業務として，まず考えたほうがよいことは，損失をもたら

す無知について発見し，あるいは診断することである。次に考えるべきことは，書誌的な案内の提供という間接的な手段ではなく，コミュニケーションのための活発なメディアをつうじて直接的に必要な情報に人びとの注意を向けさせることである。ラーニドが地域社会のインテリジェンス・サービスを，「知識の普及」という見出しのもとで，記述すべきであったことは奇異なことである。書誌的情報を提供し，提示された質問に回答する機関は，知識の普及についてあまり多くのことを達成しそうにはない。マスメディア，専門的なメディア，個人的な「変化の代理人」，および教育システムは，すべて，知識の普及にかかわる優れた機関であり代理人である[32]。適切な出版物が存在しないのであれば，その制作を奨励することには意味があるだろう。既存のコミュニケーション・チャネルに新たな情報を流し，見過ごされ忘れ去られた古い情報を再度流通させ，さらには，新たな種類の情報を伝達するために新しいチャネルを構築することは，知識の普及のために比較的早くできる手段である。教育課程の内容を変えることや，継続教育のために新たな装置や仕組みを設定することは，ゆるやかに知識を普及させる手段ではあるが，等しく意義のあるものである。誰もが，あるいは特定の人たちからなる集団の限られたメンバーやすべてのメンバーが知る必要のあることについて無知であることがわかったならば，当該視聴者向けの既存のコミュケーション・チャネルに情報が掲載されていることを確認すべきである[33]。既存のチャネルが利用できないところに新たなチャネルを設けることは，知識の普及手段として満足からほど遠いものである。なぜなら，新たなチャネルは，注意を向けてもらうために，古いチャネルと競わなければならず，相対的に既存のチャネルからの情報供給に満足している人たちの情報システムに追加されないからである。いずれにせよ，図書館に基礎をおく文献調査サービスが必要な情報を発見する適切な機関であるかもしれない。しかし，情報を一斉送信する業務や情報を適切なコミュニケーション・チャネルに流す業務が，文献調査サービスという文脈に問題なく，あるいは論理的に適合するものである，ということは明白でない。

　以上の考察は，知識の普及に関する形式にかかわるもので，内容にかかわるものではない。誰にとっても，あるいはある特定の集団にとっても，欠けている情報，あるいは，必要とされている情報で，文献調査サービスが見つける情報はどのような種類のものかについて，これまで何も述べてはいない。しかし，ここではこの問いに取り組まないでおこう。その問いについて，いずれ改めて簡単ではあるが取り上げることになろう。住民全体に知る必要のある情報を提供する業務を引き受けるかどうはともかく，機能的情報サービスは確かに個人のニーズにも対応しなければならない。大衆や集団がすぐさま必要となるものを提供しようがしまいが，不規則で予測不能な個人のニーズにも関与しなければならないが，まずは個人に対して公共的知識のアクセス

3章　図書館　143

可能性を向上させたいと私たちは思っている。

知識を利用可能にする二つの方法

さて，そうした個人への公共的知識のアクセス可能性を向上させることは，本当に固有の目標なのだろうか。この章はアクセス可能性の問題から始めたが，ここでその概念に戻ることにしよう。（文献ではなく）知識を利用可能にする方法には，まったく異なる二つの方法がある。その方法とは，知識を獲得できる機会を提供することであり，すでに知識を有している人からの支援を提供することである[訳注23]。私にとって利用可能な法的知識や医学的知識は，私の弁護士や主治医という人の中にある，と初めに言うのは奇妙に聞こえるかもしれない。支援を求めて弁護士や医者に尋ねても，法律や医学について，ほとんどあるいはまったく学習したことにならないのは否定しがたい真実である。しかし，私に関する限り，彼らの知識を利用しており，彼らの知識を利用することは，彼らが知っていることを自分が知っていることと同程度に良いことであり，あるいは，それ以上に良いことである。なぜなら，彼らが学習する負担を引き受け，知るべきことを適用する負担を引き受けているからである[訳注24]。私は彼らが知っていることをすべて知りたいと思っているにもかかわらず，彼らの知識を獲得するのに苦労はしたくない。彼らの知識は，そのままでは，私にとってアクセスできないものである。たとえ彼らが知っていることをすべて語ろうとしても，語った内容を理解することはできず，また，批判的に評価することもできない。しかし，彼らの知識にアクセスできないにもかかわらず，その知識は利用可能である。なぜなら，彼らは私に代わって自らの知識を利用するというかたちで，私は彼らの知識を利用しているからである。

情報サービスの限界と相談サービスの有効性

知識を利用可能にする二つの方法を認めるならば，次のような問いが私たちの前に立ち現れる。それは，人びとの知識獲得の機会を増やすこと，あるいは，人びとが自由になる知識の量，すなわち，利用する知識の量を増やすこと，これらのことについてもっと気にかけるべきなのか，という問いである。しかし，この問いは次なる問いをもたらす。それは，本当に情報サービスを必要としているのか，という問いである。なぜなら，情報サービスが提供するものは，ある問題に関して知られている内容を教えてくれることである。その結果，利用者は自分自身が知識を所有し，利用したいときに知識を利用できるようになるからである。他方，相談サービス（advisory service）は，相談の対象となる事柄について積極的に説明し，さらに，ある問題状況に対して知られていることを適用し，また一定の行為を推奨する用意のあるサービ

スである。

　先に論じたとおり，常識的な議論では，相談という方法のほうが望ましいことになる[34]。ここで，わずかな資本金をもっている高齢者がおり，賢くない投資を急き立てる不誠実な男性に求愛されていたとしよう。その高齢者には金融に関する教育課程を提供することになるだろうか。さもなければ，公平で情報に通じた公的な相談員を提供することになろうか。この高齢者は実際に，後日，投資を管理するために知る必要があることを学習しなければならないのだろうか。子どもの食習慣に悩んでいる母親がいるとしよう。その母親に最新の生化学の知見を提供することになるだろうか。それとも，ダイエットに関する助言を提供することになろうか。ぜひともその両方とも提供せよ。しかし，一連の知識の指示にうんざりしている人たちにとっては，助言のほうが歓迎されることを思い起こすとよい。

　共感的な人であれば，信頼できる相談員が容易に参入する方法を社会がほとんど提供していないことを確信するのは難しくない（容易さと信頼はいずれも重要な用語である）。同様に，大部分の成人にとって，大量の知識が特定の問題解決に役に立てる唯一の方法は，相談員の供給であると理解することもまた難しくない。たとえ能力があっても，長期にわたる研究に必要となる時間と労力は受け入れがたいほど大きい。そうした長期にわたる研究には，まさに文献調査が提供する情報が有効となり，活用されるような背景を開発する必要がある。もし，知識がその理解と活用にあたり何らの学習も必要ない単位に分割して実際に獲得されたならば，情報サービスの提供は魅力的な目標となろう。しかし，文献に関する情報サービスは，知識を求める探索者から文献調査の負担を軽減するとしても，［文献の内容の］理解を達成するための研究の必要性を取り除くものではない。そうしたサービスが提供する情報に基づいた一連の行為について結論を引き出すには，常識のみが関与する場合を除いて，なおも研究が必要となる。文献に関する情報サービスは，健全性が保証されているテキストブックや，これまで定式化されていない公共的知識を提示するか，あるいは，テキストブックの知識を事前に習得しているだけで理解できるような公共的知識を提示するとしよう。文献に関する情報サービスがそのいずれを提供するにせよ，学習は必要であり，その学習の成果を実践に応用するには危険性が伴うであろう。労力をかけずに知識を獲得する方法はないのである。労力をかけることができないか，労力をかけるつもりがないのであれば，知識を利用できる唯一の方法は，知識への指示を受けるのではなく，助言を受けることである。

相談サービスと図書館

　それゆえ，相談サービスは，知識をより有効に活用するうえで，また，損失をもた

3章　図書館　145

らす無知を治療するうえで，情報サービスよりも有効となる可能性が認められるだろう。しかし，その場合でも，そのサービスが図書館をつうじて提供すると提案する理由は何か。相談サービスを図書館に依拠する唯一の理由は，そのサービスにとって本質的に必要なものが，図書館が所有しているもの，すなわち集積された文献であり，また図書館がもっているもの，すなわち書誌的な専門知識である，ということである。しかしながら，専門の相談員への利用可能性とアクセス可能性を高めることを提案するのであれば，専門の相談員が図書館職員になるべきだとする明らかな理由はない[訳注25]。相談員という専門職が文献を必要とする程度はさまざまであり，図書館資源は専門職に利用可能なものでなければならない。しかし，金融に関する新たな公的相談員や，医療に関する新たな公的相談員が図書館の職員であるべき理由は何もない。文献調査サービスの提供が，公衆にとってでなく，公的相談員にとって好都合であることが判明すれば，そのようなサービスの提供は十分に図書館職員の役割となりえるだろう。しかし，サービスの対象となる公衆のメンバーに直接対処する相談員は，図書館職員という身分に特に関心もニーズもないであろう。

　相談員が図書館員の身分への関心もニーズもないことは，公的相談員にとって，知識状態に関する専門的で新たな調査研究は日業業務でなく，例外的なものであることを前提にしている。なぜなら，もし，そうした調査研究が日常業務であるならば，相談サービスは，調査研究用に集積された文献に本質的に依存すると考えられるかである。一方，調査研究が例外的であるとするならば，散発的に訪れる利用者のために，調査研究用の文献へのアクセスだけが必要となるだけである。こうした調査研究の状況は，実際に認知されている専門職と準専門職の業務に共通する実践にあてはまる。専門職に提示される日常的な問題の解決にあたって，知識状態に関する新たな調査研究が必要であると考えている人はいない。しかし，公的相談員が必要とされる領域が何かについては，まだ明確には述べていない。おそらく，その領域はすでに認知されている専門職や準専門職がかかわる領域ではまったくないであろう。通常の人にとって助言が必要となるのは，いかなる問題に関してなのであろうか。また，いったい誰が必要な助言を提供できるのであろうか。人びとの関心事や人びとにとって最も重要で難しい問題は，自分自身の幸福および家族や友人の幸福を中心としたものである。すなわち，心身の健康，経済的な安全保障，法的問題，子どもの教育などである。弁護士や医者には，担当領域において公的相談員となるために適切な資格が要求されるであろう。金融や教育に関するカウンセラーはそれほどよく組織化されていないが，金融や教育の領域における公的な相談員に関する機関は適切な専門職としての資格の設定を求めるであろう。その資格は単なる書誌的な資格ではないはずである。そこでは，図書館員の資格とは異なる資格を有する公的な専門職である相談員を実際に提案

146

しているのである。

公的相談員と図書館の主題専門家

　公的相談員を新たに拡大して配置することにより，全住民と全集団が一般に必要とする情報は何かを発見し，それを明確にする業務を担う資格を有する代理人として，相談員が論理的に位置付けられることになる。そこで，普及させる知識の内容について，以前に提示した問いに戻ることになる。なぜなら，特定の問題に関する相談に積極的に関与する人たちは，一般的な知識に広くみられるギャップ[訳注26]の発見にそれほど関与していない人たちよりは，有利な状況に置かれているからである。そこで，私たちの当初の提案によって示された，相談員が提供すべき主たる機能は，図書館以外の専門的な相談員の集団に引き継がれることになる。しかし，こうした結果は，実際に本書のはじめのところで暗黙に示唆されている。なぜなら，図書館職員に文献調査の専門家を加えることを目標とするならば，一般に誰でも文献調査の専門家になれるとは考えられないからである。1章で論じたように，有能な文献調査者は，その人の関心領域における有能な実務家であるに違いない。知識の調査者は，調査対象となる特定の知識領域の開拓に責任を負っている集団のメンバーであるに違いない。

　これまで繰り返し認識されたことだが，図書館の「主題専門家」は，その専門領域の分野において高度な資格を有していなければならない。文献調査サービスの提供を提案した際，専門の資格をもった人を図書館職員に加えるという考えを明確にしたが，加える必要のある人数は一人ではなく，情報提供が予想される分野に対応できる人数でなければならない。ラーニドは，実際に，20万人の都市の図書館では，少なくとも20人の専門家を擁する職員が妥当であると考えている[35]。確かに，20人という数字は，公的相談員であればほぼ満足な数字ではあるが，知識の全分野について専門的な情報サービスを提供するにはあまりにも少なすぎる。しかし，図書館職員に専門職団を追加することになった場合，次のような問いに直接，回答することが求められる。その問いとは，なぜ，求められているのが相談員であるのに，それらの職員を情報提供という業務に限定するのか，というものである。実際に，とても専門家とは言えず，助言を提供できる能力もないような専門家を加えるということを提案しているわけではない。そうであれば，上記の問いに回答できない場合には，単により人数の多い公的相談員団に専門家集団を加えるのではなく，図書館職員に専門家集団を加えることについての合理性なるものが失われることになる。では，なぜ，他の公的機関に専門的相談員を配置するよりも，図書館職員としてあまり専門的とはいえない情報提供者を位置付ける方が良いのだろうか。

　それでもなお，専門職の範囲が完全かどうか，選択の問題を解決し，あるいは解決

3章　図書館　147

策を推奨するための知識を活用する職業の配置に欠落はないかどうかが問われるかもしれない。もし欠落があるとしても、その欠落は文献の活用に関する専門家が最もよく埋めることができるようなものではないのであろうか。すでに存在している専門職や準専門職とは区別される書誌的な専門知識以上の知識を備えた「情報専門職」が入る余地はないのか。もちろん、その問いに対する答えは「その通り」となるに違いない。新たな専門職がつねに登場する。どのような新たな職業集団が現れるか否かを述べるのは無謀であろう。しかし、現在の専門職の配置にみられる隙間を埋めることになる新たな情報専門職の類について、きわめて試験的に、しかも概略的に記述できるかどうか見ていこう。そうするために、個人的情報システムの概念に戻ることにしよう。

個人的情報システム

　個人的情報システムは、特定の事例においては不十分であり、一般的には非効率であろう。個人は次の二つの種類の助言を求めているであろう。一つは、特定の意思決定問題に関する助言であり、その人の個人的情報システムでは十分に問題に備えることができなかった場合である。もう一つは、情報システムの一部あるいはその全体の再組織化に関する助言である。最初の例は、求めているものが情報システムの専門家の支援ではなく、意思決定領域——法律、健康、教育、金融等——の専門家の支援である。いったん、その問題が解決されたならば、新たな問題に取り組むことになる。すなわち、今後の同様の問題に備えるために、自分の情報システムを変更する方法という問題である。この点に関しては、個人的情報システムの専門家の助言が、もしそうした専門家いたとすれば、有効となろう。いずれの事例においても、単純な書誌的支援は役に立つ可能性はあるが、書誌的支援は唯一の最適な種類の支援ではない。一般的な情報システムの専門家は、決して、文献提供の設計にのみに主として関与しているわけでない。意思決定の手順を分析し、設計あるいは再設計することなしに、情報システムを設計し、体系的に修正することを想像するのは難しい。情報システムは意思決定や行為を導くために維持されるのであって、必要となるのは、わずかな情報ではなく、すでに所有し、得られている情報を利用するためのより良い手続きである。意思決定のための手続きの設計に必要な知識や、そうした手続きを適用する際に必要となる情報収集の方法の設計に必要な知識は、図書館が有している書誌的な専門知識では決してなく、これまで提案してきた新たな図書館サービスがもつ文献調査能力でもなく、公的相談員の新たな配置でも決してない。そのような新たな専門職は、既存の図書館業務の実践の単なる延長のようなものではない。

148

意思決定の技術

　その専門職に似ているように思われるのが，一般的な「意思決定の技術」である。それは，これまで「知的技術」や「操作的技術」と呼ばれてきたものに似ている[36]。そのような技術の理論的基礎は，意思決定に関する規範的理論や，どのように意思決定を行うべきかに関する理論によって提供される。その理論の一部には，いつ情報を収集すべきか，その情報をいかに使用すべきかを決定する方法に関する理論が含まれることになる。情報は意思決定のために必要となるので，収集すべき情報の種類と量は，意思決定にあたり従うべき手続きの選択とは切り離して記述することはできない。これは，意思決定状況に対する情報の適合性が，理論上，意思決定についての正確な手続きに関する知識と独立に決められるとしても，上述した意思決定の手続きと収集すべき情報の種類や量とが不可分な関係にあることは間違いない。探索は費用がかかり不完全であること，情報の利用は難しく時間を要すること，これらの事実を仮定しよう。この仮定のもとで，意思決定手続きの設計の一部は，まさに，考慮すべき適合情報はどれかを決定することであり，探索し利用すべき情報は何かを決定することである。意思決定手続きの設計の一部は，どのような適合情報を無視すべきかを決めることである。しかし，その手続きは，決定すべきことは何かを決めることでもある。意思決定問題に対する情報の適合性に関する知識は，適切な問題に取り組んでいるという知識を与えるものではない。そのような意思決定の技術のある側面は，システム分析，オペレーション・リサーチ，経営科学のような名称のもとにすでに存在している[37]。意思決定の技術については，もっと多くの側面の開発が続けられることを疑う理由は何もないように思われる。意思決定の技術は，分業を生み出し，（情報分析を扱う専門領域がまだ存在しないのであれば），情報分析という専門領域を生み出すのに十分なほど複雑なものに容易になりえるであろう[38]。しかし，情報の規範的な技術，すなわち，情報収集と情報利用の最適なパターンの選択に関する技術は，より一般的な意思決定の技術の一部となるだろう。情報収集の最適なパターンは，利用という行為を参照することで特定化され，利用の特定化は，従うべき意思決定手続きの全体を，あるいはその一部を特定化することになろう[39]。

情報ドクター

　想像上の別の専門職について実際に記述することができる。その専門職を情報ドクターと呼ぶことにしよう。そう呼ぶ理由は明らかであろうが，情報ドクターは，新たな意思決定の手続きの処方を試みるのではなく，異なる種類の情報システムに関する意思決定に及ぼす影響の予測を試みるのである。情報ドクターは，意思決定の技術者と同様，人びとの目標を達成するための処方箋を作成し，効果的な技術の推奨を目指

3章　図書館　　149

すものである。しかし，情報ドクターは，意思決定の技術者とは異なり，情報ドクターの「処置」の前と同じ方法で継続して意思決定を行うとの前提に基づいて行動する。また，情報ドクターは，それまで同じやり方で行われる意思決定の改善につながる情報流通のパターンの選択を試みる。このことは，情報が意思決定に反映される多様な方法について考慮しないうちは，十分に容易なことのように思われる（2章5節「知識と意思決定」を見よ）。情報ドクターは利用者にどのように情報を利用すべきかを伝える。情報ドクターは，もし特定の種類の情報システム（情報源のパターン）が利用されたならば，意思決定が改善されることを予測しようとする。事実，情報ドクターは，このように受けとめなさい，そうすれば良いことが起こるでしょう，と述べることができる立場に身を置こうとする。今は，そのような立場にいる人はいない。これから，そうした立場にいる人が登場するかどうかは確かではない。情報ドクターの実践の心理学的な基礎は今のところ存在せず，決して存在することはないであろう。なぜなら，情報摂取のパターンを意思決定の成果の質と関係づけることができるのかどうかわからないからである。手段（情報源のパターン）を目的（意思決定の手続きに関する処方箋がないなかでの意思決定の改善）を関係づける基礎が私たちには欠けているからである。

　情報ドクターは決して存在しないかもしれない。意思決定の技術者は，ごく控えめな装備のもとですでに存在している。いずれも情報専門職という名称を主張することができるだろうが，いずれも図書館という環境において実践しそうにはない。なぜなら，繰り返しになるが，いずれにとって，文献という情報源は考慮しなければならない最も重要な情報源ではないからである。個人的情報システムに固有の設計に対する関心のうち，文献への関心はほんの一部にすぎないのである。

図書館サービスの理念と図書館員の業務

　公共図書館に文献調査の専門家を加えるという提案は，図書館サービスの理念を反映させたものである。その理念とは，図書館は世界について知られていることが発見できる資料を提供することだけでなく，発見という業務を担う職員をも提供することである。専門職として新たに情報専門家を図書館職員に加えることは，もう一つの理念を反映したものである。その理念とは，図書館員は，単に文献提供システムの専門家となるだけでなく，情報収集システム全般に関する専門家になるべきだ，ということである。考慮すべき第三の提案がある。それは，図書館員は，すでにその責務を担っている書誌的サービスの性能向上を目指すべきだ，ということである。図書館員は，書誌の専門家として，二つの業務をもっている。一つは，潜在的利用者が文献を発見するのを支援することであり，もう一つは，そのような文献への物理的アクセス

を促進することである。この二つは，便宜的に発見と伝達機能と記述することができる。ブラウジングによる文献を発見する過程において，発見と伝達は実際に同時に実行されるが[訳注27]，論理的には異なるものである。この二つが論理的に異なる点はブラウジングの魅力を説明するには大いに役だつ。図書館員の最初の最も重要な仕事は，コレクションを形成・維持し，コレクションの中の文献へのアクセスのための手段を配置するという準備的作業と，資料がどこに所蔵されていようとも，資料への書誌的アクセスの手段を提供することである。次に重要なことは，利用者一般を対象にした図書館利用教育から専門性の高い個別支援まで，利用者への書誌的支援である。準備的な業務であれ，図書館利用者への直接的支援であれ，また，発見にかかわる業務であれ，伝達にかかわる業務であれ，図書館員はそれらの業務の有効性が限界に達したと主張することはできない。改善の方向性については疑う余地はない。それは，文献の発見と文献への物理的アクセスの負担を軽減することである。両部門におけるサービスについては改善の余地が多数ある。求める文献の書誌的記述（それが完全であれ不完全であれ，正確であれ不正確であれ）がわかっている利用者が図書館にやって来ると，その利用者は，軽減可能なアクセスへの負担，短縮可能な遅滞に遭遇することになる。資料を探索しなければならない利用者は，書誌的アクセスツールである索引や目録に直面することになるが，それらのツールは利用者にとって扱いにくく，複雑で，不便なものであり，図書館利用をひどく妨げることがしばしばである。アクセスツールやレファレンス資料の教育は，すべての学部教育の一部となるべきであり，また誰にでも利用可能なものでなくてはならいないが，いまだに体系的な開発に成功しておらず，推奨されるようなものとはなっていない。図書館員は，通常の書誌情報源をつかったサービスの可能性を，特に既存の知識の再組織化と適用にかかわる人たちへの支援の面で，考え尽くしてはいない。

試行されるべき資料探索と機能による資料の組織化

　試行されていないサービスとして，次のような資料に関する継続的な探索，あるいは，随時の探索を実施するサービスの可能性がある。その資料とは，よく知られている資料ではなく，あまり知られていない資料であり，関係が明らかな資料ではなく関係が不明確な資料であり，見つけるのが容易な資料ではなく困難な資料である。こうした試行されていないサービスは，図書館員と文献の利用者との持続的で個人的な関係を示唆するもので，非個人的で制度化されたサービスではない。また，そのサービスは，これまで一般的ではなかったサービスであり，その独立性と予期せぬ出来事[訳注28]の程度を示唆するものである。図書館員が，これまで以上に有用な個人向けの書誌的サービスを明確な意思をもって開発できるかどうかにかかわらず，また，図

3章　図書館　151

書館員の主たる役割がほとんど支援を受けない利用者による物理的，書誌的アクセスシステムの維持にあるかどうかにかかわらず，供給される文献の組織化を主題や分野によるのではなく，機能による組織化を改めて志向することは，次の点を表明したものである。すなわち，利用の時点で知識をもたらす必要性を明確にかつ第一に認識させる将来の開発目標の表明である。これが，知識の再組織化と適用を支援する際の書誌としての図書館サービスの理念である。

図書館サービスの理念とレファレンスサービス

この理念を図書館サービスの将来の発展のために固有の理念として受け入れるならば，これまで厳しく批判してきた伝統的なレファレンスサービスはどのように位置づけられるのだろうか。［そのことを検討するにあたって設定すべき］最初の規則はそのサービスを誤って表現しないことである。図書館員は［利用者の］探究に対して提供される情報の正確性を保証する立場にないとするならば，そのことを探究者［利用者］に明らかにすべきである。図書館のレファレンスサービスは信頼できる一般的な情報源であると主張すべきではないのである。図書館員の正確な役割とレファレンスサービスという業務を引き受ける個々の図書館員の資格要件は，図書館の潜在的利用者に知らせるべきである。教養のある人たちは図書館のレファレンスサービスの特性についてしばしば惑わされるようなことはないだろうが，図書館のことをよく知らない人はしばしば惑わされるであろう。提供される支援の限界について，また，図書館員は提供する情報の質を独自に判断する立場にないという事実について，図書館のことをよく知らない人たちに知らせることは，図書館員の責任であることを認識すべきである。こうした注意喚起は図書館のレファレンスサービスの利用低下を招くかもしれないが，それは便益となるかもしれない。なぜなら，その結果，自由となった時間を書誌的支援にあてることができるからである。その種の書誌的支援は図書館員が提供できる特別の能力を主張しているものでもある。

記録に関する情報の専門家としての図書館員

図書館員の業務のもつ書誌的性格を強調したからといって，画像・音声記録を排除し，印刷資料に専ら関心を向けることを意味はしない。しかし，書誌的性格は，主たる関心は記録に，それも情報伝達を担う物にあることを示唆している。図書館員は情報一般の専門家ではなく，記録に関する情報の専門家である。図書館員の仕事は情報伝達を担う物の管理に関する仕事である。そうした必要な仕事の成果を絶えず向上させることは，将来に向けた自然で合理的な目標である。

3.5 図書館と公共的知識

情報政索の公理とユニバーサル・アクセス

　公共的知識のストックは，共有財産として取り扱うべきであって，その使用とそこから得られる利益は，限られた少数の人にではなく，広く全人類にもたらされるべきである。これは情報政索の合理的な公理である。知識はすべての人に利用可能であるべきであって，知識は必要とされればされるほど，ますます容易に利用できるようになる。これは，大衆は無知のままの状態でいるほうが有益であると考える人を除いて，例外なく一般的な目標である。知識は，文献を利用可能にすることによって使用できるようになるとするならば，そうした政策目標を達成するうえでの図書館員の役割は明白である。なぜなら，文献を利用可能にするという概念に不明なところは一切ないからである。しかし，知識の利用可能性は，図書，ハンマー，1個のパンのような物の利用可能性とは異なる。ある人の知識を別の人の手や心に入れることはできない。理論上，世界中の文献を簡単な条件で供給することは可能である。そうできないのは，理論的な難しさではなく，技術的な困難や資金がないことによる。しかし，知識が記述されている文献を利用可能にすることにより，知識が利用可能となるわけではない。世界のあらゆる文献を即座に利用できるようにしたとしても，意思決定の質を有意に変えることにはならないような顕著な例がある，と予測しておくほうが安全である。物理的な文献のユニバーサル・アクセスは，図書館員の理想であるが，図書館員以外の誰にとっても魅力的な理想ではない。イルカについてこれまで書かれたもののすべて，あるいはイルカに言及しているあらゆる文献というように，ある主題に関する記述に合致したすべての出版物を発見できる能力という意味で，ユニバーサルな書誌的アクセスを理解するのであれば，もはやユニバーサルな書誌的アクセスは存在しない。

　しかし，そうではなく，個人がこれから直面する意思決定に先立って，効用の程度が高い文献を着実に継続して提供する理想的なシステムを想定してみよう。そのような機能指向のシステムが計り知れない価値をもつことはないのだろうか。おそらくは，そのような理想的な継続的文献提供システムは，個人的な観点からは，もう一つの個人的情報システムと競合するであろう。そうした理想的なシステムが歓迎され，利用され，あるいは拒絶されるかどうかは，そのシステムが依然に活用した情報源に比べ，時間と労力を一切かけることなく，より有用な情報を生み出すかどうかにかかっているであろう。既存の情報供給に満足している人たちにとって，文献の供給を追加することは，何の利点もないであろう。既存の情報供給に満足していない人たち

3章　図書館　153

にとっては，次のような条件であれば，その理想的なシステムは利点となろう。その条件とは，その人たちがコンテンツを理解し利用できる能力に応じてそのシステムが正確に調整されていること，および，進んで時間と労力をあてる意思に適合したシステムであること，の二つである。情報を求めている人への文献の供給がこのように調整され，適合していることはまさに奇跡的であろう。

専門家の相談員の供給と潜在的利用者

そうしたシステムは奇跡的であると考えるのであれば，もう一つの奇跡を想像してみよう。それは専門家の相談員の供給である。ある意思決定を行う必要があり，専門家の相談員の一人以上から適切な助言が提供されたまさにその時，専門家の相談員の供給は，（求められない時には相談員が関わることがないが），きわめて都合の良いサービスとなろう。専門家の相談員の供給は，好奇心の欠如という恥ずべきこと，すなわち自分は無知のままでいるほうが良いとの考えで求められるのではなく，不必要な作業を避けたいとの考えから求められるものである[訳注29]。情報から習得した知識を意思決定に適用することは，満足な人生を送るという目的のための単なる手段である。もし，労力をかけずにその目的を達成できるのであれば，労力をかけないほうを選ぶのである。

図書館員は，商品の熱心な御用達業者のように，誰もがその業者の商品を求めているのであれば，その商品は価値があると考える傾向にある。しかし，図書館員は（それとなく捉えた）利益のみを考えて，そのコストを考えることをしない。図書館員は，知識獲得の過程ではなく，知識が所有される条件を想像するのである。図書館員が想像するのは，知識の獲得とはどのようなものかではなく，自分たちが提供すべき知識の所有なのである。潜在的利用者はそれとはきわめて異なる立場にある。潜在的利用者は知識を所有していない場合，知識の所有とはどのようなものなのかを知ることはできない。しかし，無料で知識は得られないと思っている。費やすことができる資源に制限があり，満たされるべき一定限度の要求をもっているとき，潜在的利用者は，図書館員が望む程度ではないが，図書館を利用するのである。

機能指向の自動文献供給

機能指向の自動文献供給というものを空想して，狭い範囲での知識の活用と損失をもたらす無知の縮小をそれぞれ支援する試みを巧に進める図書館員の姿を描くのは有効である。既存の文献供給の特性（世界全体の文献供給であって，図書館が偶然に所有する蔵書ではない）ゆえの制約というものがある。図書館が提供しなければならないものは，他者が刊行した資料に依存する。図書館それ自体は，独自に知識を創造し

提示する機関ではない。多くの場合，供給される文献には，利用されないもの，すなわち利用者に知られないもの，公表されないもの，（言語的に，概念的に，批判的に）アクセスできないものが含まれている。一方で，潜在的利用者のもつ選好，習慣，能力，資源がもたらす制約というものもある。図書館は，潜在的利用者に欠けている時間や労力を供給することはできない。図書館は研究用の文献は提供できるが，研究しようとする意欲を提供することはできない。すでに知識をもっている人の助言に依存することに比べれば，図書館で知識を獲得することは経済的ではない。ある人に図書館の利用とは別に情報が供給されている場合，その規模の大小にかかわらず，その情報供給にその人が相対的に満足しているのであれば，その人たちに不満足感をもたせるために図書館がなし得ることはあまりない（それでも図書館は試みるべきであろうか）。図書館がなし得ることは，文献への容易なアクセスの提供である。より容易なアクセスは，文献の主たる利用者となることが避けられない人たちによって，最も評価されるものであろう。図書館利用を阻害する主たる要因となるものは，アクセスの困難さではなく，文献の利用に要する時間，労力であり，文献利用の難しさなのである[41]。

知識利用の限界と不可避な無知

　上述の阻害要因は，かなり表層的な事柄であり，情報利用における単に一時的で局所的な節約のように思われる。しかし，どんなに情報への欲求が増え，時間と労力のコストをどれほど少なく計算しようとも，知識を利用可能にさせる図書館サービスの効果に関しては，より深い限界が残ることになろう。J・ロバート・オッペンハイマー（J. Robert Oppenheimer）は，ヴァッサー大学（Vassar College）で行った講演のなかで，"集団としての私たちにとって知られていること，お互いに当然のことと思っていること，複数の人間ではなく，人間というものに多少なりとも知られていることとの間にある"不均衡について感動的に語っている。

　　　・・・成熟した人間は，今日，人類のもつ知識の大部分について，必ずしも深く気づいてはいない。そして，このことは，その人間がどのような地位にいようとも真実である。・・・新しい知識の大部分は，その性格上，専門的なものである。専門的知識は，人生のすべてを通常の常識的な生活に費やすならば，あるいは異常ともいえる生活に費やしたとしても，理解できるようなものではない。・・・理解できない知識がある，ということが，私たちの認知的生活の核には空虚がある理由である。私たちに関することでなく，関係の薄いもので，遠く離れた未開の領域にまで続くものを学習するとき，私たちは学習することを学習

3章　図書館　155

することになるがゆえに，認知的生活の核に空虚があるのである[42. 訳注30]。

　以上の指摘が意味する辛辣な点は，大部分の人間のもつ知識に実際に存在する無知ではなく，不可避な無知である。人類の知識が利用できないのは，明示的にせよ，暗黙にせよ，知識が表現されている文献が私たちにとって利用できないから，ということではない。そうではなく，公共的知識がもはや私たちに直接利用できない，ということである。世界にある文献を最もうまく供給できたとしても，それでもなお，知られていることを知るようになる能力を私たちは欠いているのである。

知識の生産と活用における社会的分業

　これまでの議論から得られる結論は次のとおりである。第一に，大規模な研究資料のコレクションは，文献調査能力があり，文献調査に進んで取り組むごく少数の人たちのみ，直接的な利益となる，ということである。第二に，大量の専門的知識を大部分の人に利用できるようにするための最良で唯一の方法は，専門家，すなわち専門的な知識をもっている相談員によるサービスを利用できるようにすることである。これらは，供給される文献に表現されている知識にアクセスできないという，同一の現象の二つの側面にすぎない。知識の生産と活用における社会的分業は，これまで以上に遠隔からの知識供給の開発を促進し，遠隔のもつ問題点を部分的に克服する方法を提供する。なぜなら社会的分業は，さまざまな職業上の専門領域における知識の集中化をもたらし，増大する知識ストックを専門家に利用可能にするからである。大規模な文献コレクションは，知識の生産と活用における職業上の専門領域のメンバーによって主に集中的に利用される。また，図書館システムのパターンは，職業上の専門分化のパターンを大きく反映させたものである。

　知識ストックと文献ストックとの間の複雑な関係や，そのストックから自分の力で知識を得るために必要となる膨大な作業を無視するとき，次のようなことが考えられる。すなわち，より多くの文献をより多くの人に単に提供することは，知識の不平等な分配を均等にし，すべての知識ストック，あるいはすべての公共的で有用な知識ストックの一部を個人の意思決定に投入することを可能にする手段となるように思われる。しかし，全成人における知識の不均衡な分配には，文献の利用可能性が不均衡であることとはまったく関係がない原因があり，あまりにも深いために文献の利用可能性の条件を変更することによる影響が認知できない原因が潜んでいる。

教育システムとしての図書館

　そこで，図書館は損失をもたらす無知を縮小するための社会的な取決めに何ら重要

な役割を果たさない，と結論づけなければならないのだろうか。決してそういうことはない。図書館システムの現在の主要な機能は，教育システムの一部として，それを補助するものとしての機能である。初等中等教育の学校図書館や大学図書館の図書館員の大部分は，主に児童・生徒・学生や教員にサービスを提供することであり，公共図書館の利用の大部分は，公教育のプログラムと結びついている児童・生徒・学生による利用である。私たちの注意を，学校ではなく，成人の情報探索行動に意図的に限定することにより，実際の図書館利用者のうち，最大で最も重要な利用者を除外することなる。教育システムは，損失をもたらす無知を縮小させるために社会が設定した主たる取決めであり，図書館は，教員と教育的な人工物の複合体において不可欠の要素である。公教育の期間を過ぎた人びとにとって，職業上の機能は，新しい知識の探索であり，過去の知識を複合して適用することである。その際，図書館はそうした人たちにとって必須の情報源であり，そうした人たちが主に頼りにするのは，かつて大学図書館がそうであったように，専門図書館なのである。

文化的な物としての公共的知識

　最後に，公共的知識の利用の問題に戻らなければならない。というのは，意図的に不均衡を選択してきたのだが，物語のバランスを保つためではなく，必要な埋め合わせをするためである。さて，公共的知識は，単に熟慮や賞賛のためにあるのではなく，利用のためにある，と述べてきた。しかし，こうした積極的で功利的な見方は偏ったものである。すでに言及してきたように，知られていることの多くは，より多くの知識の発見が目的である学者や科学者による利用を除いて，利用が想定できないものである。学者や科学者は，自分たちの研究成果のもつ実際的な利益を強調したいとの心持ちになる傾向にある。その利益とは，科学的発見に関する予測不能な将来の利益や，それまでの研究から人生の質を改善することなどである。しかし，実際の利用にかかわらず，その知識固有の価値やその知識を獲得する効果という，知識自体のもつ価値を強調したい心持ちも学者や科学者にはあるだろう。しかし，いずれの見方も正当と認められるものである。知識それ自体のために追究される知識は，時に結果として予期せぬ実利的な応用をもたらすことがある。しかし，知識の探究は，芸術作品同様，内在する価値を主張する文化的なものの創造に関する継続的な研究として，また高尚な文化としても捉えることができる。公共的知識の集まりは，実際，この上なく複雑な芸術作品として眺めることができる。科学者が自分たちの知見の美しさについて語るのは偶然ではない。意思決定における有用な情報源としての図書館について明らかにする試みの中で，サービスを単に興味のあるものに関する情報源としての図書館サービスを取り上げていない。これは，興味を満足させるサービスを見下

3章 図書館　157

すことを意図したものではない。興味の満足と美的満足との間には強い関係があり，それは，2章における関心（concerns）と興味（interests）を比較する中で，ほとんど触れなかった関係である。しかし，その関係はある程度詳細に展開することができるものであろう。公共的知識が記述されたものを所蔵している図書館は，最も複雑で文化的な人工物の表象である最高度の知的達成を示したものを所蔵しているのである。私たち以外の者に述べてもらうほうがよいのだが，正当なこととして主張すべきことがある。その主張とは，最高度の知的達成物は，吟味するために選択されるかどうかにかかわらず，また，その内容を把握できるかどうかにかかわらず，誰もが利用できるようにすべきであるという主張である。その主張は，世界についてもっと知る際の知識の効用ではなく，興味を満足させる本質的な価値に依拠したものである。それはちょうど，交響曲のオーケストラや美術館が，効用ではなく，その芸術作品が与える満足に関する本質的な価値に依拠しているのと同じである。図書館システムが提供する利益を算出するとき，意思決定の改善や実際の問題の解決に知識を適用すること以上に考慮すべきことがある。それは，私たちにとって最も重要で文化的な物は，それを享受したい人なら誰にでも利用可能にすることがもつ価値についての考慮である。

1　次の文献を見よ。James M. Buchanan, *The Demand and Supply of Public Goods* (Chicago: Rand McNally, 1968)

2　次の文献を見よ。Burton A. Weisbord, "Collective-Consumption Services of Individual-Consumption Goods," *Quarterly Journal of Economics* 78 (Aug. 1964), p.471-477.

3　公共図書館と他の館種の図書館の利用頻度に関しては次の文献を見よ。*Libraries at Large*, ed. Douglas M. Knight and E. Shepley Nourse (New York: Bowker, 1969).

　　不可欠な文献として次の文献を見よ。Bernard Berelson, *The Library's Public* (New York: Columbia Univ. Press, 1949)

　　次の文献をも見よ。*The Role of Libraries in America: A Report of the Survey Conducted by the Gallup Organization, Inc., for the Chief Officers of State Library Agencies* (Frankfort: Kentucky Department if Library and Archives, 1976).

　　図書館利用一般に関する研究については次の文献を見よ。Leon Carnovsky, "Survey of the Use of Library Resources and Facilities," in *Library Surveys*, ed. By Maurice F. Tauber and Irene Roemer Stephens, Columbia University Studies in Library Service 16 (New York: Columbia Univ. Press, 1967), p.71-89.

4　「既知文献」探索の相対的比率に関しては次の文献を見よ。*Catalog Use Study, Director's Report by Sidney L. Jackson*, ed. by Vaclav Mostecky (Chicago: American Library Association, 1958); Richard P. Palmer, *Computerizing the Card Catalog in the University Library: A Survey of User Requirements*, Rutgers Studies in Library Science, no.6 (Littleton, Colo.: Library Unlimited, 1972).

5 次のムーアの法則と比較せよ。"利用者は情報をもたないよりは，情報をもつほうが，痛みを伴い，やっかいなときはいつでも，情報検索システムは利用されない傾向にある"（*American Documentation* 11 [July 1960], p.ii）。おそらく，得ること（*get*）は，もつこと（*have*）以上のことを意味する。

6 おそらく，すすんで利用する文献の数については限界があるだろう。ここでの議論は，その限界ではなく，まとめて利用しようとする文献の数には限界がある，というものである。

7 それゆえ，"情報資源への公平なアクセスを提供する全国規模の情報配送システムをもたらす図書館間相互貸借に向けて指導力を発揮する"というアメリカ図書館協会の目標（1975 年 1 月のアメリカ図書館協会の記者会見での声明）は，たとえ実現したとしても，理想郷を表すことにならない（その目標に関する声明にある「アクセス」は，おそらく，利用可能性という意味で理解されるべきであろう）。

8 次の文献を見よ。Claire K. Lipsman, *The Disadvantage and Library Effectiveness* (Chicago: American Library Association, 1972), p.139.

　"毎日の生活においてハードカバーの図書の利用が必要であり続け，地位と満足の重要な情報源として役立っている唯一の集団は，図書利用の動機のある学生であり，高度な教育を受けた成人である。都会のスラム街では，前者のような人たちはほとんどおらず，後者のような人たちは事実上，皆無である"

9 次の文献を見よ。Philip Morse, On Browsing: *The Use of Search Theory in the Search for Information*, Technical Report no.50, Operation Research Center, Massachusetts Institute of Technology (Cambridge, 1970), p.15 に次の記述がある。"書架の間を単に歩き回ることは常に，人が求めるどんな図書でも見つける有効な方法であった（常にそうであろう）。"

　ブラウジングに関する議論の広範囲にわたる議論と調査については，次の文献を見よ。Richard Hyman, *Access to Library Collections* (Metuchen, N.J.: Scarecrow Press, 1972).

10 おおよそ，同じことがローウェル・マーチン（Lowell Martin）による次の文献の中で指摘されている。Lowell Martin, "Role and Structure of Metropolitan Libraries," in Ralph W. Conant and Kathleen Molz, eds., *The Metropolitan Library* (Cambridge, Mass: MIT Press, 1972), p.175.

11 小売による図書販売ビジネスが不十分な場合，それを補う図書館システムへのニーズに関しては，次の文献を見よ。Dan Lacy, *Freedom and Communications*, 2nd ed. (Urbana: Uni. of Illinois Press, 1965). 次の文献と比較せよ。John P. Dessauer, *Book Publishing: What It Is, What It Does* (New York: Bowker, 1974)

12 次の文献を見よ。E. Bright Wilson, Jr., *An Introduction to Scientific Research* (New York: McGraw-Hill, 1952), ch.2, "Searching the Literature."

13 National Research Council, Division of Behavioral Sciences, Committee on Information in the Behavioral Science, *Communication Systems and Resources in the Behavioral Sciences*, National Academy of Science Publication 1575 (Washington, D.C. 1967), p.43.

　次の文献と比較せよ。J.D. Bernal, "Scientific Information and Its Users," *Aslib Proceedings* 12 (Dec. 1960), p.432-438.

3 章　図書館　159

文献が何のために適しているのかに関する科学者のコメントについては，次の文献を
も見よ。Christopher Scott, "Technical Information in Industry: How It Is Used," *Aslib Proceedings*, 11 (Dec. 1959), p.318-326.

英国の電気・電子産業における技術情報の利用調査に関して特に興味深いこの報告書
では，技術情報の主たる利用は，刺激の情報源としての利用であると，論じられている。
文献探索についてはほとんど報告されていない。広範囲にわたる探索の頻度に関しては，
次の文献を見よ。C.W. Hanson, "Research on Users' Needs: Where Is It Getting Us?" *Aslib Proceedings* 16 (1964), p.68, 76.

14 教師や専門職としての実務家による情報収集行動に関して有用な証拠については，次の
文献を見よ。*Investigation into Information Requirements of the Social Sciences, Research Report No.3, Information Requirements of College of Education Lectures and School Teachers, and Research Report No.4, The Information Needs of Social Workers* (Bath: Bath Univ. Library, 1971)

15 ある人の職業上の責任を有する領域において情報を取り扱う方法と，そうした領域以外
での情報の取扱い方法との対比については，次の文献の中で強調されている。Joseph A. Schumpeter『資本主義，社会主義，民主主義』[*Capitalism, Socialism and Democracy*, 3rd ed.] 中山伊知郎，東畑精一訳，東洋経済新報社，1990-1991。原書の p.261-262 に以下
の記述がある。

私たちには，弁護士が自分の信念に対してとる態度と，同じ弁護士が問題となって
いることを知るために，新聞記事に示されている政治的事実に関する声明に対してと
る態度との比較のみが必要である。あるケースにおいて，弁護士は，自分の専門職と
しての能力に対して明確な刺激となる興味から，何年にもわたって行われてきた，目
的のある活動によって，自分のもつ事実の適合性を評価する資格を得てきている。強
力といえるほどの刺激のもとでは，弁護士は自分が身に付けた技能や知性，訴訟事件
摘要書の内容への自分の意思というものを曲げるのである。他のケースにおいては，
弁護士は，資格に関わる問題を引き受けてはこなかった。すなわち，弁護士は情報を
取り入れることを好まず，あるいは，その取扱い方を十分に知っている批判の基準に
対して，情報を適用することを好まないのである。また，弁護士は長々とした複雑な
議論については我慢する。こうしたことのすべては，直接的な責任から率先して行わ
れることはなく，無知を通す中で，進行するのである。

16 これは，ピエス・バトラー（Pierce Butler）が次の文献の中で以下のような活動と対比
して，"純粋なレファレンスワーク" と呼んだものである。Pierce Butler, "Survey of the Reference Field," in *The Reference Function of the Library* [Chicago: Univercity of Chicago Press, 1943], p.12

その活動とは，オリジナルな調査，公教育，"社会的コミュニケーション"（おおよそ，
私たちのいうモニターシステムに相当する），および "コンサルテーション"（専門家に
問い合わせること）である。バトラーは，同書の p.12 において，次のように指摘してい
る。

"・・・レファレンスワークの本質は，ユーモアをもって述べられていることがあ
るように，いくつかの図書を同時に利用することではなく，複数の図書を，その図書
が提供する情報内容について，相互に関係付けるために，利用することでらる"。

以上の内容は，まさに熱心さの程度が低い人たちが実行する用意のないものである。その問題については，レファレンス担当図書館員もまた同様にその用意がないことがしばしばである。

17 サービスの類型，サービス方針の開発等に関しては，次の文献を見よ。Samuel Rothstein, *The Development of Reference Services: Through Academic Tradition, Public Library Practice and Special Librarianship*, ACRL Monograph no.14 (Chicago: 1955)

18 大学図書館はかなり特殊な問題を投げかける。学生たちは，書誌的作業が教育課題の一部であることから，書誌的作業は自分自身で行うことが期待されている。教員は，誰も信頼できないという理由から，自分自身で書誌的作業を行うか，その作業を学生に委ねるかのどちらかである。教員は，退屈でつまらない決まり決まった仕事は図書館員に委ねて幸せであろうが，図書館員は，困難で，きわめて時間を要する作業を引き受ける用意があるのだろうか。図書館による研究従事者への研究支援の提供に関しては，3.4 節「図書館サービスの理念」を参照せよ。

19 James I. Wyer, *Reference Work: A Textbook for Students of Library Work and Librarians* (Chicago: American Library Association, 1930), p.116.

20 サミュエル・ロースステイン (Samuel Rothstein) の "The Measurement and Evaluation of Reference Service," *Library Trends* 12 (Jan. 1964), p.456-472 では，次のことが示されている。

　　提示される質問の大部分は案内指示的質問（全体の半数）または事実に関する質問である。事実検索質問については，90 から 95％ は "レディ・レファレンス" 質問であり，10 分未満で回答可能な質問である。約半数の質問はきわめて少数の核となるレファレンス資料（辞典，百科事典，年鑑）を使って回答されており，多くの利用者は満足していると報告している。個人的な読書のために，アドバイザリー・サービスを求める利用者はごく少数である。

　　次の文献をも見よ。"Reference Service in American Public Libraries Serving Population of 10,000 or More," University of Illinois Library School Occasional Paper no.61 (Urbana, 1961) (メリー・リー・バンディ (Mary Lee Bundy) によって作成)

21 Lowell A. Martin, Library Response to Urban Change: A Study of the Chicago Public Library (Chicago: American Library Association, 1969); Terence Crowley and Thomas Childers, Information Service in Public Libraries: Two Studies (Metuchen, N.J.: Scarecrow, 1971); Peat, Marwick, Mitchell & Co., *California Public Library System: A Comprehensive Review with Guidelines for the Next Decade* (Los Angeles, 1975).

22 Wyer, *Reference Work*, p.127.

23 Margaret Hutchins, *Introduction to Reference Work* (Chicago: American Library Association, 1944, p.33-34, 37（私が強調する箇所）

24 Wyer, *Reference Work*, p.130.

25 Robert S. Taylor, "Question-Negotiation and Information Seeking in Libraries," *College & Research Libraries* 29 (May 1968), p.178-194.

26 代替となる見方として，人びとは，レファレンス担当図書館員が回答できると期待する質問だけを提示するという見方がある。

3 章　図書館　　161

ロバート・B・クローネンベーガー（Robert B. Cronenberger）が，"Public Library: Library for the People," *RQ*（Summer 1973），p.344-345 の中で，図書館の類縁機関である情報センターに関して，上記の見方を次のように支持している。

　　ウィスコンシン州とカリフォルニア州で実施された調査から，レフェラルサービス機関に寄せられた高い比率の質問が純粋に情報へのリクエストであることが明らかにされている。情報に関する質問に回答する訓練を受けたソーシャルワーカーの利用は無駄であることが示されている。レフェラルサービスセンター宛ての質問の大部分は，'電話番号を教えてください'であり，・・・デトロイトでのこれまでの経験では，カウンセリングの状況にかかわる質問はほとんどなかった，ということである。

27　Mary Lee Bundy and Paul Wasserman, "Professionalism Reconsidered," *College and Research Libraries* 29（Jan. 1968），p.8.

　　一般的な図書館の状況において，利用者が求め，利用者に提供されるものは，通常，専門職のサービスと考えられるほど複雑なものではない。そのサービスは，最小の期間，職場での訓練の後，そこそこ知的な大学生であれば誰もがもっている能力を酷使するようなものではない。

　　このことについて，どのように論じることができそうか判断するのは難しい。レディ・レファレンス用の図書から，文章や数字を読み取る図書館員が専門職である必要はない。その救済策として図書館員が何かを提案するのを，私は知っているわけではない。図書館員は，「次の段階」として，主題に関する能力を向上させるという図書館員の取り組みについて語るが，どの程度の主題に関する能力なのか？　科学者や学者のように専門職として完全な能力の程度なのか？

28　バンディ（Bundy）とワッサーマン（Wasserman）は，注 27 に示した文献（"Professional Reconsidered"）の中で，利用者に読むべきものを提示する際に，少なくとも最も断定的であるという意味で，最も「専門職」といえるのが児童図書館員である，と指摘している。こうしたことは，他の図書館員よりは，児童図書館員が容易に行えることである。なぜなら，児童図書館員は，通常，児童よりもはるかに年長だからである。

29　上記の注 26 を参照せよ。また，次の文献を参照せよ。Thomas Childers, "The Neighborhood Information Center Project," *Library Quarterly* 46（July 1976），p.271-289.

　　私は，調査対象の都市における情報・レフェラルサービスの目標に関するチルダー（Childers）の議論について，体系的な助言提供サービスは目標ではないという意味で解釈する。チルダーは，そのサービスが求められているのかどうかについて，「公共図書館の I & R サービス［情報・レフェラルサービス］に関する要求のもつ特性について，ほとんど知られていない，と報告している。

30　Jesse H. Shera, *The Foundations of Education for Librarianship*（New York: Becker and Hayes, 1972），p.194.

31　William S. Learned, *American Public Library and the Diffusion of Knowledge*（New York: Harcourt, Brace, 19124），p.10-16 の諸所に示されている。

32　変化の代理人に関しては，次の文献を見よ。Everett M. Rogers, with F. Floyd Shoemaker, *Communication of Innovations: A Cross-Cultural Approach*, 2nd ed.（New York: Free Press），ch.7; Marshall Sashkind, William C. Morris, and Leslie Horst, "A Comparison of Social and Organizational Change Models: Information Flow and Data Use Processes," *Psychological*

Review 80（1973），p.510-526.

　シュラム（Schramm）とウェイド（Wade）は，その著作，*Knowledge and the Public Mind*, p.133-134 の中で，ほぼ住民全体の知識レベルを向上させるのに行うべきことは何かと発問し，次のように答えている。第一に，教育のレベルを向上し，より有効なものにすること，第二に，マスコミュニケーションのメディアからより多くの情報を得ること，第三に，情報源をより容易に利用可能なものにし，利用しやすくし，さらには，情報の探索と交換への動機付けを行い，情報探索と交換という実践を地域社会に実現すること，である。

33　1972 年にデンバーで開催された利用者のニーズに関する招待会議に関する報告書（National Commission on Libraries and Information Science, *Annual Report*, 1972-1973, p.26-29）には，次のように記載されている。"・・・社会は，経済的に実行可能な情報システム構築され運用される場合には，個人よりはむしろ集団に焦点をあてる必要があると思われる"。この指摘は，テレビ画面は情報へのアクセスの方法としてますます好まれているというコメントに続くものであるため，次のことが推論される。すなわち，(a) 新たなコンテンツが既存のテレビ番組に挿入されるべきでありこと，(b)（おそらく特別な情報チャネル上の）新しい番組が制作されるべきであること。重要なのは，新しい番組は古い番組と競合するという点である。

34　"生活保護を受けたい人びとは，生活保護のシステムの説明が欲しいわけではなく，生活保護の受け方を知りたいのである。・・・家庭問題で裁判を続けている人は法律を知りたいのではない。その人は，自分の文化を理解してくれる裁判官の前に自分の案件が提示されることを保証する方法を知りたいのである"（Kary Lee Bundy, "Urban Information and Public Libraries: A Design for Service," *Library Journal* 15 Jan.1972 p.166）。

　このバンディ（Bundy）の診断は，彼女の処方箋がどんなに信じがたいものでも，正しい。バンディは次のようにも主張している。人びとの置かれた状況への対処について支援するとは，社会生活における興味に関して，絶え間なく，避けがたい軋轢という状況を変えることから，その人たちの注意をそらすことである。

35　Learned, *The American Public Library*, p.15.

36　「操作的技術」については次の文献を見よ。Mario Bunge, "Technology as Applied Science," *Technology and Culture* 7（Summer 1966），p.329-347

　「知的技術」については次の文献を見よ。Daniel Bell，『脱工業社会の到来：社会予測の一つの試み』［*The Coming of Post-Industrial Society*］内田忠夫［ほか］訳，ダイヤモンド社，1975。

37　"経済的な関心，最適な選択への興味は，言うまでもなく，工学，軍事計画，医学のような分野が当初からもっている実践的技術を特徴付けるものである。私たちの世代には，こうした関心は明確なものとなった。オペレーションズ・リサーチ，費用対効果分析，システム分析，数理プログラミング—哲学ではなく実践にその起源があることを示唆した，拙劣で偶発的な名称のもとで，複雑な意思決定問題がそのようなものとして，明確に述べられている"（Jacob Mrschak and Roy Radner, *Economic Theory of Teams*［New Have: Yale University Press, 1972］, p.3）"本質的に，意思決定理論は「情報の経済学」と呼ばれている"（同書，p.4）。情報の応用経済学は意思決定の技術になる。

38　次の文献を見よ。Joel S, Demski, *Information Analysis*（Reaing, Mass.: Addison-Wesley,

3 章　図書館　163

1973).

39 次の文献を見よ。Russell L. Ackoff, "Management Misinformation Systems," *Management Science* 14 (Dec. 1967), p.147-156.

40 コンピュータによって表現される情報伝達を担う物の管理に関する図書館員のもつわずかな技術の改善に向けた可能性は、ここでは論じる必要はない。ほかのところで余すところなく記述されている。電話回線により、最新の公共的知識の一部の表現からなるコンピュータベースのファイルへのアクセスにより、図書館のレファレンス資料のストックの拡大（1章の「レファレンス資料」を見よ）は、明らかに図書館サービスの改善に向けた可能性となる。

41 エドウィン・パーカー（Edwin Parker）は、経済や文化に由来するアメリカ社会の分断化により、情報施設が求められておらず、活用されることはないとの主張の中に、二つの"致命的な不備"を見出している。一つ目は、その主張は、"情報への要求にはかなりの順応性があること"を無視している、ということである。そこで、"もし、社会がテレビの娯楽番組が利用可能であると同様に、教育資源や情報資源をすべての人にとって自由かつ容易に利用できるようにするならば、それらの資源の活用をかなりの程度, 増加させることができるだろう［強調］"。二つ目は、現在の図書館は、「利用者によるアクセスには時間と労力が必要」な場合には、「決して無料ではない」ということである。しかし、たとえ、アクセスの時間と労力が完全に取り除かれたとしても、読書の時間と労力は取り除かれないであろう。パーカーはさらに続けて次のように指摘する。

　　情報が利用されていないという議論を維持する唯一の方法は、情報は今現在と同様, 今後とも入手するのに高価であり続けると仮定することであり、あるいは、その情報は、既存の情報資源から今現在利益を得ていない人たちのニーズや興味に適合していないと仮定することである。

　しかし、ここでは、情報を得ることは、コミュケーションの媒体（図書や、おそらくは映画）を得ることを意味すると考えなければならない。そうした媒体を提供することは、その媒体が伝える情報を独力で持つようになることを容易にするものではない。
以上の指摘があるエドウィン・パーカーの文献については次を見よ。

　Edwin Parker, "Information and Society," ch.2 in *Library and Information Service Needs of the Nation: Proceedings of a Conference on the Needs of Occupational, Ethnic, and Other Groups in the United States* (Washington, D.C.: Government Printing Office, 1974, p.9-30). この章の簡略版が *Annual Review of Information Science and Technology*, vo.8 (1973), ch.11 に掲載されている。

42 J. Robert Oppenheimer, "Knowledge and the Structure of Culture," *The Helen Keyon Lecture*, October 29, 1978 (Poughkeepsie: Vassar College, 1958), p.6, 8-9.
　次の文献を見よ。Alfred Schutz, "The Well-Informed Citizen," in Alfred Schutz, *Collected Papers II: Studies in Social Theory*, Phaenomenologica 15 (The Hague: Nijhoff, 1964), p.120 に以下の記述がある。

　　現代世界における人間の生活の著しい特徴は、自分の生活世界が全体として、自分にまったく理解されておらず、いずれの同僚にも理解不能である、ということである。

ますます不均衡な知識の分配，すなわち，十分な教育を受けた者と貧しい教育しか受けていない者との間の「知識のギャップ」は，次の P. J. テイクケノア（P. J. Tichenor）らの文献で論じられている。P. J. Tichenor et al. "Mass Media Flow and Differential Growth in Knowledge," *Public Opinion Quarterly* 34（1970），p.139-170.

その知識のギャップは，ここで問題にしているギャップではない。ここで問題にしているのは，十分に教育を受けた者でさえ不可避な無知である。

43　きわめて異なるやり方に従っても，ウィリアム・マンス（William Munthe）とロバート・D. レイ（Robert D. Leigh）が到達したものと同様の結論が得られる。マンスとレイの文献については次を見よ。William Munthe, *American Librarianship from A European Angle*（Chicago; American Library Association, 1939, p53.

Robert D. Leigh, *The Public Library in the United States*（New York: Columbia Univ. Press, 1950）の 3 章の終わり。

いずれの著者も，影響力のある少数派への優れたサービスを提供する図書館の非利用者への間接的利益を強調している。

訳注 1　「特定の文献が想定されているわけではない」とは，著者や書名などの書誌的事項がわかっている文献ではなく，特定の主題を扱った文献を求めている場合をいう。

訳注 2　「限界効用（marginal utility）」とは，「消費財および用役が消費者に与える主観的な満足度（効用）に関して，消費量が一単位増加した時，これに伴って増加する満足度の大きさをいう」（出典：『日本国語大辞典』小学館）。

関心のある分野を扱った定期刊行物の最新号に掲載される記事・論文のすべてが，特定の利用者にとって常に満足するものではない。最新号の掲載論文・記事の中にはまったく興味のないものがあるであろう。ゆえに，興味のある記事・論文に出会う確率はきわめて小さいといえる。そうであれば，定期購読のためのコストとそれに見合う当該定期刊行物への満足度を考慮するとき，当該定期刊行物の個人での定期購読ではなく，図書館での利用を選択することになろう。ただし，その際，図書館利用に伴うコスト（時間，労力等）も考慮する必要がある。

訳注 3　「世界に関する潜在的な知識」とは，準備しているレファレンス資料を調べ，情報を入手しさえすれば，その入手した情報利用の範囲で，世界に関する知識が得られることを意味している。潜在的というのは，レファレンス資料等の情報源の参照を条件としているということを意味し，参照することで顕在的な知識として自らの知識に組み込まれる，ということである。換言すれば，参照しない限り，その知識は潜在的な状態にとどまるということになる。

ここでは，人間の世界認識は，その人間が利用を予定している，あるいは，あらかじめ準備している情報源の範囲から得られる知識によって構築される，ということが指摘されている。ゆえに，身の回りの狭い範囲の情報源にのみ依拠している人間と，膨大な情報源を保有する図書館を情報源として依拠している人間とでは，構築される世界認識の範囲と深さは大きく異なることになる。

訳注 4　「情報要求の概略的記述から文献のリストに変換する方法がわからない」とは，次のことを意味している。すなわち，情報要求の記述から，その要求を満たす内容を含む文献（のリスト）を検索するための方法・手順がわからない，ということである。具体的

3 章　図書館　165

にいえば，その方法とは検索戦略の構築であるが，この検索戦略の構築は次の四つの段階からなる。すなわち，情報要求を表した質問の分析，情報源（電子媒体，印刷媒体であるかどうかを問わないレファレンス資料）の選択，検索語の選定，検索式の作成である。一般に，情報や文献を探索する利用者に，この検索戦略の構築に関する知識とスキルを期待することはできない。それゆえ，「情報要求の概略的記述から文献のリストに結び付ける方法がわからない」と指摘しているのである。

訳注5 「求める文献の著者・書名や分類記号が含まれていない記述」とは，著者や書名の手がかりをもたない利用者が，特定の主題に関する文献を求めている場合に提示する記述である。その記述がレファレンス質問となって図書館に提示されることになる。特定主題に関する文献を求めているということは，著者や書名がわからない文献であり，その場合の唯一の手がかりは主題である。この主題から文献を検索するために構築される検索戦略では，検索語の選定，とりわけ，件名標目の選定が重要な段階となる。件名標目が検索項目に設定されている書誌索引であれば，主題を構成している概念を件名標目に変換して表現することになる。件名標目を検索語として指定し，検索することにより，当該主題を扱った文献が検索され，文献リストが得られる。なお，件名標目が検索項目として設定されていない書誌索引の場合には，検索項目の「書名」あるいは「キーワード」を使って，主題を構成する概念を表現した検索語（当該概念の同義語を含む）を指定して検索することになる。

訳注6 「求める文献の機能的記述」とは次のような記述を意味している。いま，ある利用者が何らかの意思決定問題をかかえていて，その解決のために「主題Sについての文献（文献Sとする）」が必要であると考えているとしよう。この場合，利用者がこの文献Sを求める理由や目的は，その文献Sの内容を知ること，すなわちSについての知識を得ること自体ではなく，ある意思決定問題を解決するための知識を得ることである。

　　そこで，目的をPとすれば，求める文献の記述は，「目的Pの達成のために有用なSという主題に関する文献が必要である」という形式をとることになる。このような目的や理由を伴う記述が「機能的記述」である。したがって，文献Sは，目的の達成に適合する知識が得られる文献かどうかが重要となる。しかしながら，書誌作成において，文献は主題に基づき組織化され，リスト化されており，目的Pによって組織化されているわけではない。そもそも，目的による組織化は不可能である。目的Pは利用者ごとに異なるために，共通する組織化の基準として目的Pを使用することはできないからである。つまり，同じ主題の文献Sは多様な目的Pの達成のために利用される可能性があるため，文献Sの組織化にあたって個々の目的を組織化の基準にはできないのである。

　　このように，目的の達成のために文献が必要であるにもかかわらず，目的を手がかりとして探索することができないために，目的の達成に有用な文献であっても，その文献を探すことはできないのである。

訳注7 「知りたいことについて，どの程度知られているかを知らない」とは，知りたいことが属する分野について何が知られていて，何がいまだに知られていなかはわからない，ということである。このことがわかるのは，その分野の研究者であり専門家だけである。研究者や専門家は，その分野の知的状況を把握している人間であり，何がすでに解明され図書や論文をとおして公共的知識となっているのか，また，何がいまだ解明されておらず，したがって図書や論文は公刊されず，公共的知識に至っていないのかを，知るこ

とができる立場にいる人間である。

訳注8 「広範囲にわたって区分された原資料」とは，主題に基づいて分類された資料の集合のことをいう。すなわち，『日本十進分類法（NDC）』を用いた場合であれば，図書館の蔵書全体は，第1次区分として，0（総記）から9（文学）の10の区分に分類され，さらに，第2次区分，第3に区分に分類される。こうした区分によって分類された資料の存在が図書館の誇りである，とウィルソンは指摘しているのである。

訳注9 「完全な図書館の蔵書が細かく区分されたもの」とは，分類作業によって，類，綱，目に順次分類された図書の集合をいう。たとえば，『日本十進分類法（NDC）』を用いたならば，「日本の経済」という主題を表す"332.1"という分類記号が付与された日本の経済に関する図書の集合のことをいう。

　332.1のもとに組織された図書の集合は，完全な図書館の蔵書の一部を形成する蔵書として，開架の書架上でブラウジング可能な図書となる。これらの図書は，蔵書目録を使った検索の必要はなく，書架上のブラウジングによって探索し，直接，手に取ってその内容を確認し，参照できるという利点がある。

訳注10 「より細かく区分された蔵書が目立つように分離された場合」とは，分類体系にしたがって蔵書を階層的に分類せず，ある特定の分類項目にあたる区分を目立つように取り出して別置するような場合を指している。たとえば，NDCを使用した場合，「日本の経済に関する図書」は332.1という分類記号が付与され，第1次区分の社会科学（3），第2次区分の経済（33），第3次区分の経済史・事情（332）のもとに，主題の階層性を反映したかたちで分類され，書架上に排架される。

　これに対して，「より細かく区分された蔵書を目立つように分離する」とは，日本経済に関する図書を，経済史・事情の332のもとに排架せず，たとえば，経済を示す330の先頭に排架するようなケースと考えられる。すなわち，日本経済の図書を目立つようにするために，分類の階層性に依拠せず排架するようなケースである。

訳注11 これまでの説明では，0次から3次（段階）までのことが述べられているが，熱心さの程度がより高い，4次（段階）以上を指示する変数としてnが使われている。

訳注12 研究者は自分がかかえる課題や問題に適合するごく少数の文献をじっくり読んで，その内容を理解し，知識を獲得することがある。それゆえ，大量の文献を対象に探索し，多くの文献を入手することに重要な意義を見出していない，ということである。

訳注13 「書誌的探索」とは，書誌，索引，目録を使った文献探索をいう。具体的には，主題，書名，著者名を検索の手がかりに文献を探索する作業である。

訳注14 「書誌的サービス」とは，利用者の質問に対して，既存の複数の書誌を探索し得られた文献をもとに，新たに書誌を作成し，提供するサービスをいう。この種の質問は，「探索質問」あるいは「調査質問」という類型に属するものといえる。

訳注15 「一般的な目的をもった図書館」とは，不特定多数の利用者を対象とする公共図書館のことである。公共図書館の利用者の中には，熱心さの程度が高い利用者も当然存在するが，公共図書館の大多数の利用者は専門性の高い情報要求をもたず，一般的な問題をかかえた利用者である。そうした一般的な問題をかかえた利用者を支援する目的を有する図書館が公共図書館である，との認識に基づいた指摘である。

訳注16 利用者が提示する事実に関する質問が「機能的質問」とは，3.2節の訳注6で述べたように，何らかの意思決定問題を抱えた利用者が，その問題の解決のために必要な事

3章　図書館　167

実データを表現した質問，ということを意味している。利用者が提示する質問は，何らかの意思決定に必要な問題を抱えた利用者がその解決を図るために知識あるいは情報が必要であることを認識したうえで，提示された質問である。ゆえに，事実に関する質問は，問題解決という目的を達成するうえで，利用者の知識状態に欠けている知識を補うために提示された質問であり，目的達成という機能を果たすために提示された質問といえるのである。

訳注 17 「自分がどのような事実を欲しているのかまったくわからないか，どのような事実が有効なのかがわからない」とは，次のような利用者の状態を意味している。すなわち，何らかの問題を抱えた利用者は，どのような知識が不足しているのか，明確に述べられない状態にあり，N. J. ベルキン（N. J. Belkin）が ASK 仮説として提示した変則的な知識状態，あるいは，R.S. テイラー（R.S. Taylor）が示した情報ニーズのレベルに関するモデルにおける第一レベル（明確に述べられない潜在的なニーズ）の状態にあるといえる。このように，どのような知識を補えばよいかわからない状態にあるのが，問題を抱えた利用者の知識状態である。ゆえに，利用者は自分がどのような事実を求めているのかがわからず，どのような事実が問題解決に有効なのか，わからない状態にある。上述したベルキンの仮説とテイラーのモデルが示されている文献は次のとおりである。

Belkin, N. J. "Anomalous states of knowledge as a basis for information retrieval," *Canadian Journal of Information Science*, vol. 5: 133-143, 1980.

Taylor, Robert S. "Question-Negotiation and Information Seeking in Libraries," *College & Research Libraries*, vol.29, p.178-194, 1968.

訳注 18 「言語と形式をもとに」とは，利用者の質問内容を理解しなくても回答が提供できるということである。事実に関する質問とその回答に利用される辞書・事典類のレファレンス資料を例にあげるならば，質問の主題を構成する概念を表す語句を索引語に変換し，その索引語を使って見出し語を確認し，その見出し語が出現する頁にあたり，その見出し語のもとにある記述を参照し，その記述を回答として提供する，という一連の過程をたどる。この過程では，基本的に概念理解は必要なく，概念から索引語，見出し語への変換という形式的操作だけが行われている。ゆえに，索引語の意味内容や，見出し語のもとの記述内容を理解することなく，回答の入手が可能になる。

訳注 19 「相対性理論やアメリカ人の読書習慣」が例示されているが，これは，興味の多様性を象徴する例であると同時に，内容の高度化の多様性を示す例でもある。いずれの主題であっても，その主題に関する情報源は，学術論文という高度な専門性を備えた学術論文（研究文献）から始まり，専門図書，さらには専門事典にまで至る文献の世界と，文献という形式を必ずしもとらない最新の言説（"見ざる大学（invisible college）"と称される研究者間の非公式な情報交換）の領域までに及ぶ。

続く文章の中で，行動パターンの不合理性について言及されているが，それは次のような意味と考えられる。すなわち，たとえば，相対性理論に関する質問に対して，学術論文から専門事典，さらには研究者間で交換される最新の言説までを情報源として，逐次，参照するような情報探索行動をとり，回答を得ることは，不合理であり，時間の浪費である，ということである。利用者の要求が「相対性理論に関する基本的で簡易な説明を求めるものであれば，学術論文や専門図書を参照しなくても，相対性理論を見出し語として解説をしている専門事典類を参照すれば，その要求は満たされるからである。

このように，学術論文を起点に，専門図書，専門事典，百科事典にまで至る情報源の系列は，求める情報の専門性のレベルに応じた的確な情報源の選択を可能にするのである。

訳注20　「人的資源に関するディレクトリ」とは，ある問題や課題の解決のために助言等の支援を提供してくれる専門家や専門機関の名簿のことである。こうしたディレクトリは，自館で作成される資料である場合が多く，レフェラルサービスのための情報源となる。

訳注21　専門機関や専門家を案内・紹介（照会）するレフェラルサービスは，既存のレファレンス資料ではなく，特定課題について紹介（照会）可能な専門機関や専門家について，当該図書館が独自に調査のうえ作成する「自館作成資料」を参照して提供される。ただし，医療機関を評価し，格付けしたガイドブックが刊行されるなど，分野によっては，レフェラルサービスに既存の出版物の利用が可能な場合がある。

訳注22　「自分たちが知る必要のあることに気づいていると想定できる理由は何もなく」という指摘はきわめて重要である。利用者の情報探索行動は以下のように，ある主題に関する無知の無知を起点に，無知の知の状態に達した段階でとられる行動である。知る必要のあることへの気づきとは，「無知の知」を意味するもので，無知の無知の状態にとどまる限り，情報探索行動は生じないのである。

なお，情報探索行動から得られた情報を利用して，最終的に「知の知」，すなわち，その主題について自分はわかった，ということを自己認識することが求められる。この認識に達するまで，情報探索行動は繰り返されることになる。

訳注23　知識を利用可能にする二つの方法のうち，第一の方法である知識獲得の機会の提供とは，求める知識が含まれている文献を提供することを指している。この場合，利用者は自らその文献を参照あるいは読んで知識を獲得する必要がある。第二の方法である知識を有している人からの支援の提供とは，求める知識を有している専門家を紹介し，その専門家のもつ知識を利用することを指す。後者の方法は，利用者自身が知識を獲得するわけでないことに注意する必要がある。知識が必要となった問題の解決に必要な知識を有する専門家に問題解決を委ねることになる。前者の方法では，利用者自身が知識を獲得し，獲得できた知識を使って自ら問題を解決することになる。

訳注24　「弁護士や医師が学習する負担や，知るべきことを適用する負担を引き受けている」とは，次のような事態を意味する。すなわち，たとえば，ある課題や問題を抱えた人（Aとする）がその課題や問題を解決するために必要な法的な知識を，本来であればその当人が法律の専門図書を読んで学習し，その知識を獲得しなければならない。この学習負担は相当なものである。事実，弁護士はその資格を得るために膨大な時間と労力をかけて学習し，法的知識を獲得しているのである。課題や問題を抱えたAは，弁護士に相談することで，その解決に必要な知識を弁護士から得ることにより，自ら学習する負担が回避されることになる。「知るべきことを適用する」とは，抱えている課題や問題を解決するために法的知識を適用することを意味している。そこで重要なことは，その課題や問題の解決にどのような法的知識を適用すればよいのか？　ということである。この問い自体はきわめて重要である。法的知識をもたないAはこの問いにすら答えることができないが，弁護士であればその問いに答えることができるであろう。

訳注25　相談サービスは，専門知識を有する専門家に相談するサービスであるが，専門家が有している知識の源泉は図書館に所蔵され集積されている専門文献である。ただし，専門文献に依拠しているという理由から，相談員となる専門家が図書館に所属すべきとの考え方が妥当ということになはならない，ということである。

訳注26　「一般的な知識にみられるギャップ」とは，多くの人たちが共有している知識に共通してみられる欠落した知識を指す。たとえば，多くの人たちが共有している常識のなかに含まれている医学的知識の中で，欠落している知識で現下の問題の解決に必要な知識がこれに該当する。一例をあげるならば，コロナウイルス感染症が大きな問題となるまで，新型コロナウイルスについての知識は，多くの人が共有している医学知識ではなく，欠落していた知識であった。新型コロナウイルス感染症に対処するという問題が生じたことにより，一般の人たちに新型コロナウイルスに関する知識が欠落していることを発見し，相談に応じるのが，ここでいう公的相談員の役割となる。その場合，文献調査に基づいて，新型コロナウイルスに関する知識を提供するのは情報サービス担当の図書館員の役割であり，ウイルスに感染しないようにする方法や感染した場合の対処法を助言するのが相談員の役割となる。ウィルソンは，図書館員による情報サービスの提供という役割よりも，問題解決に直接関与した人的支援を提供する役割をより重視し，情報サービスから相談・助言サービスへの転換を示唆しているのである。

訳注27　「ブラウジングによる文献を発見する過程において，発見と伝達は実際に同時に実行される」とは，次のことを意味する。すなわち，ある利用者がブラウジングによって予期せぬ文献を発見したという事態が，その文献がその利用者に提示され伝達される事態と同時に生起する，ということである。つまり，「発見＝伝達」という等式が成り立つということである。文献の発見というのは，利用者の潜在的な情報要求が顕在化したことを意味する。発見するまでその文献の存在は知らない，ということであり，その文献への要求自体をもっていることさえ気づいていない，ということである。顕在的情報要求の場合，次の図のように，検索式の作成，検索の実行という行為を経て，その要求を満たす資料が伝達される。すなわち，顕在的情報要求の生成の時点から一定の時間が経過した後に，その要求をみたす資料が伝達される。資料の提示・伝達を「現在」とすれば，情報要求の生成は過去の事態である。

それに対して，潜在的情報要求の場合には，その要求をみたす資料の発見と伝達が同時に生じることになる。すなわち，要求の気づき＝資料の発見・伝達＝要求の充足が同時に生起するのである。

訳注28　「独立性と予期せぬ出来事の程度」とは，これまで試行されていないサービスとは，従来のサービスからは独立したサービス，従来のサービスとは異質のサービスであり，その種のサービスは偶然性に支配されるサービスであることを意味している。

よく知られていない資料の探索は決して確実なものではなく，偶然に得られる可能性

の高い資料であろう。また，探すのが難しい資料が探索できる確率は低い中で，探すことができたならば，偶然に得られた資料といえるだろう。本節（4節）でたびたび登場する「発見」という探索行動も，まさに予期せぬ出来事であり，ブラウジングという探索行動はその典型である。

訳注29　前節（4節）で述べられているように，ある人が，意思決定を求められる問題状況に置かれ，その解決のために専門家の相談員（たとえば，法律問題であれば弁護士，医療問題であれば医者）からの支援を受けるという選択をした場合，その人は自ら必要な知識を獲得するのではなく，専門家の知識を利用するほうを選択した，ということを意味する。自ら知識を獲得しないという選択は，決して無知を好んだためではなく，知識獲得に要する時間と労力，獲得した知識を問題状況の解決に適用する困難さを考えたとき，専門家の専門知識の利用に伴う時間と労力のほうがはるかに少ないと判断したことによる。

訳注30　「遠くにある何かを学習するとき，学習について学習する」とは，次のことを意味している。オッペンハイマーは，社会には膨大な知識があり，個々の人間のもつ知識はそのごく一部に過ぎない，との認識に立っている。それゆえ，どれほど学習しても，社会に存在する知識のすべてを学習し尽くすことは決してできない。それゆえ，個々の人間にとって不可避な無知があることは必然であり，宿命なのである。オッペンハイマーのいう人間の認知的生活（人間が知識を学習し，獲得する生活）が空虚なものというのは，こうした学習しきれない知識の世界（その人にとってはるか遠くにあるもの）を考えたとき，人間は自身の知識について空虚感を抱かないわけにはいかない，ということである。

　　この社会に存在する膨大な知識とは，まさに図書館に所蔵されている資料に記録されているものである。そこで，膨大な知識から，たとえその一部であっても獲得するためには，膨大な知識から学びたい知識，知りたい知識を探索し，知識を獲得する方法について学習することが必要である。すなわち，メタ学習能力が求められることになる。「遠くにあるものを学習するときの学習について学習する」とは，このメタ学習を意味しているといえよう。

3章　図書館　　171

訳者あとがき

　本書は，パトリック・ウィルソンの *Public Knowledge, Private Ignorance: Toward a Library and Information Policy*. Greenwood Press, 1977 の全訳である．本書に先立って，ウィルソンの著作の邦訳『知の典拠性と図書館：間接的知識の探究』［*Second-hand Knowledge: An Inquiry into Cognitive Authority*］齋藤泰則訳，丸善出版，2024 を上梓しており，それに続くものである．

　原書の刊行から 47 年経過後の翻訳であるが，知の公共性と図書館をテーマとする本書は，インターネットによる知の空間の在り方が問題となっている現代社会に示唆に富む内容となっているものである．インターネット環境は，知のユニバーサルな公共空間を創出するものとして期待されてきたが，現状は閉鎖的で排他的な情報空間が乱立する様相を呈している．興味のない情報には目を向けず，興味のない情報に接する機会を強制的に遮断し，専ら興味を共有する人びとからなる集団の形成を促す社会こそが，インターネットが創出する現代社会の特徴といえよう．

　そうした中で，図書館が現出させる知の公共空間の意義はきわめて大きい．知識の全分野を扱った百科事典に象徴される多様な知の空間は，百科事典の記述の出典となる図書が一堂に組織化され，公衆による自由なアクセスを保障する図書館によって，豊穣な知の公共空間へと拡張される．開放的な知の公共空間としての図書館に身をおくとき，人はこれまで興味をもたなかった知の存在を知り，自らの既存の知と興味の範囲がいかに偏向し，狭隘なものであったかを深く認識することになろう．

　特定の見方，考え方，主義・主張のみを信奉し，事実を基礎とした意思決定が軽視される社会の到来が予見される今，本書が示唆する知の開放的な公共空間としての図書館の存在は，現代社会において不可欠な社会的基盤となるものである．

　ウィルソンの 1 冊目の著作の翻訳に続き，2 冊目となる本書の翻訳の要望を受け入れていただき，また，翻訳作業において常に適切な助言をいただいた丸善出版の佐藤日登美氏に深くお礼申し上げる．最後に，長期にわたる翻訳作業を温かく見守ってくれた妻・愛美と愛猫にありがとうと言いたい．

2024 年 11 月 11 日

齋　藤　泰　則

索 引
index

＊索引語の文脈にある「──」は左記の索引語を指示している。
＊事項索引の次に，人名索引を掲載している。

■ あ行

アドバイザリーシステム　49
アメリカ図書館協会（American Library
　Association, ALA）　132, 159
意思決定　70-91, 120-122, 153, 156-158
　　　──状況　85-87
　　　──適切性　82
　　　──手続き　149
　　　──と情報供給　83
　　　──と情報ニーズ　78
　　　──と損失をもたらす無知　75-81
　　　──の技術　149
　　　──の技術者　150
　　　──問題　115, 119, 166
　　　知識と──　70
インテリジェンス・サービス　139, 143
オプション価値　110

■ か行

懐疑論者　6
回答の正確性　133
学校図書館　157
監視システム　87, 89, 94
関　心　111
関心（懸念）　53-55, 101, 109, 124, 150
　　　──情報収集　93
　　　──情報探索　91
機能指向システム　153
　　　──質問　133, 168
　　　──情報サービス　138-139, 143

　　　──な記述　118, 166
興　味　53, 95, 102-103, 133
　　　──情報収集　87
　　　──情報探索　90
記　録　7-8, 10
　　　──についての専門家　152
偶然の知識　62
継続教育　143
継続的文献提供システム　153
研究図書館　127
権　限　17
公共的知識　3, 25, 44, 120
　　　──ストック　156
　　　──と情報サービス　140
　　　──とレファレンスサービス　139
　　　──とレファレンス資料　131
　　　──の組織化　34-36
　　　──の不完全性　27-29
　　　──へのアクセス可能性　143
　　　芸術作品としての──　157
公共図書館　128-129, 142, 150, 157
公的相談員　146-148, 170
効　用　iii, 35
　　　検索された文献の──　114
　　　文献の──　117
心の地図　5
個人史　64
個人的情報システム　148, 153
個人的な知識　3, 104, 120
個人のニーズ　143
コミュニケーション・チャネル　143

コミュニケーション・メディア　48, 51

■ さ行

索　引　115, 129, 151, 167
雑　誌　47, 67, 69
雑誌記事　7, 79, 135
事実探索業務　130
質　問　51, 60
　　事実に関する――　130
質問応答　133
質問回答サービス　129-131, 138, 143
社会科学　15, 33
社会的効用　105
　　記録資料の――　139
社会的無知　59
社会の組織的構造　61
習　慣　46-47, 102, 145
熟　慮　71
主題専門家（図書館）　147
出　版　7, 26, 33, 107, 114
出版物　120, 139
準備システム　87, 94
準備状態　53-55, 112
　　情報探索の――　122
　　文献調査の――　122
承認請求　15
承認要求　32, 52
情　報　52, 76
　　――内容の典拠性　139
　　――の健全性　137
　　――の効用　113
　　――の受容　70
　　――のストック　69, 94
　　――の正確性　133, 140, 152
　　――の適合性　57, 84, 149
　　――のフロー　69, 82
　　――の有用性　72, 97
情報供給　48, 81, 84, 95, 114
　　――と図書館　113
　　――と図書館資源　111
　　――の失敗　90
　　――の十全性　91

　　――の満足度　69, 165
　　準備的――　111
情報源　48, 51, 89, 128
　　――との出会い　90
　　――のコピーの探索　111
　　――の信頼性　137
　　――の正確性　132
　　――の潜在的有用性　90
　　――の探索　111
　　――の有用性　93
　　機能的に組織化された――　91
情報サービス　133-141, 145-147
　　――の価値　133
　　機能的――　138
　　自律的――　136
　　真の――　140
情報システム　87, 88, 93, 96, 97, 111
　　――の均衡状態　70, 91
情報収集　2, 47, 69, 98, 148
　　――の限界　66
　　――の習慣　88, 90, 92-93
　　興味による――　90
　　興味深い――　91
　　個人の――　111
　　無知のコストと――　81
　　有用な――　91
情報収集行動（活動）　62, 98, 138
　　――の仮説　88
　　――の変容　84
　　通常の――　87
情報収集システム　51, 95, 150
情報政策の公理　153
情報センター　32-33
情報専門家　150
情報専門職　148, 150
情報探索　56, 90, 111, 134, 139
　　――と意思決定　85
　　――に関する意思決定　90, 120-121
　　――のパターン　62
　　関心と――　56
　　興味による――　90
　　文献――　87

情報探索行動（活動） 60, 97, 169
　　──と職業構造 60
　　──と目的志向 47
　　──の適応 89
　　──の予測 56
　　成人の── 114
　　通常の── 87
情報提供 49, 69
　　──の十全性 89
情報提供者 82
情報ドクター 149-150
情報ニーズ 69, 77, 92, 137
　　──論理的意味 78
情報分析センター 32, 141
情報利用 72, 91, 93, 95, 155
職　業 58, 62
職業構造 59-61, 63-64
助　言 61, 85
　　──と情報システム 95
　　──と相談サービス 145
　　相談員からの── 154
　　対面による── 49-50
　　文献による── 49-50
助言システム 88, 94, 111
助言者 69, 82, 88-89
　　──としての人間 51
　　──のサービス 67
　　アドバイザリーシステムと── 49
　　興味による情報収集と── 92
　　情報収集システムと── 95
書　誌 129, 133
　　──作成 128
書誌的アクセスツール 117-119, 124-126
　　──の組織化 117
書誌的業務 10
書誌的サービス 130, 138, 150
書誌的支援 129, 148, 151
書誌的探索 119
書　店 123-124, 128, 135
資料選択支援 129, 134
人的サービス 138

信　念 6, 82
新　聞 50, 67
人文学 33
信頼性 6, 31
精神史 78
世界の頭脳 33
専門家集団 15-23, 44, 147
専門職 16, 19, 37, 134
専門図書館 137, 157
相談員 145-146, 154, 156
相談サービス 144-146
損失をもたらす誤情報 76
損失をもたらす知識 77-78
損失をもたらす無知 77, 96-98
　　──情報受容 79
　　──と興味 91
　　──と習慣 79
　　──と情報・知識 75
　　──と情報ニーズ 77
　　──と図書館 113
　　──の修復不能性 80
　　──の縮小 142
　　──の治療 113
　　──の治療 142
　　──の発見・診断 142

■ た行

大学図書館 128-129, 157
探　究 136, 140
探　索 58, 87, 111, 120
　　図書館における── 120
知　識 52, 62, 139
　　──の概説者 20
　　──の概念 6
　　──の欠如（ギャップ） 74, 103
　　──の社会的分配 58, 64, 96
　　──の伝達可能性 9
　　──の普及 143
　　──の分配（配分） 61, 64-65
　　実践的── 8, 9
　　潜在的な── 4, 113
　　理論的── 8, 9

索　引　　175

知識状態　19, 81

知識ストック　156

著　作　13, 55, 75

　　——の信頼性　135

　　——の正確性　135

定期刊行物　112

ディレクトリ・サービス　137

適　応　87

典拠資料　132

典拠性（authority）　17, 20, 22, 26

『ドイツ・イデオロギー』　65

読　書　67, 135

　　娯楽のための——　114

読書支援サービス　134

図　書　7, 47, 50, 58, 69, 135

　　——の論理的機能　135

図書館　58, 148, 155, 157

　　——システム　97

　　——での探索　121

　　——での調査　10

　　——と意思決定問題　119

　　——と公共的知識　153

　　——と公表された記録　3

　　——と知識の再発見　4

　　——と百科事典　27

　　——における文献調査　143

　　——による情報供給　113

　　——の間接的利用　110

　　——の潜在的効用　113

　　——へのニーズ　110

　　完全な——　114

　　教育システムとしての——　156

　　地域の——　112, 123

　　文献配送システムとしての——
　　113

図書館員　42, 114, 129, 150-154

　　情報源としての——　128

　　レファレンス担当——　131

図書館サービス　1, 111, 120

　　——の理念　138, 150, 152

図書館蔵書　111, 128

図書館利用　111, 131

図書館利用教育　151

図書館利用者　121, 125, 129

　　潜在的——　128, 150, 152, 154

■　な行

内的モデル　46

ニーズ　48, 77, 111, 140

熱心さ（studiousness）　122, 130

　　——の分布　125

　　n 次段階の——　126

　　ゼロの段階の——　122

　　第 1 段階の——　122, 124

　　第 2 段階の——　125

望　み　77

■　は行

発　見　3, 21, 150, 170

批判的レビュー　13

百科事典　26-31, 35, 46, 161

不確実性　6

不適合情報　84

ブラウジング　124-125, 151

文　献　51, 114, 122

　　——の概説　11, 13-14

　　——の概説者　12, 13-14

　　——の機能によるの組織化　91

　　——の主題による組織化　108

　　——の発見　151

　　——への物理的アクセス　151

　　——を利用した学習　122

　　アクセス不可能な——　116

文献供給　153-154

　　機能指向の——　154

　　自動——　154

文献ストック　156

文献調査　3, 10, 127, 142

　　——と百科事典　27

　　——とレファレンス資料　30

　　——能力　123

　　——の専門家　147, 150

　　——の負担　145

　　意思決定問題と——　119

公共的知識状態の発見と―― 140
知識状態の概説と―― 10
図書館員と―― 131
文献調査サービス 142
文献レビュー 12

ま行

マスコミュニケーシュン 163
無意識の伝記 79
無　知 57, 75, 107, 154
――の検知 84
――のコスト 81
――の診断 142
――の治療 139-140, 142, 146
――の発見 142
大衆の―― 153
無害な―― 75
有害な―― 75
目　録 58, 128-129, 133
モニターシステム 47

や行

ユニバーサル・アクセス 153
要　求 77, 130, 170
欲求（want） 66, 77

ら行

利　益 111, 119, 127, 157
余剰の―― 110
リザーブシステム 48
歴史家 12-13
レディ・レファレンス 130, 134, 136
レビュー作成 12
レビュー作成者 12-13
レファレンスサービス 107, 132-134, 152
レファレンス資料 26, 46, 134, 138
――と公共的知識 131
――と『世界の頭脳』 33
――と地域の図書館 112
――とリザーブシステム 48
――の教育 151

――の識別 30
公共的知識の記述と―― 116
個人の蔵書と―― 128
質問回答サービスと―― 130
レファレンス担当図書館員 131-132, 134, 161
レフェラルサービス 136-137, 162, 169

わ行

ワインバーグ・レポート（Weinberg report） 32

人名索引

ウェルズ , H.G.（Wells, H.G.） 34
エンゲルス，フリードリッヒ（Engels, Friedrich） 65
オッペンハイマー，J・ロバート（Oppenheimer, J. Robert） 155
ザイマン，ジョン（Ziman, John） 39, 41
サイモン，ハーバート・A（Simon, Herbert A.） 104-105
シェラ，ジェス・H（Shera, Jesse H.） 139
シュッツ，アルフレッド（Schutz, Alfred） 101
ダービン，ブレンダ（Dervin, Brenda） 100, 103
バトラー，ピエス（Butler, Pierce） 160
バナール，J.D.（Bernal, J.D.） 4
バルザン，ジャック（Barzun, Jacques） 26
ヒューエス，エヴェレット（Hughes, Everett） 16
ファイヤアーベント，ポール・K（Feyerabend, Paul K.） 42
プライス，デレク・J・ドゥ・ソラ（Price, Drek J. De Solla） 38
マッハルプ，フリッツ（Fritz, Machlup） 39-40
マルクス，カール（Marx, Karl） 65
ラーニド，ウィリアム・S（Learned, William S.） 139, 140, 143, 147

ロースステイン，サミュエル(Rothstein, Samuel) 161

ワイヤー，ジェームズ・I(Wyer, James I.) 130-131, 132

著者紹介
パトリック・ウィルソン（Patrick Wilson）
1927 年にカリフォルニア州サンタクルーズに生まれる。1960
年にカリフォルニア大学バークレー校大学院修了，哲学領域
において Ph.D. を取得。カリフォルニア大学バークレー校助
教授，教授を歴任。2003 年に没。主な著作：*Two Kinds of Power:
An Essay on Bibliographic Control*（University of California
Press, 1968）．*Public Knowledge, Private Ignorance*（Greenwood
Press, 1977）

訳者紹介
齋藤　泰則（さいとう　やすのり）
1994 年に東京大学大学院教育学研究科博士後期課程単位取得
退学。2008 年より，明治大学文学部教授。2019 年 4 月から 2020
年 3 月まで，カリフォルニア大学バークレー校客員研究員。
主な著作：『図書館とレファレンスサービス：論考』（樹村房，
2017）。主な訳書：エリス, D,『情報検索論：認知的アプロー
チへの展望』（共訳，丸善，1994），『知の典拠性と図書館：間
接的知識の探究』（丸善出版，2024）

知の公共性と図書館
公共的知識と個人的無知の対比

───────────────────────────────────
　　　　　　　　　令和 7 年 1 月 30 日　発　行
───────────────────────────────────

訳　者　　齋　藤　泰　則

発行者　　池　田　和　博

発行所　　丸善出版株式会社
　　　　　〒101-0051　東京都千代田区神田神保町二丁目17番
　　　　　編集：電話(03)3512-3267／FAX(03)3512-3272
　　　　　営業：電話(03)3512-3256／FAX(03)3512-3270
　　　　　https://www.maruzen-publishing.co.jp
───────────────────────────────────
© Yasunori Saito, 2025
───────────────────────────────────
組版印刷・中央印刷株式会社／製本・株式会社 松岳社
───────────────────────────────────
ISBN 978-4-621-31073-1　C 3004　　　　Printed in Japan

本書の無断複写は著作権法上での例外を除き禁じられています.